슬기로운 매너생활

슬기로운 매너생활

양승용 · 변광인 · 이지연 · 장윤선 · 신정하
김승녕 · 박영기 · 한기완 · 최연화 공저

동문사

머리말

인간은 왜 사회생활을 할까? 인간은 태어나 사회에서 무슨 역할을 하는 걸까? 사회활동을 통해 사회에서 우린 어떤 역할을 하는 걸까? 이런 사회활동 과정에서 가장 큰 어려움은 인간관계이다. 여러분은 인간관계에 대한 고민을 해 본적이 있는가? 여러분은 이런 중요한 고민을 배운적도, 들은 적도 없을 것이다. 또한 이에 대한 가르침과 조언도 없이 사회활동을 시작한다. 사회활동에서 가장 필요한 것은 인간관계이며, 그 과정에서 필요로 하는 것이 매너와 예절이다. 매너와 예절은 비즈니스에서만 필요한 것이 아니라 일상생활과 사회활동에서 더 폭넓게 필요한 필수 요소이다.

이 책은 기존의 서비스 매너 교재들이 고객 중심 마인드, 서비스 자세 등을 강조하며 올바른 서비스맨을 육성하기 위한 것에서 탈피하여, 우리가 왜 매너를 알아야 하고, 예절을 지켜야 하는지, 또한 이를 어떻게 익혀야 하는지에 초점을 맞춰 집필하였다.

특히 사회생활 속에서 모두가 갖추어야 할 매너와 예절을 배우고 익혀, 인간관계 개선과 인간성 회복을 통해 더 나은 사회를 만들고자 하는 데 중점을 두었다.

기본적인 생활 매너와 예절을 익힌다면 사회생활에서의 서비스 태도와 자세는 자연스럽게 따라오게 될 것이다. 예로 식생활 및 음주 매너와 예절을 생활 속에서 잘 습득하였다면, 국제적으로도 원활한 인간관계를 유지하는데 큰 도움이 될 수 있다.

본 책은 총 3부로 구성되어 있다. 1부는 바른 예절과 매너 생활이다. 국제적인 매너와 에티켓도 생활 속에서의 기본 예절로부터 시작된다. 생활 속에서 바른 예절을 가진 사람이 매너가 좋고, 예절이 바르기 때문이다.

이에 먼저 바른 기본생활 예절이 무엇인지 개념적 정의를 정리하였고, 매너와 예절의 기본인 인사에 대해서도 정리하였다. 또한 감사와 사과가 왜 절대적으로 필요한지에 대해서도 언급하였으며, 가정 내(부모 및 형제) 예절과 학교생활 예절, 직장생활 및 공공장소 예절에 대해서도 설명하였다. 최근 스마트폰 예절과 관련된 이슈들이 등장하는 만큼 스마트폰을 통한 비대면 예절에 대해서도 알기 쉽게 설명하였다.

2부는 식문화와 음주문화이다. 요즘 청년들은 과거와는 다르게 어른들에게 음주 예절을 배우고 시작하기보다는, 친구나 동년배, 학교 선배 등을 통해 배우다보니, 올바른 예절보다는 재미와 쾌락 위주의 술문화를 즐기는 경우가 많다. 이렇다보니 사회활동을 할 때에 음주와 관련된 인간관계에 어려움을 토로하는 경우가 다수 발생한다. 따라서 2부에서는 술에 대한 전반적인 지식, 술이 인간의 삶에 미치는 밀접한 관계에 대하여 설명하였다. 또한 국제적인 테이블 및 와인 매너 그리고 각국의 식문화, 음주문화와 예절 등을 정리하여 국제적 매너를 익히도록 하였다.

3부는 사회생활 생존을 위한 바른 예절과 매너이다. 직장생활을 할 때 필요한 가장 기본적인 예절과 매너, 복장, 태도, 경조사 등을 정리하였다. 그리고 4대 법정의무교육에 대하여 미리 배워 직장생활에 활용할 수 있도록 하였고, 코로나-19가 바꾸어 놓은 언택트 시대의 매너에 관해서도 정리하였다.

지금의 시대는 4차산업혁명시대이다. 4차산업혁명시대에 인간관계에는 특별한 능력이 필요 없다. 이 시대의 사회에서는 기본생활 매너와 예절을 요구한다. 이것만 잘해도 알아줄 사람은 다 알아주는 사회가 되었다. 기본적인 생활 매너와 예절이 4차산업혁명시대의 생존 전략을 위한 시작이며, 인간관계

개선과 인간성 회복을 위한 솔루션이다. 이 책은 대학생, 특성화고등학교 학생, 직업전문학교 학생, 취업준비생들에게 이 시대를 생존하기 위해서 기본생활 매너와 예절을 키우기 위해 반드시 읽어야 할 책이다.

책을 집필하고 강의 후에 많은 깨달음과 부족함을 느꼈다. 보람과 자신감도 얻었지만 앞으로도 지속적인 연구의 필요성을 절실히 느끼며, 독자들의 아낌없는 질책을 통해 청년들에게 도움이 되는 책이 탄생될 수 있도록 매진할 것을 마음으로 전한다.

2021년 2월
인간관계 개선과 인간성 회복을 열망하며
저자 일동

차례

차례

2부 식문화와 음주문화

차례

1부
바른 예절과 매너 생활

Manner

1장

바른 기본생활 예절의 개념적 정의

1. 예의 없는 사람은 무능하고 어리석은 사람

예의가 없는 사람은 매우 무능하고, 무식한 사람으로 보인다. 예의 없는 사람과의 관계는 갈수록 짜증이 유발되고, 불쾌해진다. 무능한 사람은 상대할 필요가 없고, 나를 무시하는 사람 또한 무시로 대응하면 된다. 예의는 타고난 성품이 아니라 만들어 가는 것이다. 예의의 부족함은 어리석다는 것이다. 예의가 부족한 사람은 조직에서 협업과 의사소통을 파괴하는 사람이기 때문이다. 아무리 능력이 있어도 예의가 없다면 무능이다.

▶ 아무리 능력이 있어도 예의가 없다면 무능.
예의 바른 사람은 인성이 좋은 사람.
인성은 인간이 갖추어야 할 기본적 본성이며 남과 더불어 사는 역량이니 당연히 익혀야 할 공부.

인성은 탁월성이며 훈련과 습관화로 획득되는 기술.

2. 인성이란 무엇인가?

인성(人性)이란 무엇인가? 인성에 대한 사전적 의미는 사람의 성품이나 개인이 가지고 있는 사고와 태도 및 행동 특성이다. 인성은 사회적으로 인정되는 바람직한 인간적 특성 또는 사람됨이다. 한국교육학회에서는 인성을 사람 마음의 바탕과 사람 된 모습이 어떠함을 말하는 것으로 정의하였고, 이는 사람의 마음과 사람됨이라는 두 가지 요소로 이루어진다. 즉, 마음과 사람됨이라는 행동 양식과 타인 속에서의 사람됨 반응양식이 환경에 대응하면서 나타나게 되는 행동 등의 총합이라고 정의한다. 인성은 매우 포괄적인 개념을 내포하고 있기에 다양한 관점으로 정의될 수 있다.

▶ 인성: 사회적으로 인정되는 바람직한 인간적 특성 또는 사람됨.
마음과 사람됨이라는 행동 양식과 타인 속에서의 사람됨. 반응양식이 환경에 대응하면서 나타나게 되는 행동 등의 총합.

인성이란 인간이 갖추어 할 기본적 본성이며 남과 더불어 사는 역량이다. 인성교육의 중요성은 최근의 미디어와 뉴스 이슈 거리를 보아도 쉽게 알 수 있다. 교육이란 아는 것이 많은 사람을 길러내는 것이 아니라 인간성을 갖춘 사람으로 키워내는 것이다. 학교는 무엇보다 인성교육에 힘써야 한다. 안타깝게도 현실은 다른 방향으로 가고 있다. 교육에서 중요한 것은 인성이 아니라 수능과목에 집중된다. 영어 · 수학에 능한 학습에 치우친다. 학교뿐만 아니라 가정에서의 인성교육 역시 사라지고 있다. 인성교육이 약화한 원인으로 산업화 인재로 양성하기 위한 지식습득 위주 교육, 서열화 사회가 낳은 경쟁교육 등이 남과 더불어 사는 것이 아닌 내가 살기 위해 남을 해치는 사회 풍토를 야기시켰으며 인간적 친밀감보다는 인간관계를 도구화하는 현상을 원인으로 볼 수 있다. 또한 가장 큰 원인으로는 가정에서의 인성교육 부재를 꼽을 수 있다. IMF 이후에 맞벌이 가정이 늘고 핵가족화되며, 가정에서 올바른 인성교육이 잘 이루어지지 않았고, 심지어 그렇게 가정교육을 받지 못한 세대가 부모가 되어 맞벌이 가정을 꾸리고 있으니 상황은 더욱 심각해지고 있다. 가정교육, 밥상머리 교육이 바로 인성교육의 시작인데, 본 적도 배운 적도 없는 것을 어떻게 가르치며 후대의 아이들에게 가정교육을 할 수 있겠는가? 그런 부모에서 자란 아이들에게 가정교육은 먼 나라 이야기이다. 결국은 인성으로 인해 발생하는 여러 가지 사회 문제는 기성세대의 잘못으로부터 비롯된 것이다.

지금의 세대를 탓할 것이 아니라는 것이다. 산업혁명의 인재로 키우기 위한 교육시스템을 지금의 4차산업혁명 세대에 적용하니 문제가 발생하는 것은 자명한 일이다. 암기에만 치중한 공부 수재가 사회에 나와 적응할 수 있겠는가. 의문이 든다. 미디어를 통해 우린 인간성을 저버린 행동의 청소년들이 익숙한 세상이라 이제 더 놀랍지도 않다. 암기 수재는 4차산업혁명시대에는 가장 먼저 도태될 대상이다. 학교 교육의 목표는 인성 함양이다. 우린 그것을 잘 생각해 보아야 한다. 그릇된 가치관을 강요하는 교육은 개선되어야 한다.

▶ 교육: 아는 것이 많은 사람을 길러내는 것이 아니라 인간성을 갖춘 사람으로 키워내는 것.

학교 교육의 목표: 인성 함양.

인성: 인간이 갖추어야 할 기본적 본성이며 남과 더불어 사는 역량.

3. 기본생활 예절 습관화 실천방안 4단계는 다음과 같이 구성

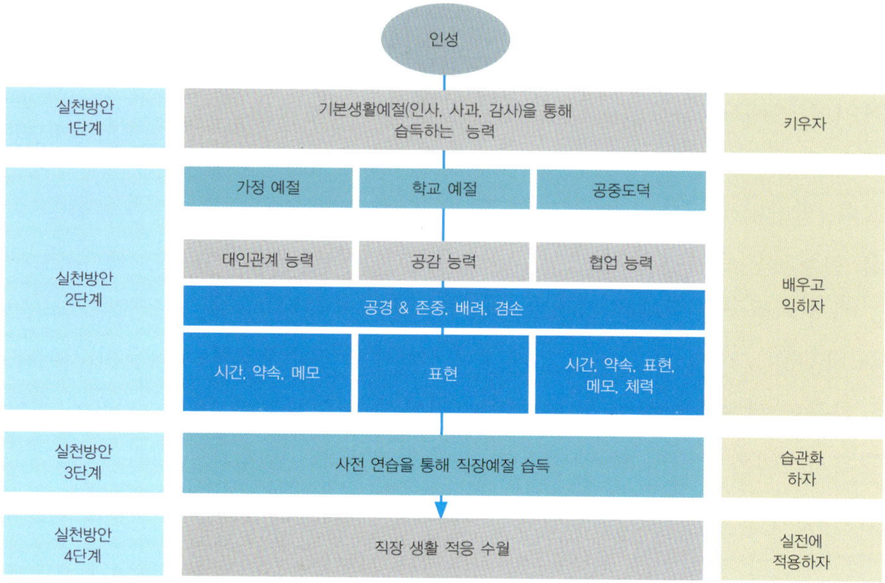

1단계 실천방안: 핵심역량 인성은 기본생활 예절을 통해 핵심능력을 키우자
2단계 실천방안: 가정교육, 학교 교육, 공중도덕 예절을 통해 대인관계 능력, 공감 능력, 협업 능력을 배우고 익히자
3단계 실천방안: 사전 연습을 통해 직장생활 예절을 습관화하자
4단계 실천방안: 실전에서 습관화된 예절교육을 그대로 적용하자

공자는 학습과 성찰의 상호 보완성을 강조했다. 배우기만 하고 생각하지 않으면 미혹에 빠지고, 생각만 하고 배우지 않으면 의혹에 빠진다고 하였다. 배운 것에 대해 사색의 보완을 통해 배운 것을 자기 것으로 소화하여야 하고, 사색과 성찰에만 머물며 체계적인 학습을 게을리할 경우 머리가 헛돌고 스스로를 자신 속에 가둬 두면 멍청해질 수도 있다고 했다.

4. 실천방안 1단계: 핵심역량 인성인 기본생활 예절을 통해 핵심능력을 키우자. 기본생활 예절로 핵심경쟁력, 인성을 공부하자.

인성(人性)은 사람의 성품이나 개인이 가지고 있는 사고와 태도 및 행동 특성이다. 인성은 사회적으로 인정되는 바람직한 인간적 특성 또는 사람됨이다. 인성 공부의 시작은 기본생활 예절에서부터 시작하자. 기본생활 예절은 인사, 사과, 감사로 가장 기초가 되는 예절이다. 인사는 많은 예절 중에서도 가장 기본이 되는 것으로 상대방을 향하여 마음속에서 우러나오는 존경심과 반가움을 나타내는 형식이다. 예의를 중시한 사회에서 인사를 잘하고 못하는 것으로 사람의 됨됨이를 평가하고 단순한 동작이지만 의미를 내포하니 바른 자세로 마음을 담아 밝은 미소와 함께 인사를 해야 한다. 사람은 살면서 잘못하게 된다. 잘못을 저지르면 사과를 하면 되는데 그게 쉽지가 않다. 그것은 사과의 진정한 의미를 모르거나 사과를 어떻게 해야 하는지 몰라서이다. 실수하면 인정하고 사과를 하는 것은 공존하기 위해 해야 할 인간적인 도리이다. 그래야 살아남는다. 감사는 나에게 은혜를 베풀거나 도움을 주신 분에게 고마움을 나타내는 것이다. 감사는 다른 사람이 가치 있는 것을 의도적이든 의도적이지 않든 주었을 때 느끼는 긍정적 정서이다. 감사를 배우는 과정은 끝이 없는 과정이다. 사람의 행복은 감사하는 마음의 깊이에 달려 있다. 감사의 기술을 배울 때 비로소 행복해진다고 한다. 감사함과 사과는 공감 능력이다.

기본생활 예절이 곧 경쟁력!

만나면 진심으로 반갑게 인사하고 도움을 받으면 감사를 표현해야 한다. 또한 실수를 하면 반드시 사과해야 한다. 기본을 잘 지키면 인간적으로 돋보인다. 인간관계에 특별한 능력은 필요 없다. 특별한 걸 잘해서 튈 생각 말고 기본생활 예절에 충실해지자. 이것만 잘해도 알아줄 사람은 다 알아주는 사회가 되었다. 시간과 약속을 아끼고 지키는 사람은 성공한다고 한다. 사람들은 시간과 약속에 예민해서 사소한 것도 다 기억한다. 상대가 아무리 여유 있고 능력이 있어도 사소한 시간과 약속을 지키지 못한다면 도태되게 된다. 시간과 약속을 잘 지키는 것은 자기 이미지 관리도 매우 중요하다. 기본에 충실하란 말은 상투적이어서 쉽게 간과한다. 기본생활 예절만 제대로 갖춰도 어디 가서 밥값 못할 일은 없다. 해야 할 일 하고 갖춰야 할 걸 갖추면 좋은 기회가 오기 마련이다.

▶ 기본을 잘 지키면 인간적으로 돋보임.
인간관계에 특별한 능력은 필요 없음.
기본생활 예절에 충실하자. 이것만 잘해도 사회에서 인정받음.

구약 시대에도 상대방에게 인사를 통해 평안과 복을 기원

성경에는 인사(人事, greeting)를 구약 시대와 신약 시대를 걸쳐 중요하게 언급하고 있다. 성경에서 언급된 인사는 상대방에게 안부를 묻거나 공경(경의)의 표시로 나타내는 예절을 갖춘 말이나 몸짓이다. 구약 시대에는 상대방에게 평안을 묻는 말로써 “솰롬”이 4회 언급되었다(창 43:27; 출 18:7; 삿 18:15; 삼상 10:4). 그리고 무릎을 꿇다, 하나님께 복을 빌다 의미를 담고 있는 “바라크”라는 말이 사용되어 문안(인사)하다, 복을 빌다 뜻으로 4회 쓰였다(창 47:7; 출 39:43; 수 14:13; 왕하 4:29). 신약 시대에는 인사하다, 잘되기를 빌다, 영접하다 뜻을 지닌 “아스파조마이”가 자주 쓰였다. 말로 하는 인사(마 23:7; 눅 1:29)는 물론 글로 하는 인사(고전 16:21; 골 4:18)에도 등장한다. 이 외에도 기뻐하다 뜻의 “카이로 오"라는 말이 문안의 뜻을 전하는 말로 종종 언급된다(마 28:9; 행 15:23; 23:26; 약 1:1). 히브리인들은 대개 서로 간의 '솰롬'을 물으면서 긴 인사를 나누었는데 이에 긴급한 메시지를 전하는 전령에게는 일상의 인사를 금지할 정도였다(왕하 4:29). 상대방의 '솰롬'을 거부하거나 무시하는 것은 적대 관계임을 뜻했다(마 10:12-14). 인사를 나눌 때 서로 목을 껴안고 입을 맞추거나(창 27:26; 삼상 20:41), 자기보다 신분이 높으면 상대방의 손등이나 발, 옷자락에 입을 맞추기도 했다(눅 7:38). 어떤 경우에는 입맞춤 없이 무릎을 꿇거나(창 42:6), 땅에 엎드려 절하기도 했다(창 50:18; 삼하 14:4; 24:20; 왕상 1:23). 그 외에도 왕을 향해서는 '왕 만세'(삼상 10:24; 왕상 1:39; 느 2:3)를 연호했다(라이프성경사전).

▶ 구약 시대에는 상대방에게 평안을 묻는 말로써 "솰롬".
신약 시대에는 인사하다, 잘되기를 빌다, 영접하다 뜻을 지닌 "아스파조마이".
평안과 복을 기원하고 영접의 의미로 서로를 존중하는 의미.

짐승도 부모를 찾아가 안부 인사를 함.

늑대는 적정 시기가 되면 부모에게서 독립하여 각자의 삶을 산다. 늑대는 평생 한 마리의 암컷만 사랑하다가 죽는다. 자신의 암컷과 새끼를 위해 목숨까지 바치는 유일한 포유류다. 사냥을 통해 먹잇감이 생기면 암컷과 새끼를 먼저 먹이고 자신은 나중에 먹는다. 늑대는 암컷이 죽으면 어린 새끼를 홀로 돌보다가, 새끼가 성장하면 암컷이 죽었던 곳에 가서 자신도 굶어 죽는다. 늑대의 특이한 습성 중 하나는 독립 후에도 종종 부모를 찾아가 안부 인사를 한다는 것이다.

▶ 부모에게 자주 안부 인사하자. 부모를 섬기는 것이 예절의 시작.

사과와 고마움은 고대에도 잘못을 바로잡고 갈등을 해소하는 신비로운 열쇠

호오포노포노(Ho'oponopono)는 고대 하와이인들의 용서와 화해를 위한 문제 해결법이다. 호오포노포노는 하와이어로 호오 [목표], 포노포노 [완벽함]이며, 완벽을 목표로 수정하는 것, 즉 잘못을 바로잡는다는 의미이다. 고대 하와이의 전통적인 기법은 종교적 지도자가 문제를 해결하는 중재자 역할을 하지만, 모르나가 개발한 현재의 방식은 자신이 혼자서 수행하는 방법이다. 문제를 일으키는 원인이 되는 기억을 해방하기 위한 하와이의 전통적인 문제 해결법이 현대판으로 발전된 것이다. 호오포노포노(Ho'oponopono)는 네 마디 말로 갈등에 대한 문제 해결 방안을 제시한다. "미안해", "사랑해", "용서해", "고마워"이다. 이는 부와 건강, 평화를 끌어당기는 신비로운 열쇠가 된다고 말한다.

▶ "미안해", "사랑해", "용서해", "고마워"는 부와 건강, 평화를 끌어당기는 신비로운 열쇠.

사과는 성공의 비결, 기쁘게 사과하고 즉각적으로 대응하라.

행복한 청소왕 달렌 피터슨의 성공의 비결은 고객의 어떤 종류의 불평이든 간에 무조건 즉시 사과했다. 그리고 고객인 상대방이 듣고 싶어 하는 중요한 한마디를 해주었다. 그것은 "죄송합니다"였다. 말로만이 아니라 진심으로 사과했다. 수년간의 일관된 경험으로 볼 때 진정성이 느껴지는 사과를 받은 고객 중 95%가 불만을 누그러뜨렸다고 말한다. 로버트 치알디니 미국의 심리학자는 호텔에서 최고의 만족도를 적어낸 고객, 향후에도 이 호텔을 이용하겠다고 밝힌 고객, 투숙 기간 무결점 서비스를 경험한 사람들이 아니었다고 한다. 오히려 호텔 서비스의 오류가 발생했을 때, 바로 인정하고 사과하며 호텔리어들이 즉각적으로 바로잡아 준 경우였다고 한다. 그는 고객이 잘못을 지적하면 그 자리에서 기뻐하라고 말한다. 즉각적인 사과는 고객의 만족도를 높인다. 잘못을 지적하는 고객에게 사과하고 고객이 기쁘게 즉각적으로 대응하는 것이 단골 고객을 유지하는 비결이다. 조영탁의 행복한 이야기에서는 자신이 잘못했다고 느꼈을 때 사과하느냐는 질문에 연봉 10만 달러 이상자 중 92%가 "그렇다"고 답했지만 2만 5천 달러 이하 소득자는 52%만이 "그렇다"고 답변했다는 조사 결과가 있다고 한다. 과거엔 사과가 패배자의 몫이었다면 이제 사과는 승리의 첫걸음이다. 잘못을 지적받으면 그 자리에서 기뻐할 수 있어야 한다고 말한다.

▶ 과거엔 사과가 패배자의 몫이었다면 이제 사과는 승리의 첫걸음.
사과는 성공의 비결.
기쁘게 사과하고 즉각적으로 대응하여야 함.

불교에는 용서라는 말이 없음.

성철스님은 불교엔 용서라는 말 자체가 없다고 한다. 용서라는 말이 없다고 사람과 싸우라는 말이 아니다. 상대를 용서한다는 것은 나는 잘했고 너는 잘못했다고 언쟁하는 것이다. 그러하니 잘한 내가 잘못한 너를 용서한다는 이야기이다. 그것은 상대를 근본적으로 무시하는 말이다. 상대의 인격에 대한 모욕이라고 하였다. 불교에서는 일체중생의 불성이 똑같다고 본다. 성불해서 연화대 위에 앉아계시는 부처님이나 죄를 지어 무간지옥에 있는 중생이나 자성의 자리, 실상은 똑같다는 것이다. 그래서 아무리 죄를 많이 짓고 아무리 나쁜 사람이라도 겉을 보고 미워하거나 비방하거나 나아가 세속에서 말하는 용서를 할 수는 없는 것이다. 용서가 없다면 사과는 있다. 용서를 잘한 내가 잘못한 너를 용서한다는 의미로 해석하고 있다. 사과는 나를 낮추고 상대를 존중하는 의미이기 때문이다. 용서하라는 것이 아니다. 우린 사과를 하자는 것이다.

▶ 사과는 나를 낮추고 상대를 존중하는 의미.

행복하여 감사한 것이 아니라 감사하기에 행복한 것

유대인의 정신적 지주 역할이며, 지적 자산이 농축된 탈무드에서는 감사에 대하여 "세상에서 가장 사랑받는 사람은 모든 사람을 칭찬하는 사람이요, 가장 행복한 사람은 감사하는 사람이다" 말하고 있다. 데살로니가 전서 5:16~18에는 항상 기뻐하라(Be joyful always), 쉬지 말고 기도하라(pray continually), 범사에 감사하라(give thanks in all circumstances), 이것이 그리스도 예수 안에서 너희를 향하신 하나님의 뜻이니라(for this is God's will for you in Christ Jesus). 감사하기에 행복하다는 것이다. 미국의 유명 방송인이며 여성들의 워너비인 오프라 윈프리는 감사에 대하여 이렇게 말한다. 세상은 감사하는 자의 것이다. 그녀가 인생에서 어떤 일이 일어나든 감사하는 법을 배웠을 때 기회, 사람들과의 관계, 부까지도 그녀에게 다가왔다는 것이다. 감사해야 할 것에 제대로 감사를 표하는 것이 쉽게 감사하기 어려운 것에도 기꺼이 감사할 때, 인생은 분명 천국이 된다고 말한다. 문학평론가 이어령은 감사는 하면 할수록 감사할 일이 많아진다고 말한다. 감사하는 마음, 그것은 자기 아닌 다른 사람을 향하는 감정이 아니라, 자기 자신의 평화를 위하는 감정이며, 감사하는 행위, 그것은 벽에다 던지는 공처럼 언제나 자기 자신에게로 돌아온다고 말한다. 일본의 작가 나시다 후미오는 매일매일 긍정하라는 그의 저서에서 나는 불쾌해지면 "감사하다, 감사하다, 나에게 넘어야 할 벽을 만들어 주셔서 감사하다"라고 자신의 뇌에 말한다고 한다. 이는 긍정적인 말을 하는 것으로 자신의 뇌가 긍정적으로 착각한다는 것이다. 맥콤즈경영대학원 교수이며, 왜 똑똑한 사람들은 행복하지 않을까 작가인 라즈 라후나탄은 고마운 마음을 표하면 나중에 좋은 친구가 되거나 동반자가 될 사람을 발견할 수 있다고 말한다. 고마운 마음을 전하는 사람들은 자연히 남들에게 호감을 많이 산다. 고마움은 친구나 배우자의 장점을 상기 시켜 주는 효과가 있고 고마움을 표현하면 관계가 단단해진다는 것이다.

▶ 가장 행복한 사람은 감사하는 사람.
감사하기에 행복하다는 것.
세상은 감사하는 자의 것.
감사는 감사하면 할수록 감사할 일이 많아짐.
고마운 마음을 전하는 사람들은 자연히 남들에게 호감을 많이 줌. 고마움은 친구나 배우자의 장점을 상기시켜 주는 효과가 있고 고마움을 표현하면 관계가 단단해진다는 것.

5. 실천방안 2단계: 가정교육, 학교 교육, 공중도덕 예절을 통해 대인관계 능력, 공감 능력, 협업 능력을 배우고 익히자.

실존주의 사상의 선구자, 철학자 키에르케고르(Kierkegaard)는 인간이 인간다울 수 있는 이유는 대인관계에 있다고 인간관계의 본질을 말했다. 대인관계는 고민과 갈등의 원인이다. 인간의 심리적 갈등은 대부분 대인관계에서 발생한다. 공감은 다른 사람의 감정, 의견, 주장, 행동에 대하여 자기도 그렇다고 느끼는 느낌이며 그렇게 느끼는 기분이다. 공감은 더불어 살아가는 사람의 아름다운 모습이다. 더불어 살아가기 위해서는 먼저 타인의 감정, 의견, 행동을 그들과 비슷하거나 같다고 느끼는 것을 찾아내어 그들에게 적당한 방법으로 상대에 표현할 줄 알아야 공감하는 것이다. 마음속에 있는 말을 하고 의사소통에 유념하는 것을 배우는 것은 대인관계를 유지하기 위해 필수적이며, 자신보다 타인을 우선하며, 다른 사람과의 조화 넘치는 삶을 공유해야 한다. 내가 좋아하는 사람이 나를 좋아하는 건 기적이라는 말이 있다. 그러나 나에게 공감능력이 있다면 기적이 아니라 좋아하게 하는 능력이다. 현대 조직사회는 동료, 협력자와 협업(協業)해 문제를 해결할 수 있는 능력을 지닌 협업 능력자를 원한다. 팀의 구성원 사이에서 발생할 수 있는 불협화음과 충돌을 극복하는 것이다. 여러 구성원과 협업해 일을 처리하는 과정에서 업무량은 공평하게, 효율적으로 분배되었는지가 문제가 된다. 팀으로 구성된 구성원 간의 공동 작업은 그 자체로 하나의 능력이다. 기본생활 예절을 통해 학교생활, 가정생활, 공중도덕 등 사회생활에서 원만한 대인관계를 형성하는 것이 자신의 협업적 문제 해결 능력과 협업 능력에 긍정적인 영향을 미친다. 학교생활, 가정생활, 공중도덕 등 사회생활에서 자신이 타인과의 원만한 관계를 위해서는 기본생활 예절을 배우고 익혀야 한다.

6. 실천방안 3단계: 사전 연습을 통해 직장생활 예절을 습관화하자. 아는 대로 실천할 수 있어야 진정한 지식이며, 아는 것이며 습관화되어야 실력이다.

영국의 물리학자, 스티븐 호킹 박사는 급변하는 시대에 지적능력은 변화에 적응하는 능력이라고 하였다. 지금 시대의 지적능력은 인성(人性)이다. 인성은 성격이 아니라 실력이다. 타고나는 것이 아니라 학습으로 익히는 것이다. 일시적인 행위가 아니라 지속적인 습관이다. 인성은 공부하고 일할 수 있도록 해 주는 실력이다. 아는 것도 중요하다 하지만, 아는 대로 실천하는 것이 더 중요하다. 알고만 있는 것이 아니라 아는 대로 실천할 수 있어야 진정한 지식이며, 아는 것이며 습관화되어야 실력이 된다. 아는 것과 행하는 것이 하나가 될 때 참된 아는 것인데 이것이 실력이다. 힌두교 문화는 아랍, 인도(불교), 영국, 포르투갈 등 다양한 나라에서 유래된 말들이 결합하여, 다채로운 속담을 포함한 많은 문화적인 특징들을 다양하게 가지고 있다. 힌두교의 속담 중에 "무지한 사람에게 독서는 언제나 좋다. 읽은 것을 간직하면 더 좋다. 읽은 것을 이해하면 더욱 좋다. 하지만 가장 좋은 것은 읽은 것을 실행하는 것이다." 지식의 실천과 활용의 중요성을 말한다. 힌두교는 지식을 바탕으로 배우는 것과 행동하는 것에 동등한 중요성을 부여한다. 세계적인 성공학 연구자, 나폴레온 힐(Napoleon Hill)은 사람들이 인생에서 실패하는 가장 큰 이유는 친구, 가족, 이웃들의 말을 듣기 때문이라고 말한다. 쉽게 얻으려고 하는 정보는 오히려 독이 된다는 것이다. 전문가의 조언과 적극적으로 얻어낸 정보만이 유용한 정보이기 때문이다. 제안한다. 인성 공부의 시작은 기본생활 예절에서부터 시작하라. 기본생활 예절은 인사, 사과, 감사로 가장 기초가 되는 예절이다. 기본생활 예절은 학문이다. 배우고 익혀야 한다. 외국어 공부를 하면서 왜 가성비 최고의 기본생활 예절, 인성교육은 하지 않는가. 스스로 잘 판단해야 할 것이다.

▶ 기본생활 예절은 학문. 배우고 익혀야 함.
외국어 공부를 하면서 왜 가성비 최고의 기본생활 예절, 인성교육은 하지 않는가. 스스로 잘 판단해야 함.

마하트마 간디의 삶의 태도, 습관

인도의 민족운동 지도자이자 인도 건국의 아버지 마하트마 간디는 삶의 태도, 습관에 관하여 다음과 같이 말했다.

생각을 조심하라. 왜냐하면 그것은 말이 되기 때문이다.
말을 조심하라. 왜냐하면 그것은 행동이 되기 때문이다.
행동을 조심하라. 왜냐하면 그것은 습관이 되기 때문이다.
습관을 조심하라. 왜냐하면 그것은 인격이 되기 때문이다.
인격을 조심하라. 왜냐하면 그것은 인생이 되기 때문이다.

그는 필자가 하고자 하는 말을 다 정리하여 주었다. 그를 존경하는 이유다. 습관이 인성을 형성함을 강조하고 있다.

인성교육은 배움으로 시작하여 몸으로 익히고 습관화하여 실천

인성교육을 해도 제대로 안 되는 이유는 아는 것에 그치기 때문이다. 인성교육은 배움으로 시작하여 몸으로 익히고 습관화하여 실천해야 한다. 독일의 철학자 마르크스는 아는 것 못지않게 실천하는 것이 중요하다고 강조했다. 우리를 가두고 있는 잘못된 가치관에서 벗어나 인식의 틀을 깨고 새로운 가치관을 확립해야 변화의 시작이다. 일상에서 기본 생활 예절을 키우고 사회(직장생활)에 진출하기 전에 학교생활, 가정생활, 공중도덕 등 사회생활에서 배우고 익혀 이를 통해 원만한 대인관계, 공감 능력, 협업 능력을 습득하고 형성하여야 한다. 아리스토텔레스는 도덕의 목적은 행복, 윤리의 근원은 습관에 의한 지식, 인성(윤리적인 덕)은 탁월성이며 훈련과 습관화로 획득되는 기술이기에 인성(윤리적인 덕)의 습관화를 중요시하였다. 데카르트도 최고의 덕은 사후에 의한 학습된 지성이라고 주창했다. 배우고 익혀 습관화하여 무기로 만들어야 한다.

7. 실천방안 4단계: 실전에서 습관화된 기본생활 예절을 그대로 적용하자

기본생활 예절교육은 습관, 지침, 일상의 루틴을 통해 습관화된다. 습관화하여 이를 통해 세상에 잘 적응하고 더 많은 성장을 이룰 수 있다. 가정생활, 학교생활, 공중도덕 준수를 통해 습관화된 예절은 어떤 상황이 일어날지를 자신이 대처하고 기대 수준에 맞출 수 있으니 긴장감이 없다. 재빨리 처리할 수 있고 예상치 못한 상황에도 당황하지 않는다. 이를 통해 무엇보다도 예측 가능한 범위에 들어오니 통제 가능한 능력이 배양되어 편안함과 안정성을 얻게 된다. 편안함과 안정성에서 건강한 자신을 키울 수 있다. 기본생활 예절을 매일 꾸준하게 실천하고 활용하여 습관화한다면 사회 및 직장생활 적응이 수월할 것이고 성공으로 이루어질 것이다. 학교생활 예절과 가정 예절, 공중도덕 등 사회생활을 통해 직장근무예절과 원만한 대인관계 능력, 공감 능력, 협업 능력을 사전에 연습을 통해 습득하고 배우고 익혀 입사하여야 한다. 또 습관화되어야 자연스럽게 기본생활 예절로 사회 및 직장생활에 바로 임할 수 있다. 실전에서 습관화된 기본생활 예절을 그대로 익혀 적용하여야 한다.

스펙을 쌓는 동안에 스펙만 쌓지 말고 인성을 먼저 쌓아야 함.

사람과 물은 편한 곳으로 흘러간다. 마찬가지로 예의 바르고 적극적인 사람에게 호감이 가는 것은 당연한 이치이다. 요즘 청년들은 취업을 위해 스펙 쌓기에만 몰두하는데, 스펙만 쌓지 말고 인성을 먼저 쌓아야 한다. 최근에 타계한 미래학자 앨빈 토플러는 한국의 젊은이에게 이런 일침을 가한 적이 있다. 한국의 학생들은 하루 15시간 동안 학교와 학원에서 미래에 필요하지도 않은 지식과 존재하지도 않을 직업을 위해 시간을 낭비하고 있다. 가히 옳은 말이면서도 무서운 말이다. 여러분도 느낄 것이다. 하루에 한 시간만 인성 공부에 투자해 보자. 여러분을 위한 확실한 미래 공부이며, 모든 것에 적용되는 최고의 스펙이다. 예의 바른 인성만큼 가성비가 좋은 투자는 없다. 그리스 철학자 아리스토텔레스는 우리는 우리 행동의 산물이다. 그렇기에 탁월함은 행동이 아닌 곧 습관이라고 했다. 바른 예절은 습관을 통해 생겨나는 산물이다. 기본 생활예절은 습관으로 배우고 익혀서 계속 길러야 한다.

▶ 하루에 한 시간만 인성 공부에 투자해 보자. 여러분을 위한 확실한 미래 공부이며, 모든 것에 적용되는 최고의 스펙(spec).
예의 바른 인성만큼 가성비 좋은 투자는 없음. 바른 예절은 습관을 통해 생겨나는 산물. 기본 생활예절은 습관화하여 배우고 익혀서 계속 길러야 함.

Manner

2장

협업하고자 한다면 먼저 인사 예절로 상대방에 대한 예의와 존중을 표현하여 공감을 얻자

1. 인사 예절을 왜 지켜야 하는가?

이낙연 전 국무총리는 경기 고양 킨텍스에서 열린 차세대 리더 육성 멘토링 리더십 콘서트 개회식 축사에서 "누군가 우리에게 좌절과 절망을 줄 때는 그 속에 축복의 선물을 감춰 놓고 있는 경우가 많다"라며, "이번 리더십 콘서트 등을 통해 멘토, 지도자를 만나는 게 인생에 그렇게 자주 있는 일이 아니니 만남을 소중히 여기고 간직해 주면 좋겠다"라고 했다. 그러면서 대학생들에게 인사를 공손히 하고, 자신을 최대한 낮추고, 상대를 최대한 높일 것을 당부하며 "이 세 가지만 지켜도 면접시험에서 80점은 먹고 들어가는 것"이라고 덧붙였다.

▶ 국무총리의 당부: 인사를 공손히 하고, 자신을 최대한 낮추고, 상대를 최대한 높일 것

왜 인사를 해야 하는가?

왜 국무총리가 대학생들에게 이런 당부를 했을까. 인사는 사람이 마땅히 해야할 일이며, 사람을 존중하는 것을 의미한다. 인간관계의 기본이며, 사람이 가장 아름다울 수 있는 아름다운 행위이다. 인사는 상대방을 존중하는 마음과 상대방에 대한 우호적인 감정의 표현이며, 인간관계에 있어서 시작과 끝을 장식한다. 가정에서는 화목한 가정의 근간이 되고, 직장생활에서는 인화단결, 애사심의 근간이다. 누구를 만나든, 지위고하와 남녀노소를 막론하고 먼저 인사해야 밝은 사회와 세상을 만들 수 있다. 그래서 인사를 반드시 해야 하는 것이다. 국무총리는 인사의 중요성을 이야기하고 싶은 것이며, 요즘 세대가 이 점이 미흡한 것에 대해 안타까움에 당부한 것이다.

▶ 인사는 반드시 해야 하는 것, 그래야 내가 사람으로 인정받음.
사람이 마땅히 해야 할 일이며, 사람을 존중하는 일을 의미
인간관계의 기본이며, 사람이 가장 아름다울 수 있는 아름다운 행위
상대방을 존중하는 마음과 상대방에 대한 우호적인 감정의 표현
인간관계에 있어서 시작과 끝을 장식

인사를 안 해 아시안게임 금메달 놓친 체조 선수

"이젠 심판에게 인사하고 세리모니하는 연습할래요."

제18회 아시안게임 '심판에게 종료 인사'라는 규정에 발목이 잡혀 2등으로 밀려난 남자 기계체조의 간판 김한솔(23. 서울시청)은 하룻밤 사이 충격에서 벗어난 표정이었다.

김한솔은 24일 도마 결선에서 완벽한 연기를 펼쳐 금메달을 목전에 뒀으나 연기 후 심판에게 인사를 하지 않아 벌점 0.3점을 받은 바람에 은메달에 만족해야 했다. 금메달은 0.062점 앞선 홍콩의 섹와이훙에게 돌아갔다. 김한솔은 완벽한 착지에 감격한 나머지 심판에게 연기 종료를 뜻하는 인사를 하지 않고 기쁨의 세리머니를 펼쳤다. 국제체조연맹(FIG)은 선수가 심판에게 묵례 형식의 종료 인사를 하지 않으면 규정 위반으로 심판이 벌점 0.3점을 줄 수 있다고 규정한다. 김한솔은 "도마에서 불미스러운 일이 있었는데 엄연히 제 실수"라면서 "크게 신경 쓰지 않고, 이젠 아무리 좋아도 퍼포먼스(세리머니)보다 마무리 동작 끝냈다는 표시를 심판에게 먼저 하는 연습을 많이 해야 할 것 같다"고 웃었다(연합뉴스).

▶ 인사는 연습을 통해 얻으려는 것보다 실생활에서 자연스럽게 실천해야 습관화됨. 인사는 습관화하여야 자연스럽게 나오는 것.

버스 기사의 불친절 개선대책으로 인사의 생활화 선택한 천안시

버스 기사 오죽 불친절했으면…"안녕하세요" 안 하면 과징금
근무복·핸즈프리 착용 의무화…암행단속반 운영
적발되면 버스회사에 과징금 최고 120만 원 부과
천안시 "시내버스 불친절 민원을 줄이기 위한 조치"

이런 문제를 해결하기 위해 천안시가 대대적인 개선대책을 내놓았다. 우선 천안지역 시내버스 운전기사는 근무복과 핸즈프리를 의무적으로 착용하도록 했다. 승객들에게는 "안녕하세요", "감사합니다"라는 인사를 생활화해야 한다. 천안시는 지난 12일 시내버스 기사 근무복과 핸즈프리 착용 등 개선 명령을

내린 뒤 2주간의 계도기간을 마치고 단속에 들어간다고 26일 밝혔다. 이번 개선 명령은 시내버스 불친절 민원이 줄어들지 않으면서 이를 뿌리 뽑기 위해 추진됐다. 천안에는 3개 회사에서 395대의 시내버스를 운행 중이다. 운수 종사자(운전기사)는 752명(11월 말 기준)이다. 천안시는 연말까지 특별암행단속반을 운영, 근무복과 핸즈프리 착용 여부, 인사 생활화 여부 등을 단속해 이를 지키지 않으면 최고 120만 원의 과징금을 버스회사에 부과하는 등 강력한 행정 조치에 나설 방침이다. 천안시 관계자는 "시내버스를 이용하는 시민들의 불편과 불만이 끊이지 않아 특단의 대책을 내놓은 것"이라며 "불친절 민원을 줄이기 위해 모든 조치를 할 것"이라고 말했다(중앙일보).

▶ 인사는 실생활에서 실천을 통해 생활화하여야 한다. 생활화는 습관화이다. 인사는 사람과의 생활에서 가장 기본이기에 상대방에 대한 예의와 존중을 표현하기 위한 최고의 방안이다.

2. 인사의 의미는 무엇인가?

많은 예절 중에서도 가장 기본이 되는 것으로 상대방을 향하여 마음속에서 우러나오는 존경심과 반가움을 나타내는 형식이다. 인사는 다음과 같은 의미를 가지고 있다.

예부터 예의를 중시한 사회에서 인사를 잘하고 못하는 것으로 사람의 됨됨이를 구분했다. 인사를 잘하면 인사성 바른 사람이라고 지칭했다. 인사를 통한 마음의 자세를 예절의 척도로 생각했다. 진심으로 머리를 숙여 인사할 줄 안다는 것은 자신에 대한 신념이 확고하다는 증거이다. 인사는 단순한 동작이지만 여러 의미를 내포하고 있으니 바른 자세로 마음을 담아 밝은 미소로 해야 한다.

구분	내용	구분	내용
마음	만남의 시작이며 마음가짐의 외적 표현	인간 관계	시작에서 끝
서비스 정신	서비스의 척도, 기본	존경심	상대방에 대한 표현
친절	약속의 표현	감동	상대방에게 주는 첫 번째 표현
사랑 신뢰	상사 존경, 동료 우애, 고객 감사, 가족 사랑	인격 교양	상대방에게 자신을 표현

▶ 예의를 중시한 사회에서 인사를 잘하고 못하는 것으로 사람의 됨됨이를 평가
단순한 동작이지만 의미를 내포하니 바른 자세로 마음을 담아 밝은 미소와 함께

인사로 나를 표현하자

인사는 평범하면서도 대단히 쉬운 것이나 습관화되지 않으면 실천에 옮기기가 어려운 것이다. 습관화된 인사는 인사를 하는 사람이나 받는 사람 모두를 밝게 해주고, 정적인 사람을 동적으로, 소극적인 사람을 적극적인 사람으로 만들어준다. 인사는 받는 사람만의 기쁨이 아니라 하는 사람도 기분이 좋은 일이다. 상대방에게 나를 깊이 인식시키려면 인사가 최고의 방법이다. 그래서 인사는 상대방을 위하고 나를 위한 것이다. 습관화하여 무기로 만들어야 한다. 습관화하기 위해서는 연습이 최고의 방안이다. 상대의 눈을 보고 미소와 명랑한 목소리로 용기를 갖고 먼저 인사하여 상대의 마음을 잡아야 한다. 집에서부터 시작하자. 그리고 학교에서 실천해 보자. 한번이 어렵지 다음부터는 즐겁다. 즐기면 되는 것이다. 인사를 통해 인간관계가 형성되고 개선이 된다. 인사를 할 때 6가지를 생각하자.

구분	내용	구분	내용
당연한 도리	모든 사람에게 예의 지키는 것	계속하라	볼 때마다 명랑하게 하라
먼저 하라	상사나 선배에게, 모두에게	친근하게	먼저 최대한 가까이 다가서서
알려라	나를 알리고 나를 위한 것	찾아서 하라	멀리 있으면 가서 하라 절대 모른척 하거나 피하지 말자 다 안다

형식적인 인사는 하지 말아야 한다. 영혼이 없으면 상대방도 다 안다. 만약 상대방에게 존경하는 마음이 있으면 최대한 공손하고 정중하게 인사해야 한다. 인정받고 싶으면 인사를 열심히 하는 것도 하나의 방법이다. 인사는 받는 것도 자신의 인격표현이다. 즉각적으로 반응하여 답례 인사를 해야 한다. 인사를 잘 받아주는 상사와 선배와 친하게 지내라. 당신에게 호감을 느끼고 있는 사람이다.

▶ 인사는 평범하면서도 쉬운 것이나 습관화되지 않으면 실천에 옮기기가 어려운 것
습관화하여 무기로 만들어야 하며, 습관화하기 위해서는 연습이 최고의 방안
인정받고 싶으면 인사를 열심히 하는 것도 하나의 방법

3. 인사는 격식에 따라 하자.

인사 하나로 사회생활이 결정될 수 있다. 그래서 인사를 배우고 익혀야 한다. 차별적인 인사, 가식적인 인사는 피한다. 웃는 얼굴로 인사말을 생략하지 말고, 때와 장소, 상황에 맞게 해야 한다. 인사는 격식을 갖추어야 더욱이 빛이 난다.

인사할 때의 기본자세와 자연스러운 인사법

정중하고 아름다운 인사를 위해서는 인사의 기본자세와 자연스러운 인사법을 배우고 익혀야 한다. 기본자세와 인사법을 살펴보면 다음과 같다.

구 분	내 용
마음가짐	진심으로 정중하며, 존경스러운 마음으로, 사랑스러운 마음으로
표정	밝고 부드러운 미소, 반가운 미소
시선	상대방의 눈을 바라봄, 숙인 상태에서는 정면을 바라봄
고개	고개를 들고 턱을 내밀지 말고 자연스럽게 당김
어깨	자연스럽게 힘을 빼고 균형을 유지
가슴&등, 허리	가슴과 등 일직선, 머리에서 허리까지 일직선
손	여성은 오른손이 위로 아랫배에 위치, 남성은 가볍게 쥔 손을 바지 봉제선 옆에
발	발뒤꿈치를 붙이고, 앞발의 각도 여성 15도, 남성 30도 정도 벌림
음성	적당한 크기와 속도, 최대한 자연스럽게
복장	흐트러짐이 없는지 살펴보고
방향	상대방을 향해
자세	바르게 서서
인사말	상대방 미간을 보며 상황에 맞게 인사, 머리나 허리를 구부리면서 인사
시선이동	상대의 눈에서 시선을 바닥으로 다시 상대의 눈
목&상체 들기	천천히 들거나 일어서며, 부드러운 시선과 표정

인사의 종류는 가벼운 인사(목례), 보통 인사, 정중한 인사

가벼운 인사(목례), 보통인사(보통례), 정중한 인사(최경례)는 표면적으로 나타나는 차이는 몸을 숙이는 각도이다. 가벼운 인사는 15도, 보통인사는 30도, 정중한 인사는 45도를 정중하게 숙여서 하는 인사이다. 때와 장소, 대상 그리고 상황에 따라 적용기준을 생각하고 인사법에 따라 정중하게 인사한다.

구분	가벼운 인사	보통 인사	정중한 인사
각도	15도	30도	45도
적용 기준	눈인사보다 조금 정중한 약식인사 동료나 아랫사람	일상생활 인사 일반적인 인사	일어서서 하는 인사 중 가장 정중한 인사
장소	실내, 복도, 화장실	실외, 실내 인사하기 불편하지 않은 공간이 확보된 경우	엄숙한 장소 (면접장, 상갓집, 결혼식, 상견례) 호텔 등 서비스 사업장
상황	앉아 있는 경우 지나치는 경우 마주치는 경우 대화 중 상사, 선배를 마주칠 때 업무 중인 사람에게 말걸 때	첫인사, 첫 소개	높은 사람에게 어려운 사람에게 감사 표시 사과 표시 손님맞이 손님 배웅
대상	포괄적으로 적용	윗사람에게 고객에게	나이 차가 큰 웃어른, 선배 부모님, 스승님 직위가 높고, 훌륭한 인사 은혜를 입은 존경하는 순서로 어려운 사이(사돈)
인사법	바로 선 자세에서 3m 앞을 보고 상체를 구부려 인사, 손은 자연스럽게 상사나 고객에게는 걸음을 멈추고 인사	바로 선 자세에서 약 5m 앞 인사 후 3초 뒤에 올라옴 두 다리를 모으고 팔은 몸에 살짝 닿게 허리를 굽힘	인사 후 3초 뒤에 올라옴 두 다리를 모으고 팔은 몸에 살짝 닿게 허리를 굽힘 정중한 인사를 함
인사말	안녕하십니까, 무엇을 도와드릴까요? 잠시 실례하겠습니다. 죄송하지만, 잠시만 기다려 주시겠습니까? 즐거운 시간 보내세요. 맛있게 드십시오.	안녕하십니까? 어서 오십시오. 반갑습니다. 안녕히 가십시오. 다음에 또 뵙겠습니다. 즐거운 시간 보내세요.	안녕하십니까? 뵙게 되어 영광입니다. 와 주셔서 감사합니다. 늘 감사합니다. 감사합니다. 죄송합니다. 진심으로 사과드립니다. 정말 죄송합니다. 앞으로 주의하도록 하겠습니다.

때와 장소, 상황에 따라 맞는 인사법과 인사말을 익히자.

때와 장소, 상황에 따라 맞는 인사법은 잘 배우고 반복하여 습관화하여야 한다. 습관화하지 않으면 실제 적용 시에 혼동이 온다.

구 분	내 용
서 있을 때	남자: 차렷 자세, 재봉선에 손을 붙인 듯 가볍게 가져다 둠 여자: 오른손의 엄지를 왼손의 엄지와 인지 사이에 끼워 배에 붙임
걸을 때	3m 앞에 가서 상대를 향해 기본자세로 인사(공간 확보) 인사 받은 상대가 이동 후 움직임
계단	오를 때: 상사나 고객이 내려오면 물러서서 이동 공간 확보해줌 같은 계단까지 올라오면 가볍게 인사 내려올 때: 상사나 고객이 올라오면 물러서서 이동 공간 확보 해 줌 같은 계단까지 올라오면 가볍게 인사
앉아 있을 때	상사나 고객인 경우 일어서서 인사
통화 중	중요한 전화가 아니면 양해를 구한 후 통화 후 인사
인사 후 마주칠 경우	자주 마주칠 때마다 목례로 계속 인사
후배를 만났을 때	못 본 척하지 말고 먼저 인사
어른 만났을 때	정중하게 다가가 반갑게 인사
상대방이 먼저 인사했을 때	바로 답례 인사를 함, 먼저 보는 사람이 인사하는 것이 바람직함
사무실에서 외출 시 외출 후 돌아와서	외출 시 상사와 동료에게 인사하고 외출 돌아와서 다시 인사
퇴근 시	책상 정리, 의자 책상 밑으로 넣고 상사에게 보고 후 퇴근 "죄송하지만, 먼저 퇴근하겠습니다.", 동료에게 "먼저 퇴근하겠습니다"

상황에 따른 인사말과 대응방법도 잘 배우고 반복하여 습관화하여야 한다. 습관화하지 않으면 실제 적용 시에 혼동이 온다.

상황	인사말, 대응방법
감사할 때	진심을 담아 "감사합니다.", "도움을 주셔서 감사합니다." 의례적인 감사 말에도 익숙해져야 한다. Thank you처럼
사과할 때	진심으로 고개 숙여 "진심으로 사과드립니다.", "정말 죄송합니다." 의례적인 사과 말에도 익숙해져야 한다. Sorry처럼
실례할 때 부탁할 때	실례를 범할 때는 "죄송하지만, 잠시만 기다려 주세요", "죄송하지만, 지나가겠습니다.", "실례하겠습니다." 부탁할 때 "죄송하지만, 이것 좀 부탁드립니다" 의례적인 실례 말에도 익숙해져야 한다. Excuse me처럼
대답할 때	"네, 알겠습니다.", "네, 그렇습니다.", "아니요, 그렇지 않습니다." "네 열심히 하겠습니다. 감사합니다." "죄송합니다. 열심히 하겠습니다"
반복해서 물을 때	"죄송합니다만, 다시 한 번 말씀해 주시겠습니까." "죄송합니다만, 다시 한 번 알려 주시겠습니까"
거절할 때	"죄송합니다만, 다음에 도와드리겠습니다." "죄송합니다만, 어려울 것 같습니다" "죄송합니다만, 고민을 해 보겠지만 기대는 하지 마세요"
외출할 때	"무슨 용무로 어디에 다녀오도록 하겠습니다. 몇 시쯤 돌아올 예정입니다." 예정보다 늦어지면 전화 또는 문자로 지연 이유를 보고 한다.
외출 시 돌아와서	용무 잘 처리하고 왔습니다. 복귀 보고 후 본인 자리로 간다.
퇴근할 때	"죄송하지만, 먼저 퇴근하겠습니다.", "내일 뵙도록 하겠습니다." "주말(연휴) 잘 보내세요"
안내할 때	"이쪽으로 오시겠습니까? 이쪽에서 도와드리겠습니다."
자주 만나는 사람	"그동안 잘 지내셨나요, 얼굴이 좋아 보이십니다."
도움을 줄 때	"무엇을 도와 드릴까요", "누구를 찾아오셨나요.", "어디를 찾으시나요."

4. 서양에서의 매너와 에티켓은 무엇이 핵심인가?

매너는 언제 어디서나 서로의 존재를 인정해 주려는 노력에서 비롯한 행동의 표출이다. 남에게 폐를 끼치지 않고 호감을 주려고 노력하는 일, 남을 존중하는 마음이 기본정신이다. 매너와 에티켓의 핵심은 상대를 먼저 배려하는 마음과 생활 의식에 근거한 시민 정신이다. 에티켓은 친절 또는 따뜻한 마음에서 시작된다. 에티켓은 공명정대한 정신이 필요하며, 관대함, 자제심, 성실한 마음과 적당한 유머 그리고 자존심 등이 요구된다. 에티켓은 상식을 따른 일이다. 이는 상대방을 기쁘게 하고 동시에 상대방으로부터 존중받을 수 있다.

▶ 기본정신: 남에게 폐를 끼치지 않고 호감을 주려고 노력하는 일, 남을 존중하는 마음
핵심: 상대를 먼저 배려하는 마음과 공동체 생활 의식에 근거한 시민 정신

서양에서 매너의 특징

18세기에 프랑스에서 귀족의 몰락 후 새로 부상한 신흥부르주아 계층은 막강한 경제력을 바탕으로 과거의 봉건적인 신분 사회를 허물고 근대 시민사회로 나아가는 데 기여하였다. 그들 권력의 자리를 굳건하게 잡도록 결정적인 역할을 한 것이 매너이다. 영국의 상류층은 세련된 몸가짐과 고상함을 보여 타인의 존경을 받는 것을 훌륭한 신사라고 간주했다. 그들은 약속시간을 철저하게 지키며, 상대방의 사생활과 개성, 사고방식을 존중한다. 상대방에게 친절하며 칭찬과 유머로 상대를 기쁘게 한다. 특히, 여성을 존중하며, 제스처를 통해 표현하기를 좋아한다.

예절, 매너 그리고 에티켓은 무엇이 다른가?

매너를 행동 양식, 에티켓을 합리적인 행동기준이라 한다. 예절은 생활 행동규범으로 합리적인 행동기준이며, 행동 양식이다. 매너는 "좋다 또는 나쁘다"라고 표현하며, 에티켓은 "지키다 또는 지키지 않는다"라고 표현한다. 그러나 예절은 "바르다 또는 바르지 않다"라고 표현하는 차이가 있다.

예절	매너	에티켓
생활 행동규범 (행동 양식+행동기준)	행동 양식	합리적인 행동기준
행동규범+행동으로 이행	행동으로 표출한 것	지켜야 할 규범 정해진 행동규범
문화 · 관습 차이 인정+초월	문화 · 관습 차이 초월	문화 · 관습 차이 인정
관습적으로 행해지는 사회 계약	개인의 특성 습관적 표출	사회적 약속
바르다 or 바르지 않다	좋다 or 나쁘다	지킨다 or 지키지 않는다
공공성+개별성	개인성, 개별성 자의적 선택	공공성, 의무성, 보편성
자기 관리 인간관계	자기 관리	인간관계

5. 인사로 경쟁력을 키우자.

인사의 경쟁력을 키우기 위해서는 몸을 숙이고 말하는 인사의 기본 예절뿐만 아니라 새로운 상대에게 인사하는 경우 필요한 인사소개, 악수, 명함에 대한 매너를 배우고 익혀야 한다.

구분	소개순서	소개 주의사항
자신 소개	자기 이름, 회사명, 회사업무 소개	동성끼리 소개받을 때는 자리에서 일어남
	소개 후 본인의 자기소개 추가 설명	남성이 여성을 소개받을 때 반드시 일어남
	상황에 맞추어 적절하게 본인 소개 조절	연장자나 자신보다 지위가 높은 사람을 소개받을 때 남녀 관계없이 일어남
타인 소개	윗사람에게 아랫사람을 소개	상대방의 이름과 직급 듣고 잘 기억
	중요한 사람에게 덜 중요한 사람 소개	명함 교환, 여유분 가방에 가지고 다니기
	지위가 높은 사람에게 낮은 사람 소개 (연장자라도 지위에 따라 소개)	연장자가 악수를 청하기 전까지 기다림
	여성에게 남성 소개 기혼여성에게 미혼여성 소개	연장자가 악수 대신 간단한 인사를 하면 따름
	중요한 사람에게 덜 중요한 사람 소개	악수나 간단한 목례 시 얼굴에 미소
	고객에게 회사 동료 소개	여성이 악수 요청 시만 악수, 목례 시 목례만
	지위와 연령이 같은 경우 본인과 가까운 사람 먼저 소개	소개할 때는 간단한 인적사항을 추가
	지위와 연령이 각각 다른 경우 사회적 지위를 우선하여 소개	상대방의 이름을 불러주어 친근감 형성

인사소개는 자신을 상대에게 어필할 수 있고, 앞으로 교제, 교섭의 관문 역할이다.

모르는 두 사람을 서로 알게 하는 것이 소개(紹介, introduction)이다. 만남에 있어 중간역할을 하는 것이다. 직장생활에서 비즈니스와 모임을 통해 사람을 소개받고, 자신을 소개하는 것으로 중요한 일이다. 좋은 매너를 통해 소개를 받고 소개해야 좋은 인간관계를 형성할 수 있으니 매너를 배우고 익히는 것은 중요하다.

명함은 자기소개서이며 인맥 관리의 첫걸음이다.

사회생활을 하면서 모르는 사람을 처음 대면할 때 명함을 주고받는 일은 교제를 더욱 친밀하기 위한 인사 예의이다. 명함은 그 사람의 얼굴이자 인격이다. 업무용으로 쓰이는 회사 명함은 회사를 대표하는 얼굴이다. 첫 만남에서 명함이 개인 또는 회사의 이미지 전달을 하는 매개체이기 때문에 기업마다 명함의 디자인이나 재질에 세심한 신경을 기울인다. 자신과 회사를 알리는 수단이니 명함 교환 시 지켜야 할 매너를 배우고 익혀 이미지를 좋게 보여야 비즈니스도 잘 진행할 수 있다.

구분	명함 매너	명함 교환 시 주의사항
명함 주고 받을 때	미소 띤 표정, 반드시 일어서서, 두 손으로 상체를 10도 정도 숙이며 받아야 함	명함은 명함 지갑에 보관하며, 신속하게 꺼냄
	맞교환할 때 왼손으로 받고 오른손으로 건넴	명함을 줄 때 반드시 일어서서 두 손으로 이름과 직급을 말하여 통성명 함께
	몇몇 사람들과 동시에 교환 시 테이블에 자리 순서에 따라 놓음	자기를 소개하는 사람이, 아랫사람 방문자가 먼저 명함을 줌
	상대방의 이름을 불러보면서 친근감 표시	명함을 받으면 이름과 직급을 확인
명함 받은 후	가슴선 정도의 위치에서	명함을 앞에서 기록, 낙서, 구기는 행위 금물
	오른손에 받은 명함을 들고	명함을 테이블에 놓고 이름과 직급을 불러가며 대화
	왼손으로 받치며	상대방이 바로 볼 수 있는 방향으로 전달 (이름이 바로 보이게)
	고객의 성함을 불러 확인 "양 크리스, 교수이시군요" 다시 인사하며 "만나서 정말 반갑습니다" "정말 뵙고 싶었습니다."	받은 명함은 소중하게 다루어야 함 방치하거나 두고 오는 행위는 큰 실수

악수는 비즈니스 사회의 격식과 사람 간의 정을 담고 있는 인사법

악수는 사회활동, 사교활동에 매우 중요한 행위이며, 상대방에 대한 자기 표현이다. 악수는 손을 잡음으로써 마음의 문을 열고 일체감을 나타내는 의미이다. 악수는 서양에서 들어온 인사법이나 한국에서는 보편적인 인사법이 되었다. 악수는 우정과 신뢰의 상징으로 첫 만남에서 악수 매너는 상대방에 대한 첫인상이므로 매주 중요하게 강조되고 있다. 악수는 인사의 표시로 행하기 때문에 악수할 때 정중하고 경건한 마음으로 바른 자세를 취하도록 옳은 매너를 배우고 익히는 것이 중요하다. 악수하는 방법은 간단하면서도 지켜야 할 일이 많아 결례되는 일이 없도록 주의해야 한다.

악수를 올바르게 하는 방법	악수 시 유의사항
윗사람이 먼저 청하는 것 낮은 사람이나 어린 사람이 먼저 손 내밀기 금물	반드시 일어서서(특별한 장애 시 예외)
여성이 먼저 내밀어야 악수 여성이 목례 시 목례로 답례 여성은 앉아서 악수를 받아도 무방	오른손으로 살며시 잡고 몇 번 흔듦 손을 잡을 때는 적당한 악력으로 잡음 잡은 손으로 장난하지 않도록
상대의 눈을 보고 부드러운 미소로 손을 너무 강하지 않게 힘 있게 잡음	반드시 상대의 눈을 보며 손을 잡아야
손을 흔들 때 자신의 어깨보다 높이 흔들지 않도록 지나치게 머리를 숙이면 비굴해 보임	왼손으로 뒷짐, 주머니에 손을 넣은 행위 금물
장갑은 악수 시 벗어야 행사 시는 예외, 여성도 예외	땀에 젖은 손, 불결한 손으로 악수 금물
아랫사람은 허리를 약간 굽혀 경의 표시	잡은 손을 놓지 않고 계속 흔들기 금물
웃어른은 왼손으로 상대의 손을 토닥	웃어른의 두 손을 잡는 행위 금물
외국인과 악수 시 허리를 꼿꼿이 세워 대등하게	왼손으로 하는 악수는 결투신청

6. 날 위해 하는 것이 인사다. 죽기 살기로 인사하자.

인사는 단순한 동작이지만 여러 의미를 내포하고 있으며, 바른 자세로 마음을 담아 밝은 미소로 하는 인간다운 기본 형식이다. 인사는 많은 예절 중에서도 가장 기본이 되는 것으로 상대방을 향하여 마음속으로 우러나오는 존경심과 반가움을 나타내는 형식이다. 인사는 상대방에 대한 기본이며, 중요한 예의이다. 그리고 자신을 위해 상대방에게 할 수 있는 최소한의 행위이다. 예부터 예의를 중시한 사회에서 인사를 잘하고 못하는 것으로 사람의 됨됨이를 평가하고 구분했다. 인사를 잘하면 인사성 바른 사람이라고 지칭했다. 인사를 통한 마음의 자세를 예절의 척도로 생각했다. 진심으로 머리를 숙여 인사할 줄 안다는 것은 자신에 대한 신념이 확고하다는 증거이다.

▶ 인사는 상대방에 대한 예의. 자신을 위해 상대방에게 할 수 있는 최소한의 행위
예부터 예의를 중시한 사회에서 인사를 잘하고 못하는 것으로 사람의 됨됨이를 평가

인사는 평범하면서도 쉬운 것이나 습관화되지 않으면 실천에 옮기기가 어려운 일

젊은 사람이 인사를 안 한다고 하여 어른이 인사를 하지 않는다면 젊은이는 인사를 배울 기회가 없다. 포용적인 자세로 내가 먼저 인사를 해야 젊은이들이 인사를 한다. 인사의 경쟁력을 키우기 위해서는 몸을 숙이고 말하는 인사의 기본 예절뿐만 아니라 새로운 상대에게 인사하는 경우 필요한 인사소개, 악수, 명함에 대한 매너를 배우고 익혀야 한다. 인사는 평범하면서도 쉬운 것이나 습관화되지 않으면 실천에 옮기기가 어려운 것이다. 습관화하여 무기로 만들어야 하며, 습관화하기 위해서는 연습이 최고의 방안이다. 인사에도 행동요령이 필요하다. 첫째, 모든 사람에게 예의를 지키는 것이다. 신분을 구분하지 말고 인사하라. 인사는 인간으로서 당연한 도리이다. 둘째, 먼저 하라. 상

사나 선배에게, 모두에게 먼저 하라. 먼저 인사하는 인사가 기억에 남는다. 셋째, 계속하라. 인사는 명랑하게 웃으면서 볼 때마다, 눈이 마주칠 때마다 하라. 좋은 매너를 가진 사람이며 항상 밝은 사람이 될 것이다. 넷째, 친근하게 하라. 먼저 최대한 가까이 다가서서 친하게 인사하라. 평범하지만 인사말과 함께 인사하도록 연습하라. 예로 웃으면서 날씨가 덥네요. 건강 챙기면서 일하세요. 다섯째, 알려라. 나를 알리는 것은 나를 위한 것이다. 모른 사람에게 인사하다 보면 그들이 자신을 알아보고 인사 답례해 준다. 나를 위해서 적극적으로 인사하라. 여섯째, 찾아서 하라. 멀리 있으면 찾아가서 인사하라. 절대 모른 척하거나 피하지 말라. 그들은 다 안다. 그냥 지나친 인사가 화살이 되어 돌아올 것이다.

▶ 습관화하여 무기로 만들어야 하며, 습관화하기 위해서는 연습이 최고의 방안
인사는 평범하면서도 쉬운 것이나 습관화되지 않으면 실천에 옮기기가 어려운 것

잊지 않았나요. 인사를

인사는 잘하다가도 한번 실수를 하게 되면 좋은 이미지가 깨진다. 평소에 습관화하여 배우고 익혀 자연스럽게 할 수 있어야 한다.

상황	대처요령
몇 번을 인사해야 하나	과하다고 생각할 만큼 그 순간에도 인사하라. 눈이 마주치면 눈인사
지각했을 때	"늦어서 죄송합니다. 다음부터 주의하도록 하겠습니다." 상사에게 지각한 사유를 정확하게 솔직히 보고한다. 사전에 전화나 문자로 선배를 통해 전달하면 부드럽게 넘어갈 수 있음
악수할 때	"만나서 반갑습니다." "뵙고 싶었습니다." "더운데(추운데) 찾아주셔서 감사합니다"

손님이 오셨을 때	서서 정중하게 인사 먼저 "안녕하세요." "무엇을 도와드릴까요", "누구를 찾아오셨나요.", "어디를 찾으시나요."
학교 복도, 캠퍼스에서 어른을 보았을 때	몰라도 무조건 인사해라 교수, 교직원, 선생일 확률이 높다. 다음 학기에 만나거나 언젠가 만난다. 인사 잘하는 학생을 교수들은 기억한다.
다른 부서, 거래처 사람을 보았을 때	아는 사람에게 무조건 인사 특히, 경비원, 청소하는 아주머니, 식당, 가게에서 물건 사면서 다른 부서와 거래처는 당연하게 인사해야 함

▶ 가정생활과 학교생활 그리고 사회생활에서 연습하자. 최고의 교육장

무조건 인사하라. 반드시 돌아온다.

Manner

3장

사과는 왜 해야 하는가? 그래야 살아남는다

위안부 피해 할머니들에 대한 사과를 거부

평화의 소녀상에 침을 뱉는 불행한 사건이 발생했다. 모욕적 행위를 했던 사람들은 일본인이 아닌 한국인 청년 4명이다. 이들 중 일부가 위안부 피해 할머니들에 대한 사과를 거부했다. 나눔의 집 할머니들은 청년들이 사과한다면 선처하겠다는 태도인데도 그들은 반성의 기미를 보이지 않고 있다. 안산 등에 거주하는 이들은 20~30대로 1년 전부터 알고 지낸 사이로 대부분 무직이나 일용직 근로자이다. 일왕 만세를 부르고 말리는 시민들과 싸웠다는 것으로, 그들은 위안부 피해자들을 조롱하려고 이 같은 일을 저질렀고 일본말을 하면 더 모욕감을 줄 수 있을 것 같았다고 진술하였다. 사과하지 못함은 아웃사이더가 되고 싶은 영웅심과 사과를 배운 적이 없기 때문에 사과하는 방법을 모르기 때문이다. 역사학자 전우용은 사과하지 않는 이들을 통해 일제 강점기 악질 친일 경찰의 행태를 짐작할 수 있다고 하며 옛날 악질 친일경찰이나 지금 아베 편에 서서 한국 정부를 공격하는 한국인들의 문제는 친일 이전에 패륜성이라고 바라보고 있다.

어느 세탁소 주인의 사과문

어느 아파트 근처에 있는 세탁소에서 불이 났다. 불은 세탁소 전부를 태웠고, 며칠이 지난 후 아파트 벽보에는 '사과문' 하나가 붙었다. 사과문에는 불이나 옷이 모두 타서 죄송하다는 이야기와 옷을 맡기신 분들은 옷 수량을 신고해 달라는 내용이 적혀 있었다. 공고가 붙은 후, 한 주민이 공고문 아래에 글을 적고 갔다. 당연히 옷 수량을 적어 놓은 글인 줄 알았지만 뜻밖에도 '아저씨! 저는 양복 한 벌인데 받지 않겠습니다. 그 많은 옷을 어떻게 하시겠습니까? 용기를 내세요.'라는 말이 적혀 있었다. 그 주민 말 한마디에 아파트 주민들이 속속 배상을 받지 않겠다고 나서기 시작했다. 그 후 누군가 금일봉을 전했고, 금일봉이 전달된 사실이 알려지자 또 다른 누군가도 또 다른 누군가도 도움의 손길을 보내왔다고 한다. 얼마 뒤 아파트 벽보에 또 한 장의 종이가 붙었다고 한다. 다름 아닌 '감사문'이었다. '주민 여러분! 고맙습니다! 월남전에서 벌어 온 돈으로 어렵게 일궈 온 삶이었는데, 한순간에 모두 잃고 말았다. 하지만 여러분의 따뜻한 사랑이 저에게 삶의 희망을 주었고, 저는 다시 일어설 수 있었다. 꼭 은혜에 보답하겠습니다.' 진심 어린 사과는 배려를 이끌었고 그것은 희망이 되고 감사가 되었다. 이것이 사과의 힘이고 사과해야 하는 이유이다.

부산 영광도서에서 진행된 저자 사인회 실수

“부산 영광도서에서 진행된 저자 사인회 때 큰 실수가 있었습니다. 동네서점을 찾아와 주신 마음에 보답하기 위해 당일 영광도서에서 「좋은지 나쁜지 누가 아는가」를 10% 할인해 드리기로 하고, 저의 페이스북에도 그렇게 알렸었습니다. 그런데 서점 측의 업무 착오로 할인 없이 정가대로 받았다는 사실을 오늘에야 알게 되었습니다. 서울 동양서림을 포함해 앞으로 있을 다른 서점들에서도 10% 할인 판매하기로 약속하고, 출판사 측에서는 낮은 가격에 책을 공급하기로 했습니다. 하지만 뜻하지 않은 실수가 일어난 것입니다. 이런 일이 일어난 것에도 놀랐지만, 제가 더 놀란 것은 이 사실을 알면서도 이날 오신 분들 중 단 한 사람도 이의를 제기하거나 항의하지 않으셨다는 것입니다. 기린의 언어와 심장을 가지신 순수하고 선한 분들이 저를 만나러 오셨습니다. 새삼 감동했습니다. 이날 책을 구입하신 분들께 진심으로 사과드립니다. 번거로우시겠지만, 아래 연락처로 연락을 주시면 바로 차액을 송금해 드리겠습니다. 앞으로 이 같은 일이 일어나지 않도록 제가 잘하겠습니다.” 영광도서의 부장이 올린 글이다. 그의 사과에 대한 반응은 괜찮다. 사과하여 주니 고맙다는 반응과 어느 누구도 송금을 요구한 사람이 없다고 한다. 작가도 더불어 사과를 하였다. 반응은 역시 훈훈하게 끝났다. 그 작가에 그 팬들이다. 사과는 이렇게 진심을 담아야 한다(류시화 시인 페이스북 재구성).

사과를 받지 못하면 이렇게 된다. 용서와 사과는 다르다.

경희대학교 강효백 교수는 주장한다. 과거 침략사를 반성하지 않는 일본의 태도는 신토의 반성불요론에서 나온다. 반성불요론은 반성할 필요조차 없다는 의미이다. 아베와 역대 총리들의 종교인 신토의 3대 핵심은 일왕 영토의 영원한 확장, 지금이 신의 시대, 영원한 지금이라는 것이다. 역사상 한국은 일본에 보복을 가한 적이 없다고 한다. 그에 대한 반응이 반성할 필요조차 없다는 의미를 고집하는 이유가 아닌가 생각한다. 사과하지 않는다면 미래는 없다.

스물네 살 명문대생이 잠자는 엄마 아빠를 망치로 내리쳐 살해

이은석은 해군사관학교 장교 출신인 아버지와 명문여대 정치외교학과 출신인 어머니, 즉 전형적인 중산층의 가정에서 태어나 자란 모범적인 학생으로 성장했다. 하지만 부모를 비롯한 이은석의 가정은 그리 화목하지 못했다. 성격 차이로 인해 부모는 이은석이 아주 어렸을 적부터 각방을 쓰는 등 부부싸움을 하면 두세 달은 서로 한 공간에 살면서도 말 한마디 안 하는 부모로 인하여 가정은 무거운 침묵으로 가득 차 있었다. 그러한 분위기는 자연스럽게 이은석의 성격을 내성적으로 만들었다. 이러한 상황에서도 부모는 이은석의 고통에는 관심을 가지지 않았다. 오히려 그 반대였다. 아버지는 군인이라는 직업상 한 달에 한 번 집에 들어오면서 아들을 본체만체했고, 그런 아버지를 기피하면 "사내놈이 왜 그러냐", "굼벵이 같은 자식"이라고 쏘아붙였다. 그리고 "네가 뭘 잘하냐? 공부나 해라, 공부도 못하면 사회에서 낙오한다", "너 같은 놈은 사회생활 못한다"는 식의 상처 주는 말을 주저 없이 듣고 자랐다. 이은석의 형은 자기 부모들이 직장 상사가 부하에게 보이는 수준의 작은 배려와 관심 같은 것만 보여줬어도 이런 일은 일어나지 않을 거라고 했다. 사랑받기를 원했지만 결국 끝내 그 꿈을 이루지 못한 형제의 너무나 절박했던 목마름이 안타깝다. 자신의 부모를 끔찍하게 죽인 동생을 이해한다고 형은 말한다. 이은석의 형은 동생이 사형만 면한다면 평생 뒷바라지를 하겠다. 친구가 되겠다고 참담한 심정을 토로할 만큼, 동생을 두둔하는 모습을 보였다. 이는 그의 가정에서 동생이 겪었던 괴로움을 간접적으로 잘 표현한다고 할 수 있다. 그러나 소심한 성격 탓에 형과는 달리 반항 한 번 못하고 꾹꾹 억누르고 있다가 사건이 나기 며칠 전 그동안 맺힌 것들을 어머니에게 따졌을 때 그에게 미안하다는 한마디만 사과했더라도 그렇게 끔찍한 일은 벌어지지 않았을 거라고 말했다.

부모들은 권위 때문에 사과하지 못한다. 부모의 강압적 태도는 자녀 교육에 도움이 안 된다.

부모는 자녀 위에 군림하는 존재가 아니다. 자녀에게 부모의 사과와 감사는 대인관계에 큰 영향을 미친다. 부모에게 사과와 감사를 듣지 못한 자녀는 대인관계에 문제가 발생한다고 한다. 자녀에게 미안한 일이나 실수를 하였다면 바로 표현해야 한다. 부모의 권위가 떨어지는 것도 아니며 자녀를 위해 반드시 필요한 성장 교육이다.

1. 사과는 왜 필요한가?

아무도 완벽하지 않으며 누구나 실수를 저지른다. 중요한 것은 그것을 고치는 것이다.

요즘 세대에게 사과는 어려운 일이다. 들은 적도 배운 적도 가르침을 받은 적도 없다. 왜 해야 하는지도 모른다. 익숙하지 않으니 그렇다고 해도 가장 놀라운 것은 한 학생이 사과에 대하여 한 이야기이다. 사과하면 굴복하는 것이라고 표현하였다. 일 년이 지난 지금도 충격이다. 이 책을 집필하게 된 하나의 이유이기도 하다. 사회 전반적으로 사과 없는 사회에서 젊은 세대에게 사과를 바라는 것 자체가 웃긴 일이다. 호텔에 취업한 호텔리어(남자직원)가 입사한 지 얼마 되지 않아 고객과 프런트에서 언쟁을 벌였다고 한다. 지배인이 상황을 정리하고 고객에게 사과를 드리라고 하니 싫다고 자신은 잘못이 없다고, 사과하면 지는 것이라고 차라리 호텔을 그만두겠다고 사표를 썼다고 한다. 고객의 반말로 인하여 벌어진 일이라고 한다. 커피숍에서 일하는 남자대학생 아르바이트생은 지각하여 직원이 사장님에게 사과하라고 했더니 자존심 상해서 못 한다고 자기는 절대 부모에게도 사과하지 않는다고 사과해 본 적이 없다고 차라리 그만둔다고 나갔다고 한다. 한 학생은 사과 관련 이야기 과정에서 사과하지 않는 이유는 사과하면 굴복하는 일이라 생각한다. 그래서 사과하지 않는다. 왜 이러는 걸까? 사과가 굴복하는 일이고 지는 것이고 자존심 상하는 일일까? 이유는 가정교육의 붕괴가 직접적인 원인이다. 맞벌이 부부의 증가로 인하여 가정교육에 소원하였고, 학교는 입시교육에 지나치고 말았다. 서로 미루고 알아서 잘하겠지 생각하는 부모들이 만들었다. 들은 적도 배운 적도 가르침을 받은 적도 없으며, 왜 해야 하는지도 모른다. 그러니 하지 못하는 것은 당연한 일이다. 자녀들은 부모가 "미안해"라고 말하는 것을 보고 사과하는 법을 배운다고 한다. 부모에게는 용기가 필요하다. 실수한 것을 인정하고 "미안해, 내가 잘못했어"라고 말하고 "내가 고치겠다", "용서해 그리고 사랑해"라고 해야 한다. 부모는 자신들의 권위가 무너진다고 생각하여 사과하지 않는다고 한다. 무책임하게도 자신들의 작은 권위를 지키기 위해 자녀의 교육을 포기하는 것과 같다. 사람은 누구나 실수를 하고 실수를 했다면 용서를 구해야 한다. 그것이 자녀라면 더욱 사과해야 한다. 사과의 말에는 공감, 공존의 룰에 대한 인정 등이 들어 있다. 실수가 크든 작든 크기는 중요하지 않다. 모두의 평화를 위해서 따라야 하는 규칙과 같은 것이다.

▶ 사과는 굴복하는 것이 아니며,
사과하면 지는 것도 아니며,
사과하면 자존심 상하는 것은 더욱 아니다.
실수하면 인정하고 사과를 하는 것은 공존하기 위해 해야 할 인간적인 도리
그래야 살아남는다.

미안하다(죄송하다)는 단지 한 단어이지만 천 가지 행동에 맞서는 낱말이라고 한다. 미안하다고 말할 순간을 포착하려면 감성 지능도 필요하다. 감성 지능은 건강하고 영감을 주는 도구이며, 자녀를 키우고 교육하는 데 매우 중요한 요소이다. 이는 자녀에게 가치관을 심어주고 용서할 수 있는 포용력을 키워준다. 형성된 유대관계를 지속하기 위해 용서를 구하는 법을 안다는 것은 인간관계에 있어 매우 중요하다. 사과하는 것은 공존을 위한 기본적인 행위이며, 책임을 인정하는 것만으로도 자녀에게 교육이 될 수 있다. 아이들이 사과하는 법을 배우길 바란다면, 부모는 자녀에게 절대로 틀려서는 안 된다는 믿음을 깨뜨리는 것을 두려워하는 것에서 벗어나야 한다. 주변의 많은 사람이 사소한 것들에 "미안하다"는 말을 많이 한다. 이렇게 작은 것에도 "미안해"라고 말하는 것이 중요하다면, 우리와 가장 가까운 사람, 우리가 가장 사랑하는 사람들에게 사과하는 것은 절대적으로 필수적인 것이 아닌가? 사과를 위한 교육은 인간으로서 성장할 수 있는 좋은 교육이다.

▶ 사과하는 것은 공존을 위한 기본적인 행위
책임을 인정하는 것만으로도 자녀에게 교육
작은 것에도 "미안해"라고 말하는 것이 중요하다면, 가장 가까운 사람, 가장 사랑하는 사람들에게 사과하는 것은 절대적으로 필수적인 것이 아닌가?

사과하지 않는 사람들의 특징

자존감이 떨어지고 자존심만 강한 사람이다. 고집이 세고 자기중심적인 사람이다. 행동에 무책임하고 회피한다. 소심한 마음을 감추려는 비겁한 사람이다. 사람 사이에는 의견의 불일치로 갈등과 마찰이 생긴다. 삶에 있어 흔히 겪는 일이다. 자신의 의도와 상관없이 상대에게 상처를 주었다면 가장 좋은 해결책은 진정한 사과이다. 이를 통해 신뢰를 다시 찾을 수 있다. 성숙한 사람일수록 다시 실수를 반복하지 않도록 노력한다. 정서적으로 안정적인 사람은 사과를 효율적으로 이끌어 실수를 기회로 만들기도 한다.

2. 사과는 굴복이 아니라 생존을 위한 유일한 수단임을 잊지 말자.

인간은 늘 실수한다. 반면에 인간은 그것을 해결할 권리가 있다는 것을 인정해야 한다. 자신이 실수하였다고 결코 부족한 것은 아니다. 공자는 실수에 대하여 실수를 부끄러워하지 말고, 실수를 부끄러워하면 그것이 죄라고 하였다. 실수하면, 자신이 다시 심기일전하여 실수를 고칠 수 있고, 다시 회복할 수 있다. 인간이기에 그것이 가능하다.

말과 행동을 통해 진심을 담아 상대방에게 전하는 것이 진정한 사과

사람은 살면서 잘못하게 된다. 잘못을 저지르면 사과를 하면 되는데 그게 쉽지가 않다. 그것은 사과의 진정한 의미를 모르거나 사과를 어떻게 해야 하는지 몰라서이다. 그리고 사과를 해 본 적이 없어 익숙하지 않아서이다.

사과는 한자로 謝過이다.
사(謝)는 사례할 사이다.
말씀 언(言) + 몸 신(身) + 마음 촌(寸)으로 말과 몸 그리고 마음이 모두 합하여 진심이 담겨야 한다는 의미.
말과 행동을 통해 진심을 담아 상대방에게 전하는 것이 사과이다.
이것이 진정한 사과의 의미이다.

▶ 말과 행동을 통해 진심을 담아 상대방에게 전하는 것이 사과
이것이 진정한 사과의 의미이다.

사과는 방법을 알고 사과를 한다면, 더욱 효과적으로 사과를 할 수 있다.

사과는 사랑스러운 향기와 같고 아주 어색한 순간의 우아한 선물이다. 사과를 잘하지 못하는 것은 우리가 용서를 구하는 방법을 잘 알고 있지 않기 때문이기도 하다. 모르니 당연히 힘이 들 수밖에 없다. 사과하기 위해서는 진심을 담은 사과 말과 저지른 실수에 대한 책임을 지는 것 그리고 다시 실수하지 않으려는 자신의 다짐을 전달해야 한다. 사과할 때는 어떤 잘못을 했고, 상대가 어떤 고통을 겪었는지 사과하고 그럴 의도는 전혀 없었고, 잘못을 인정한다. 자신의 잘못을 표현하여, 당신이 저지른 가장 깊은 상처를 어루만져, 내면에서 치유할 수 있게 해야 한다. 진심을 담아 "죄송합니다. 진심으로 사과드립니다.", "미안합니다. 너무 부끄럽습니다.", "미안해, 한번 용서해줘"라고 사과 말을 하는 것이 중요하다. 진심을 담아 사과 말을 전달하였다고 사과가 끝난 것은 아니다. 다른 사람에게 잘못을 넘기는 게 아닌, 일을 저지른 자신이 책임을 지는 것이다. 이것은 사과하는 사람의 성숙함을 드러내며, 상대에게 자신감을 드러내는 것이기도 하다. 상대의 용서 여부에 따라 정도를 정해 책임을 지면 된다. 다음은 자신이 다시는 이런 실수를 하지 않겠다는 다짐을 전달하는 것이다. 자신의 잘못에 대해 배상을 하고, 당연한 우리의 상황에 대한 의도와 중요함을 보여주는 것이다. 많은 상황에서, 상처는 낫는 데에 시간이 걸린다. 상처 입은 사람은 그 상처에 사과해야 한다. 그 상처가 낫는 동안 계속 도와주어야 한다. 여기까지가 사과의 끝이다.

▶ 사과하기 위해서는 진심을 담은 사과 말과 행동이 사과

저지른 실수한 대한 책임을 지는 것
다시 실수하지 않으려는 자신의 다짐을 전달해야 사과의 끝

이렇게 사과하는 방법을 알고 사과를 한다면, 여러분은 더욱 효과적으로 사과를 할 수 있고, 상대를 이해하고, 용서받을 수 있을 것이다. 사과는 미루지 말아야 한다. 바로 하는 것이 가장 효과적이다. 사과는 자신이 직접 해야 사과이다. 다른 사람에게 부탁하거나 시키는 것은 사과가 아니다. 그렇게 한다면 더욱 상황이 나빠질 것이다. 사과를 금전적인 것으로 해결하려고 하면 안 된다. 먼저 사과 후에 용서를 구하고 해야 할 다음 단계이다. 가족, 연인, 친구, 상사, 동료 등 가까운 사람에게는 적극적으로 사과해야 한다. 이해해 주겠지 생각할 수 있다. 그러나 절대 이해하지 못한다. 표현해야 알고 이해하고 용서할 수 있다. 두려워 말라. 사과해야 생존에 유리하고 그래야 살아남을 수 있다.

▶ 가족, 연인, 친구, 상사, 동료 등 가까운 사람에게는 적극적으로 사과해야 한다. 이해해 주겠지 생각할 수 있다. 그러나 절대 이해하지 못한다. 표현해야 알고 이해하고 용서할 수 있다. 두려워 말라. 사과해야 생존에 유리하고 그래야 살아남을 수 있다.

잘나가는 패션 온라인몰, 위기 대처 능력에 따라 '사과의 정석' 무신사 vs '무성의 대응' 임블리

9일 만에 세 번의 사과, 피해자 방문, 내부 교육 등을 마친 무신사

잘나가던 패션 전문 온라인 쇼핑몰 무신사가 최근 논란에 휘말렸다. 박종철 고문치사 사건에 나오는 '탁 치니 억 하고 죽었다'는 말을 패러디해 광고에 사용한 것이다. 파장이 커질 줄 알았지만 논란은 채 10일을 가지 않았다. 신속하

고 진정성 있는 대처 덕이었다. 무신사는 주저하지 않았다. 다음 날 공식 사과문을 올리고 담당자 징계 및 재발 방지 대책을 실행하겠다고 밝혔다. 사과문은 "당사의 홍보용 소셜미디어 계정을 통해 불쾌감을 느끼셨을 모든 분께 사과드린다. 당사의 콘텐츠 검수 과정에서 해당 콘텐츠가 걸러지지 못한 점, 무엇보다 해당 사건이 가지는 엄중한 역사적 의미를 제대로 인식하지 못한 점에 대해 깊이 사과드린다"는 내용을 담았다. 같은 날 두 번째 사과문을 올렸다. "단순 사과에 그치지 않고 확실한 재발 방지와 진정성 있는 사과를 위한 후속 조치를 하겠다"는 내용이었다. 콘텐츠 제작 담당자와 편집 책임자를 포함해 무신사 전 직원을 대상으로 근현대사 민주화운동과 관련한 역사교육을 하겠다고 밝혔다. 또 민주열사박종철기념사업회에 공식으로 사과하고 후원금을 내겠다는 의사를 전달했다. 조만호 무신사 대표는 이를 실행에 옮겼다. 사과문을 올린 지 9일 만에 박종철사업회를 찾아갔다. 전문 강사를 초빙해 전 직원을 대상으로 역사교육도 했다. 기념사업회 측은 "사과를 받아들인다"며 "문제해결 방식이 건강한 것 같다. 방문해준 것만으로 충분하다"고 했다. 무신사의 후원금을 정중히 거절하면서 밝힌 내용이다. 전문가들은 무신사의 대처에 높은 점수를 주고 있다. '진정성 있고 신속한 사과, 재발 방지 대책 발표와 실행, 가장 먼저 피해자를 관리할 것' 등 위기관리의 원칙을 교과서처럼 이행했기 때문이다. 사건의 피해자라고 할 수 있는 기념사업회가 사과를 받아들이자 사태는 누그러졌다. 위기 키운 임블리, 임블리는 반대의 사례다. 지난 4월 '호박즙 곰팡이' 사건으로 시작됐다. 소비자들은 항의했다. 하지만 임블리 측은 성의 없이 대응했다. 곰팡이가 난 호박즙 가운데 이미 소비자가 먹은 건 빼고, 남은 수량만 교환해 주겠다고 했다. 소비자의 반발은 커졌다. 이후 임블리 옷이 명품을 카피했다는 논란까지 불거졌다. 불만이 쏟아지자 공식 인스타 계정을 폐쇄했다가 다시 공개하는 해프닝도 벌어졌다. 임블리라는 브랜드를 키운 임지현 상무는 유튜브에서, 박준성 대표는 기자간담회에서 사과했다. 하지만 소비자들은 이를 진정성 있는 사과로 받아들이지 않았다. 임블리 사태가 발생한 지 90일이 넘은 후에야 임블리 측은 공식 CS(고객만족) 계정을 만들고 몇 달 전부터 소비자들이 물어본 내용에 하나씩 답하기 시작했다. 임 상무가 '진정성 있는 사과'라며 올린 손글씨 사과문도 공개했다. 9일 만에 세 번의 사과, 피해자 방문, 내부 교육 등을 마친 무신사를 보면서 임블리의 임 상무는 무슨 생각을 하고 있을지 궁금해진다(한국경제 기사 인용).

3. 사과를 왜 해야 하는지도 모른다. 들은 적도 배운 적도 가르침을 받은 적도 없다.

요즘 세대에게 사과는 어려운 일이다. 들은 적도 배운 적도 가르침을 받은 적도 없다. 왜 해야 하는지도 모른다. 미안하다(죄송하다)는 단지 한 단어이지만 천 가지 행동에 맞서는 낱말이라고 한다. 미안하다고 말할 순간을 포착하려면 감성 지능도 필요하다. 감성 지능은 건강하고 영감을 주는 도구이며, 자녀를 키우고 교육하는 데 매우 중요한 요소이다. 형성된 유대관계를 지속하기 위해 용서를 구하는 법을 안다는 것은 인간관계에 있어 매우 중요하다. 사과하는 것은 공존을 위한 기본적인 행위이다. 사과를 자존심과 굴복, 지는 것과 연결하는 것은 공감하는 감성 기능의 문제이다. 감성 지능은 자녀에게 가치관을 심어주고 용서할 수 있는 포용력을 키워준다. 마음속에 있는 말을 하고 의사소통에 유념하는 것을 배우는 것은 인간관계를 유지하기 위해 필수적이다. 자신보다 타인을 우선하며, 다른 사람과의 조화 넘치는 삶을 공유하려는 공감 능력이 필요하다.

▶ 사과는 굴복하는 것이 아니고, 지는 것도 아니며, 자존심 상하는 것은 더욱 아니다.
형성된 유대관계를 지속하기 위해 용서를 구하는 법을 안다는 것은 인간관계에 매우 중요하다. 사과하는 것은 공존을 위한 기본적인 행위이다.
자신보다 타인을 우선하며, 다른 사람과의 조화 넘치는 삶을 공유하려는 공감 능력이 필요하다.

4장

감사는 생존하기 위해 내가 보내는 메시지이다

외국인이 바라보는 한국인은 표정이 무뚝뚝하고 화가 난 사람처럼 보인다고 한다. 표정이 무표정이라 서비스를 제공하여도 감사하다는 답변을 듣지 못하면 민망함을 느낀다고 말한다. 학생과 감사 이야기를 하다가 학생이 한 말이다. "꼭 감사하다고 해야 해야 하나요? 교수님, 말 안 해도 다 알지 않나요. 모르는 게 이상한 것 아닌가요. 짜증나요. 꼭 확인하는 것 같아요" 또 다른 학생은 "뭐가 감사해야 하는 일인지 모르겠어요. 솔직히, 언제 감사해야 하는지요." 필자도 솔직히 당황스럽다. 도대체 감사는 무엇일까? 요즘 세대에게 감사도 어려운 일이다. 모든 것이 풍족하고 원하면 무엇이든 가지게 되고 얻으니 그것에 대해 감사함을 모른다. 젊은 세대에게 감사는 들은 적도 배운 적도 가르침을 받은 적도 없다. 왜 해야 하는지도 모른다. 익숙하지 않으니 그렇다. 미국의 작가 월러스 워틀스(Wallace D. Wattles)는 하루 한번 감사하는 습관은 부가 당신에게 흘러갈 통로로 작용하는 행동을 하는 것이라고 말한다. 감사의 중요성에 대하여 생각해 보자.

감사는 가장 뛰어난 덕목이며, 고마움을 나타내는 인사 또는 고맙게 여기는 마음

감사는 나에게 은혜를 베풀거나 도움을 주신 분에게 고마움을 나타내는 것이다. 감사는 느낄 감(感)과 사례할 사(謝)의 의미로 고마움을 나타내는 인사 또는 고맙게 여기는 마음이다. 감사를 표현할 때는 상대방에게 충분히 전달되도록 진심을 담는 것이 중요하다. 소크라테스는 부모에게 감사할 줄 모르는 사람은 인간의 첫걸음을 벗어난 것이라고 했다. 감사를 배우는 과정은 끝이 없는 과정이다. 사람의 행복은 감사하는 마음의 깊이에 달려 있다. 감사의 기술을 배울 때 비로소 행복해진다고 한다. 감사가 학문적으로 연구된 것은 2000년대 초반 긍정심리학의 영향이다. 그 전에 감사는 단순한 감정 요인이며, 종교적 가르침이었다. 감사는 감정일 뿐이며, 종교적 가르침이라는 인식이 강했다. 그러나 긍정심리학을 바탕으로 감사가 행복과 연관되어 단순히 감정 요인이며, 종교적 가르침이 아닌 행복을 만들어 내는 핵심 요소 중 하나로 인식되고 있다. 긍정심리학을 연구하는 학자들은 감사를 다른 사람이 가치 있는 것을 의도적이든 의도적이지 않든 주었을 때 느끼는 긍정적 정서로 설명하고 있다.

▶ 감사는 나에게 은혜를 베풀거나 도움을 주신 분에게 고마움을 나타내는 것.
감사는 다른 사람이 가치 있는 것을 의도적이든 의도적이지 않든 주었을 때 느끼는 긍정적 정서.

1. 감사함은 삶을 행복하고 풍요롭고, 긍정적인 정서로 만들어 공감 능력, 만족감, 자존감을 높여준다.

감사함이란 자신의 존재에 대해 감사를 느끼는 것이다. 내면의 부정적인 감정을 버리고, 스스로가 주변 환경과 인간관계를 바람직하게 바라볼 줄 아는 공감 능력이다. 감사하는 마음을 즐길 줄 아는 이들은 다른 것에 대해 감사하며, 스스로에게도 충분하게 감사의 마음을 전할 줄 아는 사람들이다. 감사한 내용을 적은 사람들은 삶이 행복하고 풍요롭다고 한다. 감사하는 마음을 통해 자신의 삶을 긍정적이고 적극적으로 살 수 있게 한다. 감사한 마음은 두뇌에도 긍정적인 영향을 준다. 스트레스와 불안감이 줄고, 긍정적 사고로 인한 숙면하는 날이 늘고 우울증에 걸릴 위험도 낮다고 한다. 감사함은 공감 능력과 만족감, 자존감을 높여준다. 또 긍정적인 정서, 주관적 안녕감, 낙관성, 희망, 활력, 친사회적 행동, 영성(spirituality), 적응력, 자기효능감, 자아존중감, 사회적 지지, 행복, 대인관계에서의 만족 등 풍부한 긍정적 심리 자원을 만들어 낼 수 있는 매우 효과적인 방법이다. 로마의 철학자 키케로(Cicero)는 "감사는 가장 뛰어난 덕목일 뿐 아니라, 다른 덕목들의 으뜸이다"라고 하며, 감사의 덕목을 강조했다. 그는 감사하는 사람들이 위대한 마음과 미덕을 가진 사람이었다며, 감사할 줄 모르는 사람들은 다른 사람들과 공감할 능력이 없다고 강조했다.

▶ 감사함은 자신의 존재에 대해 감사를 느끼는 것.
공감 능력과 만족감, 자존감을 높여줌.
감사는 가장 뛰어난 덕목일 뿐 아니라, 다른 덕목들의 으뜸.
감사하는 사람들이 위대한 마음과 미덕을 가진 공감 능력이 있는 사람.

2. 행복하려면 먼저 감사하자.

감사의 반대말인 당연함, 이에 익숙하여 소중함과 진정한 감사하는 마음 없이 산다.

감사의 반대말은 무엇일까. 당연함이다. 온라인 커뮤니티에 한 초등학생은 선생님에게 선생님께서 세상에 공짜는 없다고 하셨는데 공짜가 많다고 하며 다음과 같이 나열했다. 공기 마시는 것, 말하는 것, 하고 보는 것, 미소 짓는 것, 꽃향기 맡는 것, 꿈도 공짜고, 개미 보는 것도 공짜라고 순수한 어린이다운 표현을 했다. 필자는 하루에도 여러 번 세상에 공짜는 없다고 이야기한다. 그런데 세상에는 공짜가 많다. 한 초등학생의 이야기처럼 말이다. 그런데 그 공짜들은 우리가 너무도 당연하게 여겨 감사함을 모르고 사는 것들이다. 우린 삶을 살아가며 얼마나 감사하며 살고 있는가. 공짜로 얻은 삶을 살아가는데 필수적인 것에도 감사하지 못하고 산다. 그럼, 부모님에게, 가족에게, 선생(교수님)에게 그리고 여러분이 생존할 수 있도록 도와주는 분들에게 감사하고 있는지 생각해 보자. 행복하기에 감사한 것이 아니라 감사하기 때문에 행복하다는 말이 있다. 감사는 노력으로 성장할 수 있다. 당연함이란 익숙함에서 벗어나 감사하도록 노력하라. 진정한 감사를 알아야 감사를 표현할 수 있다. 감사는 나에게 은혜를 베풀거나 도움을 주신 분에게 고마움을 나타내는 것이다. 감사를 표현할 때는 상대방에게 충분히 전달되도록 진심을 담는 것이 중요하다. 소크라테스는 부모에게 감사할 줄 모르는 사람은 인간의 첫걸음을 벗어난 것이라고 했다. 가까운 감사함부터 찾아보자. 삶이 여유롭고, 풍족하며, 긍정적으로 변화되고 달라진다.

▶ 당연함이란 익숙함에서 벗어나 감사하도록 노력하라.
진정한 감사를 알아야 감사를 표현할 수 있음.

매일 용서하고, 배우고, 감사함은 건강한 정서적·정신적 건강을 위한 핵심이다.

감사하는 마음은 노력으로 성장할 수 있다.

감사하는 마음은 삶의 질을 높여준다. 삶이 우리에게 호의적으로 다가올 때 감사함을 느낀다. 반드시 큰일이 아니더라도 사소한 부분에서 일이 잘 풀릴 때도 마찬가지이다. 때로 이런 마음이 그렇게 중요하지 않다고 생각할 수도 있다. 그러나 매사에 감사하다고 느끼는 사람은 그렇지 않은 사람보다 훨씬 긍정적인 감정을 많이 느낄 수 있다. 감사에 균형을 적절하게 취하면 자신에게 큰 도움이 된다. 감사하는 마음이 부족하다고 느낀다면, 가장 먼저 자신에게 감사하는 것으로 시작하면 모든 일은 자기 자신으로부터 출발하게 된다. 스스로 소중한 존재임을 매일 의식적으로 생각해야 한다. 감사를 너무 과하게 표현하지 말아야 한다. 당신의 마음을 사람들이 가볍게 여길 수 있기 때문이다. 이는 관계에 부정적인 영향을 끼칠 수 있다. 따라서 적절한 시기에 올바른 대상에게 고마움을 전달하는 것이 매우 중요하다. 똑똑하게 감사하는 마음을 전달해야 한다. 매일 용서하고, 배우고, 감사하라는 가르침은 수많은 철학과 종교의 기반일 뿐만 아니라, 건강한 정서적 · 정신적 건강을 위한 핵심이다. 정서적 자유(emotional freedom)는 부정적인 감정에 연연하지 않고 우리가 누구인지 계속 배우고 경험할 수 있도록 한다.

▶ 적절한 시기에 올바른 대상에게 고마움을 전달하는 것이 매우 중요.
똑똑하게 감사하는 마음을 전달해야 한다. 매일 용서하고, 배우고, 감사하라는 가르침은 수많은 철학과 종교의 기반일 뿐만 아니라, 정신적 건강을 위한 핵심.

3. 감사하는 마음이 없다면 삶은 여유롭고 풍요롭거나 정서적 안정감이 없을 것이다.

예의가 없고 막무가내로 산다면 사람 취급조차 못 받는 것이다.

다산(茶山) 정약용(丁若鏞)의 아언각비(雅言覺非) 서문에는 배움이란 깨닫는 것이며, 깨달음이란 그릇됨을 깨닫는 것이라 한다. 그럼 어떻게 깨달을 건가는 평소 사용하는 말에서 그릇됨을 깨달아야 한다. 평소에 말과 행동을 조심스럽게 해야 한다. 사람은 생활하다가 음식을 먹고 체하기도 한다. 그 후 체한 음식은 못 먹고 싫어하듯 사람도 예의 없고, 막무가내인 사람들을 싫어하게 되고 꺼려 한다. 그래서 예의를 지켜야 하는 이유다. 예의가 없고 막무가내로 산다면 사람 취급조차 못 받는 것이다. 영화배우 박중훈이 예능 프로그램에 나와 이런 말을 했다. 자녀들을 나무라지 말라. 내가 걸어온 길이라고 부족함은 모두 자기의 잘못이라는 것이다. 어른들을 무시하지 말라고도 했는데 미래에 내가 갈 길이니, 나도 똑같이 그럴 것이니 너무 탓하지 말라는 것이다. 바른 인성 소유자로 유명한 국민 MC인 개그맨 유재석은 진짜 위기가 뭔지 아는가? 위기인데도 불구하고 위기인 것을 모르는 것이 진짜 위기다. 그것보다 더 큰 위기는 뭔지 아는가? 위기인 걸 알면서도 아무것도 하지 않는 것이 더 큰 위기다. 지금의 위기에 여러분은 무엇을 하고 있는가? 없다면 제안한다. 인성 공부하라. 외국어 공부보다 더 가성비가 높은 검증된 공부이다.

▶ 평소에 말과 행동을 조심스럽게 해야 함.
인성 공부하라. 외국어 공부보다 더 가성비가 높은 검증된 공부.

안녕하세요. 감사합니다. 죄송합니다. 표현에 답변은 정중하게 표현해야 한다.

10년 전부터인가 느껴지는 이상한 인사법이 생겨났다. 커피숍에 가면 먼저 인사를 한다. "안녕하세요" 인사를 하면 답변 중 절반 이상은 "네"라고 답한다. 아니면 "주문하세요."라고 답한다. "안녕하세요."라고 가끔 인사를 받아 주면 그저 고맙게 느껴진다. 주문 후 커피를 받아 "감사합니다." 인사를 하고 돌아서면 90% 이상이 "네"라고 답한다. 젊은 세대뿐만이 아니다. 택시기사도, 음식점에서도, 서비스가 중요시되는 업종(호텔, 백화점 등) 외에 모두 비슷하다. 평생을 관광산업에서 일하여 몸에 인사하는 것이 습관화된 저자에게 당황스러운 일이다. 상대가 "감사합니다." 인사하면 "감사합니다, 안녕히 가세요."라고 해야 한다. 그래야 재방문하지 않을까? 감사 인사는 상대를 배려하는 마음과 자신의 인격을 나타내는 인사이다. 감사 인사만 잘해도 생존에 유리하다. 감사 인사는 내가 생존하기 위해서 보내는 메시지이다. 지금부터라도 감사 인사를 하자. "여러분 책 읽어주셔서 감사합니다. 끝까지 읽어주세요." 반드시 읽은 만큼 얻을 것이다.

다음은 "감사합니다."라고 인사를 했을 때 반응을 정리하였다. 또한, 실수했을 때의 답변과 행동에 대해서도 정리하였다. 감사함과 사과의 진정한 의미를 파악하고 진정한 마음으로 실천하도록 노력해야 할 것이다. 기본 생활예절만 지켜도 사장과 같은 자세와 행동을 하게 된다.

감사합니다. 인사말을 했을 때 답변과 표정		실수했을 때 답변과 행동 (음식이 잘못 나왔을 때)	
구분	답변	구분	답변
사장 남사장 아내	저희가 감사하죠. 안녕히 가세요. 또 오세요. (웃으면서)	사장 남사장 아내	죄송합니다. 다시 빨리해 드릴게요. 죄송해서 서비스로 드려요. (많이 미안한 표정)
여사장 남편 가족	안녕히 가세요. 또 오세요. (웃으면서)	여사장 남편 가족	다시 빨리해 드릴게요. 주방에 빨리해 주세요. (미안한 표정)
정직원	또 오세요. (무표정)	정직원	다시 해 드릴게요. 주방에서 실수해서요. (무표정)
아줌마 직원	네. (시선도 마주치지 않음)	아줌마 직원	기다리세요. 잘못 나왔다고 하는데요.(무표정)
아르바이트	네. (무표정, 시선도 마주치지 않음)	아르바이트	잘못 나왔네요. 잠시만요.

▶ 감사 인사는 상대를 배려하는 마음과 자신의 인격을 나타내는 인사.

감사 인사만 잘해도 생존에 유리.

감사 인사는 내가 생존하기 위해서 보내는 메시지.

기본 생활예절만 지켜도 사장과 같은 자세와 행동을 하게 됨.

지금부터라도 감사 인사를 해보자.

Manner

5장

가정생활을 통해 미리 사회생활 예절을 연습하자

예의 가장 중요한 기능은 바로 적당하게 타협하고 조정하는 것이다.

공자가 주장하는 예(禮)는 불평등한 사회의 질서 규범이라는 사람들에게 공자는 예(禮)를 형식보다 진심을 중시하였다. 예라는 것은 사치하는 것보다는 차라리 검소한 것이 좋고, 상을 치를 때는 능숙하게 처리하는 것보다는 차라리 슬퍼하는 것이 더 낫다고 하였다. 예의 가장 중요한 기능은 바로 적당하게 타협하고 조정하는 것이라 말한다. 공자는 문(文)과 질(質)의 조화도 중요시했다. 형식과 본질의 어울림이 있어야 학문의 완성, 인간의 완성에 가까이 갈 수 있다고 보았다. 바탕이 형식을 압도하면 거칠고, 형식이 바탕을 압도하면 우아하다. 형식과 바탕이 조화를 이루어야 한다고 강조했다. 가정생활에서 예절을 지키는 일은 가족 구성원들 간의 원만한 인간관계를 형성하기 위하여 꼭 필요한 조건이다. 가정은 조상부터 자신에게로 이어졌고 나로부터 자손에게로 물려지는 영원한 것이다. 가정은 나라와 사회라는 방대한 조직을 이루는 가장 기초적인 단위이며, 인간의 원초적인 대인관계를 이루는 사회생활의 출발점이다. 기본 예절과 개인 예절을 바탕으로 이루어지는 가정 예절은 모든 예절의 모체이다.

▶ 예의 가장 중요한 기능은 바로 적당하게 타협하고 조정하는 것이다.
인간의 원초적인 대인관계를 이루는 사회생활의 출발점
가정 예절은 모든 예절의 모체

1. 부모, 친척에게 예의를 갖추는 것은 인간의 도리이다.

중국 춘추전국시대 정치가 공자(孔子)는 어버이를 사랑하는 자는 남을 미워하지 않고 어버이를 존경하는 자는 남을 업신여기지 않는다고 했다. 명심보감(明心寶鑑)에서 효는 자식이 효도하면 어버이는 즐겁고, 집안이 화목하면 모든 일이 이루어진다고 말한다. 한시외전(韓氏外傳)에는 나무가 가만히 있고자 하나 바람이 멈추지 않고, 자식이 효도하고자 하나 어버이가 기다려 주지 않는다. 고대 그리스 철학자 소크라테스(Socrates)는 내 자식들이 해주기를 바라는 것과 똑같이 네 부모에게 행하라 하였다. 교회에 온전한 십일조 낸다고 자랑하는 사람에게 부모에게 용돈은 드리는지 물으니 답을 못한다. 홍제천에서 정성스럽게 개똥 치우는 젊은이들에게 부모님 발 한번 씻겨 드린 적 있는지 오늘 안부전화는 드렸는지 물어보고 싶다. 세상의 이치는 부모를 공경해야 복을 받는다. 이것은 만고의 진리이다. 성경 십계명에도 부모를 공경하라고 되어 있다.

우리는 언제부터인가. 가정에서의 예절이 사라지고 생략되는 사회에 살고 있다. 가정이 가장 기초 단위의 조직인데 가정에서 예절이 무너지는 사회에서의 혼란은 당연한 일이다.

부모와 친척 어른에게 인사와 대화, 행동을 정리하면 다음과 같다.

구분	행동 요령, 상황별 예절
인사	아침에 '안녕히 주무셨습니까?' 저녁에 '안녕히 주무세요' 출퇴근 시 '안녕히 다녀오세요', '안녕히 다녀오셨습니까? 저녁은 드셨나요.' '학교 다녀오겠습니다.' '학교 다녀왔습니다.' '배가 고파요, 저녁은 언제 먹을 수 있나요, 어머니'
대화	항상 존댓말을 사용하자. 사회생활에 적응하려면 미리 연습하자. 처음만 어색하다. 사회생활에서 어색한 것보다 낫다. '네, 알겠습니다', '네, 그렇게 하겠습니다.', '감사합니다'. '죄송합니다.' '주의하겠습니다.' '새해 복 많이 받으세요'
식사	'아버지, 진지 드세요' ' 맛있게 드세요' '잘 먹겠습니다', '잘 먹었습니다, 어머니, 감사합니다' '제가 도와드리겠습니다.'
의견	네, 그렇게 따르겠습니다. 부모님의 은혜에 감사드립니다. 저는 부모의 의견에 따라 여행을 하겠습니다.
경제생활	용돈은 제가 벌어서 사용하겠습니다. 아르바이트로 번 돈입니다. 어머니가 관리하여 주세요. 등록금 주셔서 감사합니다. 취업하여 보답하겠습니다. 옷 사 주셔서 감사합니다. 잘 입도록 하겠습니다.

부모와 자식 간에도 예의를 갖추어야 한다. 예절은 함께 지키는 것이다.

부모라도 가정 예절과 자녀의 교육을 위해 지켜야 할 예절과 행동이 있다. 부모이기에 어른이기 때문에 더욱 신중하고 행동을 조심해야 한다. 자녀가 보고 배우는 것이다.

부모와 자식 간의 예절과 조심해야 할 행동 요령	
부모 행동 요령	자식 행동 요령
온화한 표정으로 자녀를 온화하게 대하자.	사랑을 말하고 용서하고 이해하며 칭찬하여야 자녀가 따른다.
단정하게 몸차림을 해야 자녀도 단정하게 따름	부모를 공경하고 효를 앞세워야 자녀도 공경하고 가정에 대한 자긍심을 갖는다.
어른 앞에 공손해야 자녀도 공손함	교양강좌, 훌륭한 강연에 함께 가며, 명언들을 함께 배운다.
부모를 공경해야 자녀도 부모를 공경함	함부로 말하지 않고 생각해 말하며, 성내지 않고 온화하게 말하면 자녀는 온화함을 지니고 한마디의 말도 중하게 여긴다.
예의 바른 인간관계를 유지해야 자녀도 따름	부모를 찾아뵐 때는 자식과 함께 가자.
부부간이 공경해야 자녀 이성 간의 관계 원만	집안의 의식, 행사, 혼인, 제사 등에 반드시 함께 동반하자.
부모가 외박하면 자녀도 외박	평소에 먼저 예의 지키고 자녀에게 요구하자.
자기 직분에 성실하고 정의감이 투철하면 자녀도 바르게 행동함	명절 때 성묘나 가족 행사에 자식과 동행하자.
근검절약하고 사치와 낭비를 삼가면 자녀도 근검절약하는 태도를 가진다.	손님을 접대할 때 자녀가 돕게 하자.
바른 호칭을 써야 자녀가 바른 호칭을 쓴다. 부부간에 존대해야 아이가 존댓말을 배운다.	남의 집을 방문할 때 동행해 방문 예절을 익히게 하자.
바른 말씨를 써야 자녀가 바른 말씨를 쓴다.	선생님에게 극진하게 예의하고 존경하여야 자녀가 선생님을 존경한다.
고운 말로 조용히 말하면 자녀도 고운 말로 조용히 말한다.	공중예절에도 모범을 보여, 보고 따라 하게 하자.
사람다움과 사람 노릇을 화제로 삼아야 자식도 배운다.	–

형제 자매간에도 예의를 갖추어야 한다. 가까운 사람에게부터 지키며 연습하자.

형제자매간이라도 가정 예절과 가정교육을 위해 지켜야 할 예절과 행동이 있다. 연장자이기 때문에 상호 간에 더욱 신중하고 행동을 조심해야 한다. 상호 간에 서로 예절을 통해 보고 배우는 것이다. 정리하면 다음과 같다.

구분	행동 요령, 상황별 예절
공통	우애를 지키는 것이 기본적인 덕목 부모를 위하는 마음과 행동이 경제적인 부분으로 미루어지지 않아야 한다. 부모를 모시는 것을 서로 미루지 말고 당연한 일로 생각하라. 동기간의 일을 자기 일처럼 여기고 서로 어려움을 나누고 힘을 보태자. 자주 왕래하여 친척 간에 일체감을 갖도록 하자. 부모에 관한 일에는 공동 참여, 공동 부담, 서로 솔선수범하자. 형제, 자매의 자녀를 자기의 자식 같이 사랑하고 돕자. 형님과 누님은 평소에도 깍듯하게 모시자. 동생은 자기의 분신으로 여기고 사랑으로 보살피자.
형제간	형제간은 같은 핏줄의 동기간임을 명심하자. 형과 아우의 서열을 지켜 공손하고 공경하자. 맏이는 부모를 모시듯 해야 한다.
자매간	자매가 시집가더라도 형제와 자매에 소홀해서는 안 된다. 친정 부모의 생신, 제사, 자매의 혼사에는 꼭 참석한다. 시집간 자매이기에 친정 일에 소홀해서 안 되고 소외시켜서도 안 된다.
남매간	남매간에는 더욱 각별한 예절이 필요하다.
형제 자매의 배우자	제수와 매부는 형제자매와 같이 예우하자. 형수는 어머니같이, 제수는 자매 대하듯 조심하자. 누님의 남편, 매형을 누이 대하듯 하자. 형제 배우자의 서열은 형제의 서열과 같다. 자매의 남편끼리는 자매의 서열과 관계없이 나이로 따진다.

2. 가정생활에서 연습하라. 최고의 교육장이다.

인정받고 싶으면 인사를 열심히 하는 것도 하나의 방법이다. 직장에 입사하고 그때부터 인사를 잘해야지 생각한다면 환상해서 깨어나라. 절대 잘되지 않는다. 아르바이트, 인턴, 현장실습, 직무체험 등에서 적극적으로 연습하라. 또 최고의 교육장은 학교생활이다. 실수하여도 여러 가지를 시도하여도 모든 것이 이해되니 최고의 교육장이다. 가까운 사람에게도 인사하지 못하면 절대 낯선 사람에게 인사하지 못한다. 친구와 선생님, 교수님, 교직원, 청소 아주머니, 경비 아저씨, 식당 아줌마, 카페 아르바이트, 버스 기사 아저씨에게 먼저 인사하며 연습하라. 사회생활에 사랑꾼이 되고 싶다면, 부모님과 가족을 상대로 예절 연습하라. 부모님도 여러분에게 사랑을 표시할 것이며, 가족들도 예의바르게 행동할 것이다. 대수롭지 않다고 생각할 수 있지만, 영향력은 클 것이다. 예로, '아버지, 어머니 안녕히 주무셨나요.' '형(누나) 잘 잤어.' '사랑하는 동생아 잘 잤니.' '아버지 진지 드세요.' '어머니 감사히 먹겠습니다.' '어머니 감사히 잘 먹었습니다.' '점심 설거지는 제가 하겠습니다.' '아버지 출근하시나요. 안녕히 다녀오세요.'

'형(누나) 학교 잘 다녀와요.' '저녁에 보자 동생아.' '어머니 학교 다녀오겠습니다.' '학교 다녀왔습니다'. '아버지, 어머니 잘 다녀오셨습니까'. '어머니 저녁 잘 먹겠습니다.' '아버지, 어머니 안녕히 주무셔요.' '용돈 주셔서 감사합니다." 죄송합니다, 제가 잘못 했습니다.' '네 알겠습니다. 말씀하신 대로 동생들 잘 보살피도록 노력하겠습니다.' '생신 축하 드립니다'. '결혼기념일 축하 드립니다.' '저를 낳아주셔서 감사합니다, 어머니.' '새해 복 많이 받으세요. 메리 크리스마스 어머니. 아버지 출장 잘 다녀오세요. 어머니 여행 즐겁게 잘 다녀오세요.' '할머니 소풍 조심해서 잘 다녀오세요.' 등이다. 이를 학교생활에서, 사회생활에서 응용하여 적용하라. 직장생활이 즐겁게 기다려질 것이다. 가정생활에서 자연스럽게 인사할 수 없다면 직장생활에서 원만한 인간관계는 포기하

라. 쑥스러운 어색함은 잠시이나 직장생활에서의 스트레스는 영원하다. 선택은 여러분의 몫이다.

▶ 가정생활에서 연습하자. 최고의 교육장이다.
무조건 인사하자. 반드시 돌아온다.
인정받고 싶으면 인사를 열심히 하는 것도 하나의 방법

존댓말은 상대에 대한 존중이다. 잘못된 존댓말 이렇게 고치자.

예절은 실제로 마음속에 있고 예절을 전달하는 수단이 말이다. 대화 예절은 의사소통 과정의 예절이며, 언어 예절이다. 대화 예절 과정에는 말을 할 때 지켜야 할 예절과 말을 들을 때 지켜야 할 예절이 있다. 말을 하는 것도 중요하지만 듣는 것 또한 중요하니 지켜야 할 예절은 잘 익혀야 한다.

말을 할 때 지켜야 할 예절	말을 들을 때 지켜야 할 예절
대화 상대에 따라 말씨를 결정하자	경청은 귀, 표정, 눈빛, 몸으로 듣자
감정은 평온하게 갖고 표정 부드럽게 하자	바르고 공손한 자세와 평온한 표정으로 듣자
자세는 바르게 성실하고 듬직하게 하자	은근하면서도 확실한 반응을 보이자
대화 장소, 주변 환경, 상대의 성격, 수준을 참고하여 화제 선택하자	말 중간에 끼어들지 말고 의문이 있으면 말이 끝난 뒤에 질문하자
조용한 어조, 분명한 발음, 맑고 밝은 음성 적당한 속도 유지하자	질문이나 의견을 말할 때 상대에게 양해를 구하고 말하자
듣는 사람 표정과 눈을 주시하여 반응 체크 표정과 눈으로 리액션하자	경청 중에 딴짓하지 말자. 특히, 스마트폰은 잠시 넣어두자!(양해를 구하고 확인)
상대의 질문에 상세히, 의견은 성실하게 하자	경청 중에 중요한 것과 의문 사항은 메모하자
상대의 이야기 중에 끼어들지 않도록 하자	대화 중에 자리를 뜰 때는 양해를 구하자 타인에게 방해되지 않게 조용히 신속하게 이동하자
화제가 이어지게 간결하게 요점만 말하자	

대화 상대에 따라 높임말과 낮춤말을 적절하게 사용해야 예의 바르다.

높임말과 낮춤말은 말씨의 어휘를 어떻게 쓰느냐에 따라 결정한다.

구 분	내 용
높임 말씨	'시', '세', '셔' 등이 중간에 끼어들게 ~ 하시었다, ~ 하세요. 교수님, 말씀하세요. 교수님이 조용히 하라고 하시었다. 교수님이 오라고 하신다. 교수님이 모이라고 하신다.
사무적 말씨	'다', '까' 등으로 끝나는 말, 직장이나 단체생활에서 흔히 사용 그렇게 하겠습니다. 잘 알겠습니다. 감사합니다. 죄송합니다. 처음 뵙겠습니다. 안녕하십니까? 주문을 받아도 되겠습니까? 질문해도 되겠습니까? 퇴근해도 되겠습니까?
정겨운 말씨	말끝이 '요'로 끝나는 말 어서 오세요. 안녕하세요. 미안해요. 죄송해요. 늦었네요. 언제 식사해요. 커피 한잔할까요. 또 만나요.
존대어휘	밥(진지), 먹다(잡수시다), 주다(드리다), 말(말씀), 말하다(말씀하시다, 여쭙다) 죽다(돌아가시다), 자다(주무시다), 삐지다, 골내다(화내시다), 저 사람(저분) 보다, 만나다(뵙다), 데리고(모시고), 있다(계시다), 이, 가(께서), 집(댁), 아프다(편찮으시다), 이(치아), 병(병환), 나이(연세, 춘추), 술(약주), 이름(성함, 함자, 존함), 노인(노인장, 어르신), 생일(생신), 딸(따님), 아들딸(자제분), 아들(아드님), 어른(어르신), 남의 회사(귀사), 남의 학교(귀교)

실제 응용하면 다음과 같은데 여러 번 크게 읽고 반복하라. 머리에 남아야 말을 할 수 있다. 외국어는 암기하면서 존댓말은 왜 암기하지 않을까. 암기합시다.

- 아버지(어머니, 교수님, 선생님), 진지 잡수세요. (높은 말씨와 존대어휘)
- 사장님께서는 진지 드셨어요, 부장님도 드시지요. (대화 상대보다 높은 분을 말할 때)
- 김부장이 기다리고 있습니다. 사장님, 안으로 들어가세요. (대화 상대보다 낮은 분을 말할 때)

3. 올바른 호칭과 지칭은 대인관계에서 선택이 아니라 필수다.

호칭은 어떤 사람을 직접 부르는 말이고, 지칭은 어떤 사람을 다른 사람에게 말할 때 가리키는 말이다. 합하여 칭호라고 한다. 한국 문화는 같은 대상이라도 경우에 따라 여러 가지로 부르거나 말한다. 순수한 우리말 칭호와 한자말이 섞여서 쓰인다. 만약 호칭이나 지칭을 잘못 쓰면 무례한 사람이 된다. 인간관계에서 심각한 영향을 미치고 사회생활에도 부작용이 생긴다. 여러 번 크게 읽고 반복하여 익혀라. 외국어는 암기하면서 존댓말은 왜 암기하지 않을까. 암기합시다.

칭 호	내 용
자기, 자신	웃어른과 여러 사람: 저, 제가 같은 또래, 낮은 사람: 나, 내가 자기 쪽을 남에게 말할 때: 우리, 저희
부모	자기 부모 부르고, 지칭, 남에게 말할 때: 아버지, 어머니 남편의 부모 부르고, 지칭, 남에게 말할 때: 아버님, 어머님 남에게 다른 사람의 부모를 말할 때: 부친, 모친
부부간	부부가 서로 부르거나 지칭: 여보, 당신 남에게 자기의 안내를 말할 때: 안사람, 집사람, 아내 남에게 자기의 남편을 말할 때: 주인, 바깥양반, 남편 남에게 그 남편을 말할 때: 주인어른, 바깥어른, 부군 남에게 그 안내를 말할 때: 안어른, 부인
처가 가족	아내의 부모: 장인어른, 장모님 아내의 부모를 남에게: 빙장, 빙모 처남댁, 처형, 처제, 처남
학교에서	총장님, 학장님, 학과장님, 교수님, 조교님, 선배님, 선생님(교직원) 아저씨(경비), 아주머니(청소용역) 자네, 김철수 군(성년인 제자를 부를 때)
	교장선생님, 원장선생님, 학생부장 선생님, 선생님 교감선생님, 서무선생님, 사감선생님, 간호선생님 학생 여러분, 제군들(학생을 집단으로 말할 때)

직장	상급자	사장님, 부사장님, 상무님, 이사님, 팀장님, 부장님, 과장님, 대리님, 주임님, 선배님 영업팀장님, 마케팅 팀장님, 총무팀장님, 인사부장님 상급자에게 하급자 지칭 시 "님"을 붙이지 않음: 김부장, 이과장 상무님 김부장이 자리에 없습니다. 이과장도 함께 나갔습니다.
	하급자	과장, 대리, 주임: 이 과장 이리 와 보세요. 직책이 없는 하급자: 성명에 "씨", "여사" 하급자라도 연장자이면 높여서 김철수 선생, 이영희 여사님 하급자가 미성년, 10년 이상 연하, 김철수 군, 이영희 양
	동료 간	동급자라도 연장자: 김철수 과장님 동급자인 동급 자간: 김 과장, 이 대리 동료라도 10년 이상 연상: 선생님 인사선배, 연장자, 남녀 모두: 선배님 동료 간이지만 친숙하지 않은 동년배: 김철수 씨 동년배로서 친숙한 사이: 김 형, 이 여사, 이영희 여사 10년 이상 연하로서 친숙한 미혼, 미성년: 김철수 군, 이영희 양
사회생활	잘 아는 사람	부모의 친구, 친구의 부모, 부모와 동년배: 어르신, 어르신네 웃어른이나 직업이 선생님: 선생님 연상, 연하 사이: 형, 형님, 노형 학교 선배나 같은 일 연상자: 선배님, 선배 상하 10년 이내 연령차 친숙한 사이: 이름, 자네 기혼여자: 부인 상대가 위치한 직책명: 김철수 위원장님 친구나 잘 아는 사람과의 관계: 철수 아버님, 영희 누님
	모르는 사람	60세 이상 노인: 노인 어른, 노인장 부모와 같이 나이가 많은: 어르신, 어르신네 존경할 만큼 점잖고 나이가 많은: 선생님 어떻게 부르기가 거북한 남자: 선생님 자기와 동년배 남자끼리: 형씨 형씨라 부를 동성 간이나 이성 간: 댁, 서촌댁, 광주댁 기혼여자: 부인 청장년인 남자: 젊은이, 청년 미성년이나 미혼인 남자와 여자: 총각, 아가씨

사물 존칭은 상대가 이질감과 거리감을 느끼고 불편해

커피전문점에서 "아이스 아메리카노 나오셨습니다.", 호텔에서는 "객실료 15만 원이 나오셨습니다." 콜센터 상담사는 "이 상품은 월정액 5만이시고요",

병원에서는 “통증을 느끼지 않는 진통제이시고요”, 골프장에서는 캐디가 “공이 해저드에 빠지셨어요.”, 동네 식당에선 “더울 때 좋은 건 콩국수이시고요”, 주민센터에서 “주민등록등본은 600원이시고요”, 백화점에서는 고객에게 “이 옷은 50% 세일이십니다.”라고 말한다. 아무도 가르쳐 주지 않았는데, 우린 사물 존칭을 쓰고 있다. 대중의 소비가 늘어나면서 백화점을 비롯한 소매업체에서는 남자 손님이면 ‘사장님’, 여자 손님이면 ‘사모님’이라고 무조건 부르는 현상이 생겼다. 이런 호칭은 2000년대 초반에야 ‘고객님’으로 정착됐다. 사물 존칭 현상도 호칭 인플레이션 현상이 확대된 것이라고 한다. ‘-시-’는 주체인 사람의 행동과 상태를 높이는 경어법이다. 문장에 주체가 주어로 드러난다. 그러나 사물 존칭은 주체(사람)가 문장에서 드러나지 않는다. 대신 대화하는 상황의 맥락 속에 존재한다는 것이다. 많은 사람이 이질감과 거리감을 느끼고 불편해한다면 사물 존칭은 교육으로 고쳐야 할 것이다. 어떤 기성세대는 허술한 국어교육을 받은 학생들이 사회에 나와 이런 어법을 구사한다고 한다. 그럼 교육을 제대로 하여 사회에 나오도록 해야지, 알면서 못한 기성세대의 잘못이 아닌가 싶다.

▶ “-시-”는 주체인 사람의 행동과 상태를 높이는 경어법, 문장에 주체가 주어로 드러남. 그러나 사물 존칭은 주체(사람)가 문장에서 드러나지 않음.

085

Manner

6장

학교생활에서의 공중도덕 예절은 사회생활의 초석이니 연습하자

유럽과 미국의 부모들은 자녀에게, 상대에게 양보하고 배려하는 것을 가르친다고 한다. 심지어 엄격할 정도로 가르친다. 이웃 일본의 부모는 자녀에게 상대에게 폐를 끼치는 행동을 하지 말라며 양보와 배려를 가르친다고 한다. 그럼 한국의 부모는 어떻게 가르칠까. 남에게 지지 말라고 가르친다. 지고 오면 혼난다고 맞고 들어오면 때린 아이 부모와 싸우고 선생님에게 혼나면 학교에 가서 항의한다. 우리 아이들에게 배려와 존중을 기대할 수 없는 이유일 것이다. 배려와 존중을 할 수 없으니 공감 능력은 낮아 기본적인 공중도덕 예절조차 지키지 못한다.

학교도 사회이기에 지켜야 할 공중도덕 예절이 꼭 필요하다. 학교는 사람다움을 바르게 하고 지식을 넓혀 더불어 살고 인류 발전을 위해 필요한 모든 것을 배우는 곳이다. 학교가 없다면 어리석음을 깨칠 수 없으며, 넓고 깊은 새로운 지식을 전수할 수 없어 사람들은 무지하게 살 수밖에 없다. 최근 지식의 전당 학교에서 공중도덕 예절을 지키지 않아 여러 사람을 힘들게 하는 무지한 일들이 벌어지니 개탄할 일이다.

1. 학교생활에서의 기본 예절부터 반드시 지키자. 그래야 지식인이다.

학교생활의 기본 예절을 정리하면 다음과 같다. 조금만 자신이 노력하고 습관화하면 가벼운 일이다. 기본 예절을 지켜야 살아남는다.

기존 예절과 조심해야 할 행동 요령	
교칙을 파악하고 잘 준수하자. 그래야 조용히 졸업한다.	복장은 단정하게 입기 운동복, 슬리퍼, 불량한 복장은 자제하자.
학교시설과 설비를 소중히 다룸 여러분의 등록금으로 설치하고 구비한 것임 즉, 우리의 것임을 잊지 말자.	학점이 인생의 전부가 아니다. 부정하게 학점을 따려고 하지 말자. 그 시간에 공부하라. 정당하게 살자.
화장실은 공동구역으로 사용 후 깨끗하게 정리하고 나오는 습관을 익히자.	신입생은 미래다. 잘 적응하도록 도와주자. 전통보다 사람이 더 중요하다. 너희가 신입생일 때를 생각하자.
출입문은 조용하고 열고 닫는다. 특히, 강의실 문은 항상 조용히 닫도록 몸으로 익혀라	자신이 하기 싫은 일은 상대도 싫다. 사회생활에서는 솔선수범하는 자만 살아남는다. 미리 적응하자. 이성은 솔선수범하는 사람에 끌린다.
쓰레기는 가방에 넣고, 정해진 곳에 항상 버림 강의실이나 계단, 복도에 절대 두고 오지 않기 습관화하기	친구의 재능이나 의견을 존중하고 협력하는 방법을 익혀라.
친구를 험담하지 않기 비밀은 없다. 다 귀에 들어간다. 불만이 있으면 만나서 대화로 풀어라.	도움을 청하면 즐겁게 도와주라. 불의에 그냥 지나치지 말자.

교수(선생)와 학생은 학교의 모든 규칙을 엄중히 지켜 학교생활이 모든 생활에 기본이 되게 해야 한다. 그리고 학교에서 지켜야 할 공중도덕 예절을 준수해야 한다. 학교의 모든 시설은 아끼고 본래의 목적으로만 활용해야 한다. 선

생(교수)과 학생은 학교 안에서 학문을 연마하는 일 이외의 일은 하지 않는다. 선생(교수)과 학생은 학교가 모든 사람의 본받음의 대상이니 행동을 항상 조심하고 진리와 원칙에 성실하게 임해야 한다.

교수님(선생님)을 모시는 예절과 제자를 대하는 예절은 서로 존중하는 게 도리이다.

부모님은 낳아주시고 선생님(교수님)은 가르쳐 주시니 선생님은 부모와 같은 존재이며 어른이다. 부모님을 모시듯 항상 각별하게 모시고 잘 따르도록 노력해야 한다. 선생님(교수님)은 학생(제자)을 자식처럼 여겨야 한다.

교수님을 모시는 예절	학생(제자)을 대하는 예절
부모 모시듯이 공경하게 모시고 따른다.	자식을 대하듯이 사랑으로 대하라.
지식뿐만 아니라 모든 생활의 지혜를 주신다. 사회생활에 밑거름이 될 지혜이다.	학생의 실수는 선생의 부족이다. 항상 자책하는 미음으로 제자를 대하라.
가르침은 진리이니 성실하게 배우고 익혀라.	학생은 선생의 거울이다. 게을리하는 제자를 방치하는 것은 선생이 게을러서이다.
의문에는 질문하여 익혀라. 물어서 배운다고 해서 학문(學問)이다.	학생이 잘못이더라도 버리거나 자리를 떠나지 않는다. 배우는 사람이니 더 가르쳐야 한다.
선생님을 모시는 데는 배운다는 것 외에는 다른 생각을 하지 않는다.	지식을 탐구하고 연마하여, 제자의 욕구에 부응하라. 선생은 학생보다 더 새로워져야 한다.

강의실(교실)에도 예절이 필요하다. 배우러 왔으니 본질에 충실하게 잘 배우자.

강의실(교실)은 공동의 공간이다. 많은 시간을 보내는 곳이 여럿이 같이 시용하기에 매너를 통해 서로가 불쾌하거나 불편하지 않게 하여야 한다. 강의실 (교실)에서 지켜야 할 예절은 다음과 같다.

강의실(교실)에서의 예절과 조심해야 할 행동 요령	
시작과 종료 시간을 준수한다. 시작 10분 전에 자리에 앉아 대기한다.	강의 중에 사적인 대화는 금물
절대 지각하지 않는다. 사회생활에도 습관이 되어 고생하고 적응하기 어렵다. 만약 지각하면 지각 사유를 반드시 말씀드리고 사과하는 습관을 가져라. "죄송합니다" 이 한마디면 용서된다. 그래야 사회에서 살아남는다.	음식물을 섭취하지 말자. 특히, 껌이나 사탕은 절대 금물 커피나 음료는 방해되지 않게 가능 빈 강의실에서의 음식 섭취 금물 부득하게 섭취 후에는 물수건으로 잘 정리하고 쓰레기는 정해진 곳에 버린다. 국물은 주의하여 잘 버린다.
선생님(교수님)이 들어오시면 인사를 크게 먼저 한다. 그래야 좋아하신다. 수업도 즐겁다.	하품은 보이지 않게 손으로 가리고 하며, 재채기는 최대한 조용하게 손으로 가리고 한다.
강의실에서는 정숙을 유지한다. 공을 차거나 보드, 자전거를 타는 행위 금물	감기 등 전염성이 있다면 쉬는 것이 좋으나 참석하였다면 전염되지 않게 구석 창가로 앉는 배려를 하자.
강의교재와 노트를 반드시 준비한다. 메모하고 기록해야 남는다. 시험을 잘 보려면, 미리 준비하자.	핸드폰은 꺼두자. 한 시간 꺼둔다고 큰일 안 난다. 급한 용무가 있으면 무음으로 하자. 급한 통화는 조용히 나가서 강의실에서 떨어져 간단하게 통화 후 방해되지 않게 하자.
질문을 하려면 흐름을 끊지 않고 잘하자. 그래야 교수가 기억한다.	화장실이 급한 경우 조용하게 다녀온다. 생리 현상을 막을 수는 없다. 악용하지 말자. 교수님들은 다 안다.
중복되는 질문은 집중하지 못한 본인을 알리는 거니 주의하자.	출석 부를 때, 집중하여 나를 알려라. 지각은 스스로 가서 체크하자. 나중에 인정하지 않는다. 깜빡한 것은 너 잘못이다.

2. 학교생활에서의 기본 예절을 익숙하게 배우고 익혀야 직장생활에 적용한다.

학교생활의 기본 예절 행동 요령과 상황별 예절에 대하여 정리하면 다음과 같다.

구분	행동 요령, 상황별 예절
인사	캠퍼스나 학교에서 보이는 어른에게는 무조건 인사 친구, 선배, 후배를 만나면 자신 먼저 인사 학과 교수님, 조교님을 보면 찾아서 인사(학교 밖에서도 인사)
복장	스마트 캐주얼: 캐주얼이지만 눈에 거슬리지 않는 스타일 (핫팬츠, 초미니스커트, 짧은 반바지(남자), 슬리퍼, 운동복 등이 아니면 무난) 모르면 어른들에게 물어보자. 단정하고 정갈하게 편한 복장으로, 남이 불편하지 않은 복장
대화	적극적으로 대화하라. 대화를 많이 하여야 주위에 사람이 생긴다. 동아리, 모임 등에 적극 참여 대화하지 않으면 사람들은 모른다. 싫으면 싫다고 말하라. 학교생활에서 대화하지 않으면 사회생활에서 대화할 수 없고 엄청난 고통이 따른다. 미리미리 연습하자.
스마트폰	스마트폰에 집착하지 말자! 스마트폰과 멀어져야 친구가 생긴다. 강의실에서는 꺼두거나 무음, 캠퍼스에서는 진동이 기본 매너이다.
식사, 교제	함께 밥을 먹어야 식구라고 한다. 가급적 친구들과 함께 먹자. 식사를 통해 교제하는 연습을 하자. 다양한 친구(타학과, 선배, 타대학, 타동아리)와 식사를 하자. 사회생활하면 다 자산이다. 큰 도움이 된다. 인간관계도 능력이다. 주말에도 다양한 친구와 교제하자.
서열	통상적인 예절에 따르면 됨. 그래야 사회생활에도 잘 적응한다. 학번에 따라 서열이 정해진다. 규칙에 따르면 된다. 선배는 나이가 어려도 선배, 선배 대우하자. 남녀 모두 선배님이라 호칭, 오빠나 형이 아니다. 습관 되면 사회생활 꼬인다. 나이가 많아도 후배는 후배, 선배에게 선배라고 부르면 된다. 그래야 대우받는다. 학과 대표, 과대표, 선배에게 협조하고 잘 따르라. 사회생활에도 적응한다. 교수님(선생님)은 부모님과 같으니 잘 모시고 따르자. 조교님과 친하게 지내자. (만능이다. 모르면 물어보자. 그래야 내가 산다.) 그래야 학교생활이 원만하다. 나를 도와줄 선배 한두 명은 만들어야 한다.

구분		행동 요령, 상황별 예절
상황별	흡연	지정된 장소에서 피우자. 캠퍼스에서 절대 걸어가면서 피우지 말자. 담배 쓰레기 함부로 버리지 말자. 집이라면 그렇게 할까. 침도 함부로 뱉지 말자. 강의실, 엘리베이터, 실내 들어가기 전에 냄새 안 나게 털고 들어가고 화장실에서 물로 가글하여 냄새를 최소화하자. 가장 좋은 것은 캠퍼스에서만이라도 금연하자. 학생이 잘 지키면 교수도 따라간다.
	음주	캠퍼스 내 음주는 자제하자. 음주 후에 강의실에 들어가지 말자. 음주로 인한 안전사고에 유의하자. 특히 방학 기간에 사고가 많으니 주의하자.
	화장실	화장실에서 인사는 목례로 대신한다. 화장실 볼일 후에 꼭 손 좀 씻자. 정말 미개인 같다. 양치 후에는 세면대 정리를 하자. 같이 쓰는 공간이다. 볼일 후에 휴지 처리는 깔끔하게, 막 버리지 말자. 아껴서 쓰자. 전기, 물, 휴지 등 다 우리의 등록금에서 나간다. 노크하자. 금연은 너무도 당연하다. 껌과 침 뱉지 말자.
	복도	오른쪽 통행을 하자. 뛰지 말자. 사고로 이어진다. 어른을 만나면 인사를 한다. 찾아가서 인사해라. 다른 강의실 강의에 방해되지 않게 조용히 지나가자. 웅성거리지 말라는 거다. 쓰레기 버리기, 침 뱉기, 흡연 등은 금물 여학생들 복도에서 남학생 때리지 말자. 아프다. 남학생들 맞을 짓을 하지 말자. 맞을 짓을 하니 맞는 거다.
	계단	절대 뛰지 말자. 오른쪽 통행하자. 장난치지 말자. 지나칠 때 어른을 보면 인사하자. 먼저 가시도록 양보하자. 계단에 앉지 말라. 통행에 방해된다. 특히, 남녀학생 애정행각은 금지! CCTV에 다 찍힌다. 쓰레기 버리지 말자.
	엘리베이터	조용하게 타고 올라간다. 스마트폰 통화는 하지 말자. 내려서 통화해라. 인사는 목례로 하자. 대화는 자제하자. 냄새 나는 물건이나 위험한 물건을 가지고 타지 말라. 절대 장난을 치지 마라. 골로 간다. 3층 정도는 걸어 다녀라. 건강과 다이어트에도 좋고, 엘리베이터 운행에도 도움이 된다. 장애인 학생과 어른이 계시면 먼저 타시도록 양보하자. 부모님이라 생각하자.
	거리	스마트폰 보면서 다니지 말자. 흡연하지 말자. 쓰레기 버리지 말자. 자전거나 이동수단 이용 시 주의하자. 가급적 타지 말자. 늦은 시간에 혼자 다니지 말자.
	교수님 연구실 과사무실 방문	노크를 반드시 한다. 교수님과는 면담 신청 후 방문하는 것이 좋다. 절대 물건이나 음료를 가지고 가면 안 된다(김영란법 위배). 즐거운 마음만 가지고 간다. 대화 내용을 사전에 정리하고 방문하여 짧게 상담하고 오라.

Manner

7장

사회생활은 공중도덕 예절을 지켜야 삶이 풍요롭다

1. 상황별 공중도덕 예절은 나를 위해 지키자, 알고 지켜야 즐길 수 있다.

공중도덕(公衆道德)은 사회의 질서를 유지하기 위하여 사람들이 지켜야 할 사회적 규범이다. 인간이 공동체의 일원으로서 사회생활을 해나가려면 그 사회가 요구하는 제도 및 제약을 지키며 살아가야 한다. 질서 행위, 도덕규범, 윤리, 법률 등 여러 가지 사회적 준칙들이 요구된다. 이것이 공중도덕이다. 공중도덕은 상황에 따라 혹은 시간적 · 공간적 변동에 따라 바뀌기도 한다. 공중도덕 예절은 함께하는 생활에서 지키는 예절이다. 함께하는 예절에서 가장 중요한 부분은 남을 의식하고 배려하는 것이다. 자신보다는 타인과 함께 사는 마음으로 임해야 공중도덕 예절은 지켜진다. 사회생활에서의 공중도덕의 붕괴는 타인을 의식하지 않고 자신만 위하기 때문에 비롯되는 문제이다.

구분		대중교통 이용 시 공중도덕 예절, 행동 요령
대중교통 공통		줄을 서서 기다리며, 순서대로 탑승. 지정된 정류장에서 탑승 승하차 시 감사의 인사 노약자석은 비워두라(나는 젊었거늘 서서 간들 어떠리) 다른 승객에게 불편을 주지 않도록 주의 큰소리 통화와 떠들지 않도록 노약자 우선 배려, 먼저 타고 내리도록 도와주도록 양보를 받으면 고맙다고 감사 인사 잊지 말자. 타인에게 양보를 강요 말자. 기사와 언쟁하지 말며, 반말하지 말자(안전문제와 부모 같은 분이다)
스마트폰		대중교통 이용 시는 무음이나 진동으로 유지 통화는 자제하고 문자로 대신 후 내려서 통화 급하면 손으로 입을 막고 조용하고 간결하게 용건만 게임, 동영상, 음악은 이어폰을 이용하라. 소리가 옆에 들리지 않게 알맞게 조절하자. 스마트폰 보면서 승하차 금지 스마트폰 보다가 하차 정류장 지나치지 않게 주의
교통 수단	전철 (지하철)	내리고 나면 탑승, 내릴 수 있도록 입구를 막지 말자!(특히, 스마트폰 보면서 막지 말자). 배낭과 책가방은 앞으로 안고 타자. 임신부 배려석에 앉지 말자.(오면 양보하지 말고 그냥 빈자리로 두자), 분홍색 표시 다리는 정갈하게 모으고 앉는다. 다리를 꼬고 앉으면 앞사람이 불편하다. 통화는 자제하고, 하게 되면 손으로 막고 조용히 용건만, 문자로 대신, 내려서 통화하도록 대화는 옆 사람을 생각하여 조용하게, 게임, 동영상, 음악은 이어폰을 이용하자. 앞사람을 쳐다보지 말자. 신체적 접촉하지 않도록 유의 음식물 섭취 금물, 음료는 뚜껑이 있어야 하며 흘리지 않게 주의 불쾌한 행동 금지(술 냄새, 담배 냄새, 입 냄새, 방귀, 트림, 코 파기, 귀 파기) 감기 등 전염성이 있는 병이면 구석 자리에 서서 마스크 착용(외출 자제) 신발을 벗거나, 슬리퍼 벗기, 초미니 옷 착용, 불쾌한 복장 위험한 물건이나, 큰 짐은 가지고 타지 말자. 자전거 등은 주말만 이용하자. (역내에서는 끌고 다녀라), 보드 등도 금지

구분		대중교통 이용 시 공중도덕 예절, 행동 요령
교통 수단	버스	줄 서서 탑승하며, 기사에게 즐겁게 인사하자. 배낭과 책가방은 앞으로 안고 타자. 임신부 배려석에 앉지 말자(오면 양보하지 말고 그냥 비워 두자), 분홍색 표시 다리는 정갈하게 모으고 앉는다. 다리를 꼬고 앉으면 앞사람이 불편하다. 통화는 자제하고, 하게 되면 손으로 막고 조용히 용건만, 문자로 대신 내려서 통화하도록 하자 대화는 옆 사람을 생각하여 조용하게. 게임, 동영상, 음악은 이어폰을 이용하자 음식물 섭취 금물, 음료는 뚜껑이 있어야 하며 흘리지 않게 주의 불쾌한 행동 금지(술 냄새, 담배 냄새, 입 냄새, 방귀, 트림, 코 파기, 귀 파기) 감기 등 전염성이 있는 병이면 구석 자리에 서서 마스크 착용(외출 자제) 신발을 벗거나, 슬리퍼 벗기, 초미니 옷 착용, 불쾌한 복장 위험한 물건이나, 큰 짐은 가지고 타지 말자. 음주, 다량의 음식물, 음료 섭취를 자제하고 타라(비닐봉지 가지고 타라)
	기차	내리고 나면 탑승, 내릴 수 있도록 입구를 막지 말자. 승무원에게 인사하며, 줄 서서 탑승하여 지정석에 앉는다. 통화는 자제하고, 하게 되면 복도로 나가 조용히 용건만, 문자로 대신 대화는 주변 사람을 생각하여 조용하게. 게임, 동영상, 음악은 이어폰을 이용하자. 냄새가 심한 음식물 섭취 금물, 음료는 뚜껑이 있어야 하며 흘리지 않게 주의 불쾌한 행동 금지(술 냄새, 담배 냄새, 입 냄새, 방귀, 트림, 코 파기, 귀 파기) 화장실 이용 후 종이 타월로 세면대 청소 후 나온다. 신발을 벗거나, 슬리퍼 벗기, 초미니 옷 착용, 불쾌한 복장 위험한 물건이나, 큰 짐은 가지고 타지 말며, 복도에 보관 자전거 등은 주말만 이용하자.
	고속버스 공항버스	내리고 나면 탑승, 내릴 수 있도록 입구를 막지 말자. 기사에게 인사하며, 탑승하여 지정석에 앉는다. 통화는 자제하고, 하게 되면 조용히 용건만, 문자로 대신 대화는 주변 사람을 생각하여 조용하게. 게임, 동영상, 음악은 이어폰을 이용하자. 냄새가 심한 음식물 섭취 금물, 음료는 뚜껑이 있어야 하며 흘리지 않게 주의 불쾌한 행동 금지(술 냄새, 담배 냄새, 입 냄새, 방귀, 트림, 코 파기, 귀 파기) 신발을 벗거나, 슬리퍼 벗기, 초미니 옷 착용, 불쾌한 복장 위험한 물건이나, 큰 짐은 가지고 타지 말며, 짐칸에 넣는다.

<table>
<tr><th colspan="2">구분</th><th>대중교통 이용 시 공중도덕 예절, 행동 요령</th></tr>
<tr><td rowspan="4">교통
수단</td><td>택시</td><td>내리고 나면 탑승, 내릴 수 있도록 입구를 막지 말자.
탑승하여 인사와 정확한 목적지와 위치를 말한다.
기사에게 반말하거나, 언쟁 벌이지 않게 조심하자.
음식물 섭취 금물, 음료는 뚜껑이 있어야 하며 흘리지 않게 주의
쓰레기는 가지고 내리자.
절대 담배를 피우지 말고,
운전에 방해되지 않게 조용히 이야기한다.
토사물이 발생하는 일이 없게 주의한다.
애정행각 벌이지 말라. 다 보인다 앞에서
늦은 시각에는 카카오택시 등을 이용해야 안전하다. 기록이 남아 조심한다.
요금을 정산하고 감사의 인사를 하자.</td></tr>
<tr><td>자가용</td><td>음주운전 않도록 주의, 동승하면 공범이며 방조자가 된다.
옆에서, 조수석에서 절대 졸지 마라, 운전자 졸린다. 안전에 위협행위
운전 중 애정 행각하지 마라, 동시에 세상 떠날 수 있다.
운전 중 음식물 섭취 자제, 음료는 뚜껑이 있어야 하며 뜨거운 음료 흘리지 않게 주의.
쓰레기는 가지고 내리자.
절대 담배를 피우지 말고,
운전에 방해되지 않게 조용히 이야기한다.
*아이를 앞에 앉고 타는 것 절대 금물, 아이는 에어쿠션이 아님. 전용 시트 사용.
애완견을 앉고 타는 건 폭탄을 싣고 가는 것과 같음. 규정에 따라 케리어에 넣어야 함</td></tr>
<tr><td>비행기</td><td>승무원에게 인사하며, 줄 서서 탑승하여 지정석에 앉는다.
끄거나 비행기 모드로 전환, 통화는 절대 금지, 문자로 대신
대화는 주변 사람을 생각하여 조용하게,
게임, 동영상, 음악은 이어폰을 이용하자.
냄새가 심한 음식물 섭취 금물, 음료는 흘리지 않게 주의
불쾌한 행동 금지(술 냄새, 담배 냄새, 입 냄새, 방귀, 트림, 코 파기, 귀 파기)
위험한 물건이나, 큰 짐은 가지고 타지 말며, 짐으로 보관
흡연은 구속 사유, 음주는 최소로, 승무원에게 농담 금지, 언쟁 금지</td></tr>
<tr><td>배</td><td>승무원에게 인사하며, 줄 서서 탑승하여 지정석에 앉는다.
통화는 조용히, 문자로 대신
대화는 주변 사람을 생각하여 조용하게,
게임, 동영상, 음악은 이어폰을 이용하자.
냄새가 심한 음식물 섭취 금물, 음료는 흘리지 않게 주의
불쾌한 행동 금지(술 냄새, 담배 냄새, 입 냄새, 방귀, 트림, 코 파기, 귀 파기)
위험한 물건이나, 큰 짐은 가지고 타지 말며, 짐으로 보관
흡연은 지정석에서만, 음주는 최소로, 승무원에게 농담 금지, 언쟁 금지</td></tr>
</table>

구분		대중교통 이용 시 공중도덕 예절, 행동 요령
교통 수단	오토바이	안전 장비 착용 후 운전 면허증 소지자만 운전 음주운전 금지. 처벌 강화 추세임. 동승자 안전 장비 없으면 동승 불가 아이 안고 절대 타지 않기 스마트폰을 하거나 보기 금지 위험한 행동 금지 주차 시 방해가 되지 않게 생각하고 주차하자 생명보험 가입하고 타기
	자전거	안전 장비 착용 후 운전 연습을 통해 자신이 있을 때 도로 운전 음주운전 금지. 처벌 강화 추세임. 동승자 안전 장비 없으면 동승 불가 아이 안고 절대 타지 않기 스마트폰을 하거나 보기 금지 위험한 행동 금지 주차 시 방해가 되지 않게 생각하고 주차하자. 보험 가입하고 타기

상황별 공중도덕 예절, 행동 요령은 타인을 생각하고 관심만 가지면 익힐 수 있다.

출입문에서는 습관적으로 뒤따라오는 사람을 확인하여 문을 잡아주고, 뒷사람은 고맙다는 인사를 한다.

구분		상황별 공중도덕 예절, 행동 요령
상황별	엘리베이터	노약자와 장애인에게 우선 승하차 배려하자. 내리고 나면 탑승, 내릴 수 있도록 입구를 막지 말자. 배낭과 책가방은 앞으로 안고 타자. 통화는 자제하고, 하게 되면 손으로 막고 조용히 용건만, 문자로 대신 내려서 통화하도록 하자. 대화는 옆 사람을 생각하여 조용하게. 게임, 동영상, 음악은 이어폰을 이용하자. 음식물 섭취 금물, 음료는 뚜껑이 있어야 하며 흘리지 않게 주의 불쾌한 행동 금지(술 냄새, 담배 냄새, 입 냄새, 방귀, 트림, 코 파기, 귀 파기) 위험한 물건이나, 큰 짐은 가지고 타지 말자. 흡연금지, 애정 행각 금지 인사는 목례로 하자. 대화는 자제하자. 절대 장난을 치지 말자. 위험하다. 3층 정도는 걸어 다니자. 건강에도 좋고 엘리베이터 운행에도 도움이 된다.
	에스컬레이터	뛰지 말자, 걷지 말자. 장난치지 말자. 스마트폰을 보면서 타지 말자. 옷 등이 걸리지 않게 주의하자. 가지고 있는 무거운 짐을 꼭 잡고 있어야 사고를 방지할 수 있음. (캐리어 등이 굴러 사람이 함께 구르는 사고가 빈번이 발생)
	계단	뛰지 말자. 오른쪽에서 걷자. 장난치지 말자. 스마트폰을 보면서 오르지 말자. 미끄러지거나 걸려 넘어지지 않게 항상 조심하자.
	복도	뛰지 말자. 오른쪽에서 걷는다. 장난치지 말자. 스마트폰을 보면서 걷지 말자. 미끄러지거나 걸려 넘어지지 않게 항상 조심하자.
	거리	스마트폰을 보면서 걷지 말자. 흡연하면서 걷지 않는다. 쓰레기를 함부로 버리지 말자. 뛰지 말자. 오른쪽에서 걷는다. 장난치지 말자. 차량과 오토바이, 자전거를 고려하며 조심히 걷는다.
	출입문 현관	남성이 무거운 문을 잡고 여성에게 양보하자. 여성은 양보 받으면 감사 표시로 목례 또는 고마움을 표시하자. 여성과 노약자에게 양보하는 습관을 가지자. 뒤에 오는 사람을 고려하여 문을 놓아라, 습관화하자. 회전문은 항상 유의한다. 비, 눈 오는 날 미끄러지는 사고가 많다. 항상 유의하자.

구분		상황별 공중도덕 예절, 행동 요령
상황별	화장실	노크하자. 화장실에서 인사는 목례로 대신한다. 화장실 볼일 후에 꼭 손 좀 씻자. 정말 미개인 같다. 양치 후에는 세면대 정리를 하자. 같이 쓰는 공간이다. 볼일 후에 휴지 처리는 깔끔하게, 막 버리지 말자. 아껴서 쓰자. 전기, 물, 휴지 등 근검절약해야 사회생활 잘한다. 금연은 너무도 당연하다. 껌과 침 뱉지 말자.
	흡연	지정된 장소에서 피우자. 절대 걸어가면서 피우지 말자. 담배 쓰레기 함부로 버리지 말자. 집이라면 그렇게 할까. 침도 함부로 뱉지 말자. 주의하자. 사무실, 엘리베이터, 실내 들어가기 전에 냄새 안 나게 털고 들어가고 화장실에서 물로 가글하여 냄새 최소화하자. 가장 좋은 것은 사무실에서만이라도 금연하자.
	음주	거리나 공원, 편의점 앞에서 음주는 자제하자. 음주 후에 사무실에 들어가지 말자. 음주로 인한 안전사고에 유의하자. 특히 휴가 기간에 사고가 많으니 주의하자.

2. 공공장소에서의 에티켓으로 더불어 즐겁게 살자.

스마트폰 이용 시 긴급한 전화가 오지 않는다면, 좋은 매너를 지키는 가장 좋은 방법은 스마트폰을 자신의 손에서 그리고 시야에서 멀리 떨어진 곳에 두는 것이다. 몇 시간 동안 스마트폰을 멀리한다고 해서 무엇인가, 특별한 것을 놓치지는 않을 것이다. 오히려 좋은 매너를 가진 사람이라고 하여 더 많은 것을 얻는 것이다. 스마트폰만 잠시 멀리해도 여러분은 공공장소에서 50% 이상의 에티켓을 가지고 가는 것이다. 여유를 가져라. 더불어 살아야 즐겁다.

구분	공공장소 공중도덕 예절, 행동 요령
극장, 공연장	표를 미리 구매하여 차례로 입장, 지정석에 앉는다. 스마트폰 꺼두는 것이 좋다. 또는 무음. 관람 동안에는 절대 스마트폰을 만지지 말자.
박물관, 미술관 전람회	표를 미리 구매하여 차례로 입장, 사용 목적에 맞게 시설물 이용 다른 사람을 방해하지 않게 주의, 소란이나 떠들기 주의 스마트폰 꺼 두는 것이 좋다. 또는 무음 항상 조용하게 대화하고 조심하게 행동, 모든 규칙 준수 함부로 사진 촬영 금지.
도서관	차례를 지킨다. 떠들거나 소란 금지, 스마트폰 무음 타인의 좌석에 앉거나 기웃거리지 말라, 정해진 규칙을 지킨다. 중요한 내용은 메모지에 정리하자. 열람실에서 취식 금지, 반납 기간을 준수하자.
운동경기장	경기 규칙을 알고 관람, 지정된 곳에서 흡연 음주는 지정된 곳에서 구매, 가급적 자제하고 관람 후 마시도록 선수나 상대편 응원팀에 야유나 욕설, 폭행 금지 위험한 물건 던지지 않기, 경기장 사용규칙 준수
목욕탕 사우나 찜질방	사용 목적에 맞게 시설물 이용, 물을 아껴쓰자. 소란스럽지 않게, 절대 뛰지 말자. 더러운 곳을 씻고 탕에 들어간다. 탕 속에서 때를 벗기거나 수영 금지 빨래를 하거나, 염색 금지. 음주 후 입장 자제
식당, 레스토랑 패스트푸드점	다른 사람의 식사 방해하지 않게 주의, 종업원에게 고마운 마음 인사, 종업원에게 요청 시 벨, 손짓, 조용히 요청 음식물 찌꺼기나 휴지는 정해진 곳에 버린다. 트림 삼가, 그릇 소리 나지 않게 유의 스마트폰 무음, 식사 동안에는 절대 스마트폰을 만지지 말자.
커피숍	다른 사람에게 방해하지 않게 조용히 주문, 상대의 의사를 확인 후 주문 종업원에게 고마운 마음 인사, 먼저 차 마시자고 한 사람이 계산 아니면 각자 하자.
병원	스마트폰 꺼두는 것이 좋다. 또는 무음 병문안은 지정된 시간에, 아이와 동반 자제, 가급적 짧게 대화 가급적 전화와 문자로 대신하자. 항상 조용하게 대화하고 조심하게 행동, 모든 규칙 준수 의사의 지시에 따르고, 간호사에게 협조한다.
은행 관공서	차례로 이용, 도움 필요시 담당자와 안내자에게 문의 업무 처리 결과는 재확인하자.
공원	금연 구역이다. 절대 흡연하지 말자. 지정지역에서만 가능 차례 지켜 입장, 자연물 훼손 금지, 고성방가 주의, 쓰레기는 지정된 곳에 버리기, 취사와 용변은 지정된 곳에서 하자, 타인에게 방해 주지 않도록 주의

수영장	탈의실에서 옷을 갈아입으며, 지나친 노출 주의, 준비 운동 후 수영 수영 외에 다른 행동 삼가, 코 풀기 및 오줌 누기 금지 이성의 몸을 주시하는 시선 주의
공공숙박시설	텔레비전이나 음악 소리로 불편 주지 않게 주의 음주 중이면 소란하니 창문과 출입문은 닫는다. 베란다에 나가지 말자. 추락 주의 복도, 계단 등에서 조용히 이동 카드키나 열쇠는 잘 보관하고 외출 시 프런트에 보관하는 것이 안전 음식물, 재활용, 일반 쓰레기는 구분하여 버리고, 모든 시설은 조심해서 사용 숙박료 계산 시 파손된 물건은 미리 말하고 변상해야 한다.
술자리 주점	어른 앞에서는 옆으로 비켜 앉아서 마신다. 어른이 주시는 술은 무릎을 꿇고 두 손으로 받는다. 상급자, 어른과 함께 하는 자리는 절대 긴장을 풀지 말자! 술을 준 사람에게는 본인이 사양하지 않는 한 술을 준다. 취하도록 마시지 않으며, 강제로 술을 권하지 않는다. 여러 사람과 함께 마실 경우에 분위기에 맞추어 천천히 마신다.

2부
식문화와 음주문화

Manner

1장

술 알고 마시면 2배 즐겁다

1. 술은 역사적으로 이렇게 빚어서 즐겼다.

술(酒)이란 무엇인가?

술은 인류의 역사와 더불어 존재한 신성한 산물이다. 술의 기원은 아주 먼 고대로부터 전래되었다. 술은 신(神)에게 바치기 위해 인간이 만들어 낸 최고의 걸작품으로, 인간을 위해 만들어진 것이 아니다. 인류가 만든 가공음료 가운데 역사가 가장 오래된 것 중 하나가 술이다. 과일과 같은 당을 함유한 당질원료에 야생의 미생물이 생육한 그 대사산물로 알코올이 만들어지게 된 것이 술이다. 동서고금을 막론하고 신이나 조상에게 제사를 지낼 때는 예외 없이 술을 바치고 축복을 기원했다.

술은 '만든다'는 표현보다는 '빚는다'는 표현을 사용한다. 도예가가 도자기를 빚어내듯 술을 빚어내는 것을 예술의 경지로 여겨서 생긴 말인 듯하다. 신과 조상만이 받을 수 있는 천상(天上)의 음식이 바로 술이다. 신과 조상을 받드는 의식을 빙자하여 인간이 먹게 되면서 인간이 술을 즐기는 계기가 되었다. 인간이 마심으로써 신의 경지를 넘보는 천기(天機)를 범하게 되어, 술은 잘 마시면 약이 되지만, 잘못 마시면 패가망신하는 묘약의 술인 것이다. 인간의 모든 경조사에 술이 빠질 수 없는 것도 이 때문일 것이다. 인간의 희로애락을 술로써 달래고 인생을 논하는 자리에 윤활유 역할을 하는 것이 술이다.

나라와 민족을 초월하는 만국 공통의 음료가 술이다. 민족, 나라, 지방마다 나름의 독특한 술이 있기 마련으로 따라서 술 만드는 방법도 매우 다양하다. 술은 인간이 살고 있는 그 나라의 자연환경과 사회환경의 영향을 받아 각양각색으로 생산되어 즐기는 술은 그 나라 사람들의 문화로 나타난다. 한 나라의 술은 그 나라와 민족이 살고 있는 기후와 환경, 민속이 바탕이 된 문화적 산물이다. 한 민족의 정서를 낳게 되고, 식생활 문화의 변천과 함께 다듬어지고 정착되면서 특정한 민족의 멋과 맛이 반영된 다양한 술을 즐긴다.

알코올(Alcohol)과 숙취란 무엇인가?

술이라고 하여 우리가 음용하는 음료는 과연 무엇으로 이루어져 있을까? 술의 종류에 따라 약간의 차이는 있겠지만 근본적으로 에탄올이 포함된 음료가 술이다. 술을 마신다는 것은 술 속에 포함되어 있는 에탄올과 맛과 향을 제공하는 미량의 성분들을 즐기는 것이라 할 수 있다. 인간이 언제부터 술을 만들어 술 속에 존재하는 알코올을 이용하게 되었는지는 알 수 없다. 알코올 발효는 효모와 박테리아가 무기호흡과정에서 당질원료(설탕, 포도당, 과당, 젖당과 같은 당분) 특히 포도당이 피루브산(pyruvate)을 거쳐 이산화탄소와 에탄올로 변화되는 과정이다.

위스키는 알코올이라 불리는 에탄올 40%, 1% 미만의 각종 성분과 나머지 59%이상의 물로 구성되어 있는 술이다. 이 알코올을 마시면 인체에 흡수되어 인간의 이성과 감정에 희로애락의 변화를 주고, 육체에 영향을 미치는 복잡한 작용을 하는 것이다. 술을 마신다는 것은 알코올을 생체 내에 섭취하는 것이다. 알코올이 몸속으로 흡수되어 중추신경계에 작용하여 뇌의 기능을 약화하여 판단력을 흐리게 하고, 감정을 이완시켜 안전감, 자기만족감 및 기억력 저하, 체력의 저하 등 복잡한 생리작용을 한다.

알코올이 체내로 들어가게 되면, 20%는 위에서, 80%는 소장에서 흡수되고 혈액을 따라 뇌와 장기 및 체조직으로 퍼진다. 흡수된 알코올 성분은 간에서 알코올대사에 의해 산화 분해되어 칼로리로 변한다. 술이 깬다는 것은 알코올이 체내에서 알코올 대사를 통해 산화되어 배출된다는 것이다. 이 과정에서 처리되지 못한 아세트알데히드는 체내에 순환하면서 세포를 자극하여 붉게 충혈이 되고, 두통을 유발하는데 이게 숙취이다.

술의 종류는 어떤 것들이 있을까?

국내 주세법에 따르면 주류는 주정과 알코올분 1도 이상의 음료(약사법의 규정에 의한 의약품으로서의 알코올 분 6도 미만의 음료를 제외한다)이다. 국내 주세법에 따라 주류는 탁주 · 양주 · 맥주 · 청주 · 과실주의 양조주와 증류식 소주 · 희석식 소주 · 고량주 · 주정 · 위스키 · 브랜디 등의 증류주와 합성 청주 · 합성 맥주 · 인삼주 등의 혼성주 등 세 종류로 나눈다.

각 나라마다 주세법상 주류의 정의 및 분류는 각 주류별 특성, 즉 문화적, 역사적 측면과 사용원료, 제조방법의 특성 등 양조학적 측면을 고려하여 분류하며, 특히 자국의 대표적 전통주류 또는 민속주를 중심으로 주종을 분류한다. 술의 양조 방법은 오랜 세월 동안 각기 다른 환경에서 많은 시행착오를 거치면서 고도의 기술이 융화, 접목되어 독특한 제품으로 만들어졌다. 그 제조법이나 생산지역에 따라 다양하게 구분하기도 한다.

양조주는 발효주로 탁주 · 약주 · 청주 · 맥주 · 사오싱주(소흥주: 중국) 등 곡류를 원료로 당화시켜서 발효시킨 술 및 포도 · 사과 등 당분이 있는 것을 그대로 발효시켜 만든 술이다. 알코올 함량은 1~18%로 낮은 편이고, 증류주와 달리 알코올 발효와 함께 휘발성의 향기에 관계되는 여러 가지 성분 외에 익스트랙트(extract)라 하여 맛에 관계되는 당분 · 아미노산 · 불휘발산을 2~8% 포함된 것이 특징인 술이 양조주이다.

증류주는 양조주보다 순도 높은 주정을 얻기 위해 1차 발효된 양조주를 다시 증류시켜 알코올 도수를 높인 술이다. 소주 · 고량주 · 위스키 · 브랜디 · 럼 · 보드카 · 진 · 테킬라 등이다. 알코올 함량이 20~50%로 높아서 마셨을 때 독하게 느껴지는 술이 증류주이다.

혼성주는 리큐르라고 말하는데 증류하여 만든 주정에 향기 · 맛 · 빛깔에 관계있는 과실 · 과즙 · 약초(약제) 등의 성분과 설탕 · 포도당 · 꿀 · 시럽 등의 감미료를 혼합하여 만든 술이다. 주류끼리 혼합하여 만든 것도 여기에 포함된다. 합성청주 · 감미과실주 · 리큐어 · 약미주(藥味酒) 등이 이 방법으로 만든 술이 혼성주이다.

인간은 언제부터 술을 마시기 시작하였을까?

옛 문헌의 전설과 신화적인 내용을 살펴보면 인류보다 원숭이나 동물들이 먼저 술을 마시기 시작하였다고 한다. 과일나무 밑의 바위틈이나 웅덩이에 무르익은 과일이 떨어져 쌓이고, 뭉그러져 과즙이 고이면, 자연에 존재하는 효모에 의하여 발효가 일어나 저절로 술이 빚어지게 된다. 주변을 지나던 동물들이 목을 축이느라 웅덩이의 술을 마시게 된다는 것이다. 사례로 아프리카에서는 코끼리나 멧돼지 등이 자연발생적으로 고인 술을 먹고 휘청거리고, 뒹구는 모습이 발견되기도 한다.

그 술맛을 잊지 못한 동물들은 과일이 떨어져 자연적으로 술이 만들어져 익을 때면 어김없이 찾아와 술을 마시고 취해 휘청거린다고 한다. 영리한 원숭이들은 우연하게 마신 술맛에 반하게 되었고, 그 맛을 잊지 못하여 직접 술을 만들어 마시기도 하였다는데, 그 방법은 과일을 이용하여 바위틈에 담아 술을 만들었다. 특히 놀라운 것은 도토리를 씹어서 술을 담그는 것이 발견되어지기도 하였다고 전해진다.

술 만드는 것이 언제부터 시작되었는지 확신할 수 없으나, 술은 인류의 형성과 더불어 원시시대부터 자연발생적으로 생겨 마셔왔던 것에는 부인할 수 없다. 인간이 문자를 사용하기 이전의 유적에서 술 빚는 항아리가 발견되었고, 문자로 기록된 고서 중에 술의 유래와 역사에 대해 기록한 전설적, 신화적 내용이 많이 발견된다. 여하튼, 영리한 인류는 술의 발생 비밀을 인간의 것으로 만들어 신비의 음료를 제조하게 되었고, 이 쓴맛의 액체는 오랜 세월 동안 인간의 역사에 놀라운 영향을 끼쳐오고 있다. 또한 무수한 세월이 흘렀으나 기본적인 양조기술과 사람들이 술을 마시는 까닭은 조금도 바뀌지 않고 있다.

문헌에 따른 술의 유래는 어떤 것이 있는가?

문헌을 살펴보면 술의 유래와 역사에 대해 기술된 것이 있으나, 전설적, 신화적인 내용이 많아 그 진위를 판단하기 어렵다. 술은 인류와 늘 함께하였고,

어디서든 자연발생적으로 생겨났으며, 세계 곳곳의 환경에 맞는 토속주가 존재하였다. 토속주들은 그 지방의 자연조건, 사용원료에 따라 다양한 형태로 나타났고, 기록에서도 사실적으로 기술한 내용이 많이 나타난다.

이집트의 천지의 신 이시스(isis)의 남편인 오시라스(osiris)가 곡물 신에게 맥주를 만드는 법을 가르쳤다고 하고, 그리스 신화에는 디오니소스(dionysos), 로마 신화에서는 박커스(bacchus)를 술의 시조로 하고 있고, 구약성서에서는 노아(noah)가 최초로 술을 만든 사람이라고 전해진다.

술을 마신 기원이 인류가 먼저가 아니고 원숭이가 먼저라는 문헌도 있다. 가장 최초로 술을 빚은 생명체는 사람이 아닌 원숭이다. 원숭이들이 바위나 나무둥치 오목한 곳에 잘 익은 포도나 머루를 달 밝은 보름밤에 넣어두고 다음 달 보름밤에 찾아와서 저절로 만들어진 술을 마신다는 이야기는 여러 나라에 전해 내려온다. 일본문헌에 청년이 젊어서 입산수도하여 오랫동안 야생생활을 하는 중에 원숭이들과 사귀게 되었는데 그들이 술을 담가 먹는 놀라운 사실을 발견했다. 이 술을 일명 원주(猿酒)라고 한다. 수렵 채취 시대부터 술은 시작된 것이다. 더 놀라운 것은 원숭이가 도토리를 씹어서 담그는 것으로 이것은 입속의 효소제를 이용하여 당화 발효시키는 것으로 인간도 술을 만들기 시작한 후 2000년이 걸려 터득한 지혜를 사용하였던 것이다.

과일은 조금만 상처가 나도 과즙이 새어 나오고 이 과즙들이 모여 천연 발효가 이루어져 쉽게 술이 된다. 따라서 가장 간단한 방법으로 만들 수 있는 술이다 보니 역사가 가장 오래된 술이 과실주이다. 유럽에서 포도주가 크게 발전되어 왔는데 기원전 6000년 전부터 과실주의 일종인 포도주를 빚었던 흔적이 발견된다.

벌꿀은 물만 타면 쉽게 발효되는 과당과 포도당으로 이루어져 있다. 벌꿀

주는 우연히 채취한 꿀을 물에 타서 마시고 그대로 두었더니 어느새 발효되어 술이 되는 것을 발견하여 벌꿀 술이 되었다는 것이다. 스칸디나비아에서는 신혼부부가 30일 동안 벌꿀 술을 마시는 풍속이 있는데 이것이 허니문(Honey Moon)의 유래라고 한다.

유목 생활을 하는 유목민족은 마유(말의 젖)를 저어서 그대로 며칠 두었다가 걸러서 마신다. 그들은 이 마유주를 음료수처럼 마셨으며 벌꿀과 섞어 놓아 자연적으로 도수 높은 술을 만들기도 하였다고 한다.

한국, 중국, 일본 등지에서 찾아볼 수 있는 술의 유래는 미인주이다. 처녀들이 모여서 이를 닦고, 곡식을 씹어 술을 빚었다. 이 술은 곡식을 씹어서 술을 빚은 것으로 대개 건강하고 젊은 여인이 그 소임을 맡았던 것은 생산의 주체였던 여인과 제사의 신비성을 연관시킨 것과 술꾼들의 악취미의 영향도 있다. 건강한 젊은 사람일수록 당화효소가 많이 분비된다는 실용성도 있다.

동양의 문헌을 살펴보면, 중국에서 8000년 전 역사 유물에서 술의 흔적이 발견되는데, 기록상 중국 황제의 딸 의적이 처음 술을 빚었다고 한다. 한국은 주몽의 탄생에서 어머니 유화가 술에 취해서 해모수의 아들을 낳았는데 이가 주몽이라고 한다. 즉, 한국도 고조선 시기 이전부터를 술의 시작으로 잡는다.

술이라는 용어의 유래를 살펴보면, 한국어 고유 말은 수불이다. 물에 불이 붙는 것으로 수불→수울→술이 되었다. 한자로는 술 주(酒)자이다. 항아리 모양의 유(酉)자와 물 수(水)를 합한 글자이다.

2. 국내 술은 어떻게 변화되었나?

한국의 술은 중국에서 전래되었을 것으로 추정된다. 우리 문헌에 술에 관한 기록이 적다. 발효문화에 친숙한 우리 민족을 생각한다면, 화북 지역에 거주했던 우리의 선조인 동이족의 술 문화가 중국과 한반도에 동시에 영향을 주었을 것이라는 주장도 있다. 삼국사기에 술에 관한 언급이 있는 것으로 보아 우리나라 술의 유래도 오래되었을 것으로 추정된다. 술을 빚는 기술도 발달하여 우리의 토속주인 여러 가지 술이 나타나게 되었다. 역사와 문헌 등을 참고하여 우리나라 술의 유래를 시대별로 살펴보았다.

곡주(穀酒)가 시작한 삼한시대

농경이 시작되는 삼한시대에 접어들면서, 지금과 같은 곡물을 이용한 곡주가 시작되었다. 위지 동이전에 따르면 고구려 등 삼한에서 자연에 대한 재앙을 막고 풍성한 수확을 위해 벌인 영고, 동맹, 무천의 군중대회 때 밤낮으로 마시고 즐겼다고 기록되어 있다. 대규모의 술 만드는 기술을 가지고 있고 곡주를 바탕으로 제조했는데 그 제조방법은 알 수 없으나 누룩을 사용한 것 같은 흔적은 엿볼 수 있다.

우리 술이 정착된 삼국시대

삼국사기 고구려 본기 대무신왕 11년 편에 의하면 지주(旨酒 ; 맛 좋은 술이란 뜻)란 말이 나온다. 동해석사와 지봉유설에서는 당대의 시인 옥계생의 '한 잔 신라주의 기운이 새벽바람에 쉽게 사라질까 두렵구나.'라는 시를 소개해 놓았다. 당대 문인들 사이에 신라주의 인기가 높았음을 엿볼 수 있다. 삼국유사를 통해, 삼국시대에 이미 상식과 반주개념을 추정할 수 있다.

한반도의 기후는 고온다습하여 농경형 식생활로 곡류를 주식으로 삼게 되면서, 기장과 조, 수수, 보리, 쌀 등에 누룩곰팡이가 자연발생적으로 생육한 누룩을 이용한 술 빚기가 이루어졌다. 중국의 제민요술에 술 빚기가 삼국에 전파되고 동화되면서 중국인들 사이에서는 우리 민족이 발효음식을 즐기는 것으로 주목을 받았고, 일본 고사기를 통해, 백제의 양조기술이 일본에 처음으로 전해졌고 우리에게서 배웠다고 기록되어 있다.

우리 술의 발전이 시작된 고려시대

고려 시대에는 송·원대의 양조법이 도입되었으며, 전래 곡류 양조법이 발전되어 누룩의 종류도 소맥국과 미국으로 이루어질 뿐 아니라 주품도 다양해졌다. 고려 때에는 사찰이 여행자의 숙박지로 이용되었을 뿐 아니라 술을 판매하는 풍속이 있어 사찰을 중심으로 다양한 술들이 발달된 것 같다. 현종(1140년) 때에는 그 폐단이 심하여 사찰에서 술을 빚고 마시는 것을 금하게 된다. 궁궐에서는 술을 빚고 보관하는 일을 전담한 '양온서'를 두었으며, 사찰을 중심으로 대규모의 양조가 이루어졌다. 고려 후기에 접어들면서 증류주 문화가 유입되는데, 이는 몽고의 침입(1274년)으로 소주 고리의 이용 방법이 도입되면서 급속하게 발전하였다. 고려시대는 양조기술의 정착단계이며, 전통 곡주의 개발기이다. 전통 증류주로 유명한 안동소주(안동), 문배주(개성), 고소리술(제주), 진도홍주(진도) 등 증류주의 뿌리는 기마병과 독한 술로 무장한 몽고의 고려 침입과 밀접한 연관이 있다.

우리 술의 다양화와 고급화 그리고 토속주의 전성기 조선시대

조선시대는 주목할 시기이다. 유명주로 손꼽히는 술들이 이 시기에 정착되었다. 조선시대는 고려시대의 양조기술과 음주유형을 바탕으로, 양조기술이 다양성을 가지게 되었다. 술은 고급화 추세를 보여 제조 원료도 멥쌀 위주에서 찹쌀로 바뀌고 발효 기술도 단사입에서 중양법으로 바뀌면서 양보다는 질 좋은 술들이 제조되었다.

술의 종류와 품질에서도 다양화와 고급화 현상이 나타났다. 증류주가 상류층의 사랑을 받았다. 양반주로 손꼽히던 품질이 뛰어난 술은 삼해주, 백로주, 이화주, 부의주, 하향주, 춘주, 국화주 등이 있다. 증류주의 발달로 해외로까지 이어져 수출과 양조기술 전달까지 이어졌다. 조선시대의 증류주는 국제화 단계로 일본, 중국 등에 수출하였다. 중국에서는 관이 제조를 관장하게 됨에 따라 우리 술의 수출이 용이하여 더욱 발전되었다.

조선 후기에는 지방주가 전성기를 맞이하는데 지방마다 특색과 멋과 맛을 가진 술들이 발전하였다. 조선시대는 지방 토속주의 전성기이다. 수많은 술들이 등장하면서 술 만드는 법을 기록한 문헌도 양산되었다. 명주로는 서울의 약산춘, 아산의 호산춘, 충청의 노산춘, 평안의 벽향주, 김천의 청명주, 전라도의 이강주, 김천의 과하주 등이 유명하다.

우리 술의 암흑기 근대사회 광복 이전

주세법 시행 이후, 그토록 다채롭던 전통주는 약주, 탁주(막걸리), 소주로 단순화, 규격화되면서 본래의 맛과 향기를 잃어버리게 되는 암흑기이다. 조선후기에는 자가 제조 및 판매가 자유로워 술도 다양하였으며, 제조장 수는

155,832곳이 되었다. 국권이 불법으로 일본으로 넘어가고, 조선 총독부가 수탈 작업의 일환으로 주세법을 공포하여, 주세가 세금원으로 이용되면서 전통 향토주는 그 자취를 감추게 되었다. 신식 술이라는 획일적인 술들이 일제의 통제 하에 제조되기 시작한다.

1876년 강화도조약이 체결된 이후, 일본의 양조기술이 도입되면서 일본식 탁주와 청주도 만들어지게 되었다. 일본의 청주는 정종이라는 이름으로 널리 퍼졌다. 1905년 일본에 의해 을사조약이 강제로 체결되면서, 일제의 수탈 작업이 시작되는데, 그 과정에서 제일 먼저 세금원의 공작대상이 되었던 것이 우리의 술이다. 1907년 9월에는 주세령의 강제집행이 시작되면서, 우리나라 전통주는 말살되기 시작했다.

밀주가 성행하게 되자 1916년 1월에 주류 단속이 강화되는 가운데 모든 주류를 약주, 탁주, 소주로 획일화시켰다. 이로 인하여 전래의 전통주는 몰살당하였다. 1917년 각 지방마다 대단위 주류 제조업 공장이 새로 선정되고 여기에 수반하여 1920년을 기점으로 신기술이 도입되어 재래식 누룩을 사용하던 방법에서 흑국, 황국의 배양균을 사용하는 입국법이 활용됨과 동시에 전통주는 맥이 끊기게 되었다.

우리 술이 점차 활로를 찾아 나가는 대중시대

해방 이후에도, 조선총독부 시절 주세행정의 골격은 대부분 유지되었다. 군사정권 시기인 1965년 1월에 발표된 양곡관리법은 식량난 해소를 위해 쌀을 술의 원료로 쓰는 것을 금지했다. 이로 인하여 다양한 우리 술의 전통은 단절됐다. 일제 불법 강점기보다 혹독한 시기이다.

우리나라 전통주라 할 수 있는 민속주들은 명맥이 완전히 단절되었다. 가장 고급한 술이었던 소주는 주정에 물을 희석해 만든 희석식 소주로 대체됐고, 옛 증류주는 사라졌다. 이에 대안으로 부상한 술이 현재 국민 알코올 소비량의 대다수를 차지하는 주정을 희석하여 제조한 희석식소주가 주류를 이루게 된다.

1988년 서울올림픽 개최를 계기로 우리나라 전통문화를 전수 · 보전하고, 외국인 관광객에게 우리나라 술을 널리 알리기 위하여 관련 법조항을 개정하여 전통 민속주 제조의 길을 열게 되었다. 1990년부터는 쌀막걸리가 다시 생산되면서 우리 술은 점차 활로를 찾아 나가고 있다.

3. 서양 술과 명주 알고 마시자.

신이 준 물방울 와인

술의 신, 포도주 신으로 알려진 제우스의 아들 디오니소스(로마신화에서는 박카스)의 어머니는 테베의 공주 세멜레이다. 신화에 따르면 세멜라가 포도나무이고, 그녀의 피가 포도주이며, 디오니소스는 인간으로 자라면서 포도의 재배법과 포도주를 만드는 법을 발견했다고 전해진다. 와인은 9000년 동안 서구문화와 밀접한 신비함을 간직해 온 신이 내려준 선물이라고 말한다. 와인은 잘 익은 포도의 당분을 발효시켜 만든 술이다. 이란 북부에서 재배된 9000년 전 포도씨가 발견된 것이 가장 오래된 와인의 역사이다. 포도의 원산지는 흑해 연안과 카스피 해 남쪽 연안으로 추정된다. 유럽의 귀족문화와 연관되고 화려한 정찬과 함께 마시는 술로 인식하여 어렵게 느껴지는 술이 와인이다. 와인은 여러 음식과도 잘 어울리는 것으로 알려져 있고, 한국의 음식과도 잘 어울린다. 동맥경화를 예방하고 콜레스테롤의 증가를 막아주는 효능으로 노년층이 애호하는 음료이며, 술이다. 포도 꽃의 꽃말은 기쁨과 환희이다. 와인을 마시는 것은 기쁨과 환희를 마시는 것과 같다.

양주의 대명사 위스키

18세기 스코틀랜드와 북부 아일랜드에서 맥주를 증류한 비어를 만들었는데 이것이 위스키의 시초다. 위스키의 종류는 스카치위스키, 아이리시 위스키와 더불어 캐나디안 위스키, 아메리칸 위스키 등이 있다. 곡류를 대맥 맥아로써 당화하여 발효시켜서 당을 알코올로 바꾼 다음 증류해서 오크(oak)통에서 숙성시킨 것을 풍미의 기본으로 삼는 술인 위스키는 양주의 대명사이다.

발효 과즙으로 만든 브랜디

풍부하고 달콤한 향이 매력적인 술인 브랜디는 포도로 만든 것을 말한다. 포도주와 다른 발효 과즙으로 만든 브랜디에는 특정 과일 이름이 붙는다. 과일로 만든 백 브랜디를 제외한 브랜디는 숙성시킨다. 나무로 만든 용기에서 숙성시키면 색이 짙어져 호박색이 되고 파라핀으로 봉한 통이나 토기에서 숙성시키면 본래의 투명한 색을 유지할 수 있다. 캐러멜 용액을 첨가해주면 색이 짙어진다. 음용하는 브랜디는 알코올 성분이 50% 정도이다. 발효중인 포도주에 브랜디를 혼합하면 알콜도수가 올라가고 이로인해 발효가 멈추어 장기보관이 가능해진다. 포트와인과 셰리가 대표적이며 마데이라 와인도 비슷하게 제조된다. 고급 브랜디는 특유의 향과 맛이 좋아 여성도 즐긴다. 숙성 기간이 길어질수록 가격은 기하급수적으로 높아진다.

소화촉진의 약효를 지닌 리큐르(Liqueur)

완성된 양조주나 증류주에 다양한 과실, 향료, 감미료, 약초 등을 첨가해 가공한 술을 말한다. 리큐르는 원래가 소화촉진의 약효를 지닌 것으로 제조되었다고 한다. 서양 중세의 수도승은 의료의 지식도 풍부하여 여러 가지 초근목피의 약효를 알아서 이것들을 추출, 혹은 침지하거나 증류하는 방법 등으로 만들었다고 한다.

사탕수수가 준 선물 서인도 제도의 럼(Rum)

단순하지만 강렬하고 쓴맛이 강한 술인 럼에 대한 유래는 16세기 초 서인도 제도의 푸에르토리코에 스페인의 한 탐험가가 건너가 그곳에서 재배되고 있던 사탕수수로 처음으로 만들었다는 설과, 17세기 초 증류기술을 가진 영국인이 서인도 제도의 바베이도스 섬에 이주해서 제조되기 시작했다는 설이 있다. 럼은 설탕 제조 과정 중에 생기는 부산물을 발효, 증류, 숙성해서 담근다. 럼의 본고장은 카리브 서인도 제도 지역이다. 럼의 종류는 3종류로 헤비 럼, 라이트 럼, 미디엄 럼이다. 헤비 럼은 원료인 당밀에 발효액의 일부를 넣고 발효시켜 단식 증류기로 증류하여 4년 이상 숙성시킨 것으로 맛과 향이 중후하여 좋고 자메이카 럼이 대표적이다. 라이트 럼은 당밀에 순수 효모를 넣고 발효시켜 연속 증류기로 증류하여 숙성 시켜 만든 것으로 드라이한 맛이 좋아 칵테일을 만들 때 사용한다. 화이트 럼, 또는 실버 럼이란 애칭도 있다. 미디엄 럼은 헤비 럼과 라이트 럼의 중간 형태로 골드 럼이란 애칭이 있다. 가이아나, 도미니카 럼이 대표적이다.

칵테일의 영원한 룸메이트 진(Gin)

1680년 네덜란드 의학박사 실비우스가 제조한 술로 알려진 술이다. 맛은 덜하지만 저렴하고 독하여 서민들에게 인기가 있어 알려진 술이다. 진은 무색, 투명의 상쾌함과 샤프한 맛을 지닌 술로 옥수수, 호밀, 대맥 등의 곡물을 당화시켜서 증류하는 과정을 거치는데 알코올 도수가 90~95% 수준이라 희석하여 40% 수준에서 즐기는 술이다. 칵테일을 만들 때 최적의 술로 큰 잔에 얼음을 채우고, 진과 토닉워터를 넣으면 진토닉이 된다. 라임과 레몬을 넣으면 맛이 좋고 부드럽게 넘어간다.

멕시코 영혼의 술 테킬라

멕시코 할리스코 주에 위치한 지역의 이름을 따서 만든 멕시코 고유의 전통 술이 테킬라이다. 멕시코에서 나는 다육식물인 용설란의 수액을 채취하여 자연 발효된 풀케라는 탁주를 증류하고 숙성시킨 후 활성탄으로 정제한 증류주이다. 멕시코인과 남미사람들이 즐겨 마시는 술로 40~55% 도수로 러시아의 보드카와 더불어 세계적으로 독한 술로 유명하다. 보통 손등에 약간의 소금을 올려놓고 그것을 핥은 후 단숨에 들이켜는 것이 테킬라를 마시는 일반적인 방법이며, 원래는 멕시코의 테킬라 마을에서 생산된 것만을 일컫는 말이었지만, 현재는 동일한 방법으로 생산된 멕시코 내의 전통주들을 통칭하여 테킬라라고 한다. 멕시코산 테킬라의 경우 병 바닥에 벌레가 있는데 비위생적인 것이 아니라 행운의 상징이다. 전통 테킬라를 마시는 상징이며, 유충은 용설란에 붙어서 사는 3cm 정도의 나방 유충이다. 테킬라는 호세 쿠에르보, 사우자, 마리아치, 페페 로페즈 등이 유명하다.

냉장고에 넣어도 얼지 않아 냉동실에 넣고 차갑게 즐기는 보드카

전분이나 설탕을 함유하고 있는 식물로 만들 수 있으나 현대는 수수, 옥수수, 호밀, 밀 같은 곡물을 사용하여 증류주인 보드카는 북유럽에 위치하여 매서운 칼바람과 한파로 유명한 러시아의 대표적인 전통술이다. 보드카는 러시아에서 12세기경부터 만들어진 술로 초기 벌꿀을 주원료로 하며 활성탄을 활용해 알코올의 순도를 높이고 원료의 미묘한 향을 극히 조금만 남기는 증류주로 만들었다. 초기에는 15~20% 정도로 높지 않았으나 현재는 러시아를 상징하는 술로 알코올을 40% 이상으로 발전하여 러시아의 추운 날씨를 견디기 위해 몸을 따뜻하게 데우는 용도의 술이다. 추운 지방에서는 도수 높은 술이 많이 생산되는데 핀란드 보드카는 북구권의 보드카로 유명하다. 아무런 맛과 향이 없는 제품이 최상품의 보드카이다. 냉장고에 넣어도 얼지 않아 냉동실에 넣고 차갑게 즐기는 것이 맛이 좋다고 한다. 러시안 스탠다드, 벨루가, 스미노프, 스톨리치아나, 앱솔루트 등이 유명하다.

신선한 향과 맛을 자랑하는 아르마냑

코냑과 쌍벽을 이루는 명주인 아르마냑은 반연속식 증류기로 한번 증류하여 블랙오크 등에서 숙성시키므로 신선한 향과 맛을 자랑하는 명품이다. 아르마냑은 마시고 난 후에도 한동안 강한 향이 입안에 남을 정도로 향이 강하며 뚜렷한 개성을 지니고 있는 명품주이다.

황홀하고 오묘한 맛의 탄산 포도주, 샴페인

샴페인은 거품이 나는 포도주로 수도원의 수도승인 동페리농의 열정으로 탄생된 술이다. 동페리농은 포도주를 연구하며, 이중 발효 현상을 발견했다.

수확을 한 뒤 한번 발효가 일어나고, 봄에 두 번째로 발효가 일어난다는 사실을 발견한 그는 실험을 통해 마음대로 이러한 발효를 조절하고 가속화하는 데 성공하여 만들어진 술이 샴페인이다. 동페리농의 연구 덕분에 축제나 기념일에 더욱 황홀하고 오묘한 맛의 포도주를 즐길 수 있게 되었다.

치킨과의 솔 메이트, 거품이 상징인 맥주(Beer)

갈증이 나거나 샤워 후, 더운 날씨에 우리가 찾는 친구는 시원한 맥주이다. 맥주는 기원전 4000년 메소포타미아 시대로 바빌로니아인과 이집트인이 제사의 제주용으로 맥주를 사용한 기록이 있다. 맥주는 인류의 농업문명을 계기로 발전하였고, 현대의 맥주는 독일을 비롯하여 체코슬로바키아, 덴마크, 네덜란드 등 동구권 일대에서 번성하여 발전하였다. 호프는 맥주를 만드는 기본 베이스로 호프의 질, 용법에 따라 맛이 달라지며, 맥주의 특이한 방향과 상쾌한 맛을 주며, 방부와 보존의 능력을 갖고 있다. 거품이 일어나게도 하는 역할을 하는 주원료가 호프이다. 저온에서 열처리하여 효모의 작용을 멈추게 한 맥주가 라거이고, 완성된 그대로의 것이 생맥주이다. 맥주 중에서 알코올 도수가 8~11%로 가장 높은 맥주는 스타우트 맥주이고, 대표적인 맥주인 기네스 맥주는 아일랜드의 흑색 캐러멜 맥아의 맥주이다. 영국인은 스타우트는 차갑지 않게 마시는 풍습이 있어 미지근한 스타우트 맥주를 마신다. 흑맥주는 일반의 맥주와 같지만 원료의 일부를 조금 태운 캐러멜 맥아를 사용하기 때문에 흑색이 된다.

한국엔 소주, 독일엔 슈냅스

독일의 전통주 하면 유명한 맥주의 명성으로 맥주로 인식할 수 있다. 그러나 한국에 소주가 있다면, 독일에는 증류주 또는 브랜디인 전통주 슈냅스가 있다. 고구마 같은 것을 원료로 만들며 무색투명하고 알코올 성분은 40% 정도로 국내 전통 증류주와 도수가 비슷하다. 독일인들은 맥주에 슈냅스 작은 한잔을 넣어 우리의 폭탄주처럼 섞어 먹는다. 가장 유명한 슈냅스는 슈타인하거와 콘 브랜디이다.

4. 동양의 명주와 국내 대표적인 술을 알아두자.

1) 역사와 더불어 명주가 많은 중국

역사와 더불어 중국에는 명주도 많다. 백주(白酒)의 대표적인 술은 마오타이(貴州)이다. 혼성주는 약미주(藥味酒)가 유명한데 오가피주, 죽엽청주, 장미주, 보주, 녹용주 등이다. 집을 고치기 위해 땅을 파는 과정에서 발견되는 라오주(老酒), 향기롭고 풍미가 뛰어난 죽엽청주(竹葉淸酒), 모방이 어려울 정도의 독창성을 갖고 있는 고량주(高粱酒), 약한 술을 선호하는 애주가가 좋아하는 소흥주(紹興酒), 한방약초를 넣어 발효시킨 불로장생주인 오가피주(五加皮酒) 등이 유명하다.

중국의 혼을 승화시켜 빚은 술, 마오타이(貴州)

원료인 고량을 누룩으로 발효시켜 10개월 동안 9회나 증류시킨 후 독에 넣어 밀봉하고 최저 3년을 숙성시킨 독특한 술이다. 중국의 술이며, 중국인의 혼을 승화시켜 빚어낸 술이라는 중국의 명주는 백주(白酒)의 대표적인 술, 마오타이이다. 마오타이는 1915년 파나마 만국 박람회에서 3대 명주로 평가받은 술로 세계 애주가들이 뽑는 명주이다. 중국공산당 모택동의 중국혁명을 승리로 이끈 정부공식만찬에 반드시 나오는 술이며, 미국 닉슨 대통령이 중국에 방문하여 대접받고 감탄한 중국의 대표적인 술이다.

불로장생주인 오가피주(五加皮酒)

오가피주는 대표적인 약미주로 고량주를 기본 원료로 하여 목향과 오가피 등 10여 종류의 한방약초를 넣어 발효시켜 정제한 탕으로 맛을 가미한 술이다. 알코올의 도수가 50% 이상이며 색깔은 자색이나 적색이다. 신경통, 류머티즘, 간장강화에 약효가 있다고 알려진 불로장생주이다.

마시고 나면 향기를 오래 느끼는 죽엽청주(竹葉淸酒)

죽엽청주는 대표적인 약미주이다. 1400년 전부터 유명한 양조 산지로 알려진 행화촌의 약미주로 고량을 주원료로 녹두, 대나무 잎 등 10여 가지 천연약재를 사용하여 연황빛을 띤 향기롭고 풍미가 뛰어난 술이다. 죽엽청주는 한 모금 마시면 톡 쏘는 맛이 나고, 다음 모금에서는 단맛이 입안에 퍼지는 진기한 술이다. 마시고 나면 다음 날에도 그 향기가 몸에서 느껴진다. 죽엽청주는 탁월한 효능으로도 유명한데 혈액을 맑게 순환시켜 간, 비장의 기능을 상승시키는 작용을 하여 정력유지에 좋은 술이다. 술로 나빠진 간과 비장을 술로 보강한 것이니 아이러니한 술이다.

모방이 어려울 정도의 독창성을 지닌 고량주(高粱酒)

고량주는 중국의 전통적인 양조법으로 빚어지기 때문에 모방이 어려울 정도의 독창성을 갖고 있는 수수를 원료로 하여 제조한 명주이다. 무색이며 장미향이 나고, 고량주의 특유의 강함과 독특한 맛으로 유명하다. 누룩의 재료는 대맥, 작은 콩을 사용하지만 소맥, 메밀, 검은콩 등을 사용하기도 한다. 숙성과정의 용기는 흙으로 만든 독을 사용하는 점이 특징이다. 알코올의 도수는 60% 정도로 높다. 천진지역의 고량주가 유명하다.

약한 술을 선호하는 애주가의 술, 소흥주(紹興酒)

소흥주는 중국 절강성 소흥시의 대표적 황주이다. 황주는 중국에서 가장 오래된 술이다. 황색 또는 암홍색의 색깔의 청주로 4000년 정도의 역사를 갖고 있으며 오래 숙성하면 향기가 더욱 좋아져 상품가치가 높은 술로 인정한다. 보통의 높은 도수의 중국술에 비해 도수가 15% 정도이다. 약한 술을 선호하는 애주가에게 인기가 있는 명주이다. 주원료는 찹쌀에 특수한 누룩을 사용하여 빚는데, 누룩 이외에 신맛이 나는 재료나 감초를 사용하기도 한다. 찹쌀에 누룩과 술 약을 넣어 발효시키는 복합발효법과 독창적인 방법으로 빚는데, 그 방법은 알 수가 없다고 한다.

집을 고치기 위해 땅을 파는 과정에서 발견되는 술, 라오주(老酒)

중국이 예부터 여자가 귀하여 여자를 낳으면 술을 담아서 대들보 밑에 묻어 놓았다. 노주 중 여알주라는 것이 있는데 이 술은 여자가 성장하여 결혼 혼례를 치르게 되면 술을 파내어 잔치를 했다. 그러나 크는 도중에 죽으면 영원히 잊어버려 폐가가 된 집을 고치기 위해 땅을 파는 과정에서 발견되는 술이다. 그래서 몇 십 년 또는 몇백 년이 된 술이 노주이다.

2) 아시아의 와인이라는 일본 전통주, 사케

사케는 주원료인 쌀을 띄울 때 쓰이는 누룩의 제조방법이 지방마다 달라서 그 종류가 수만 종이라고 한다. 일본인 특유의 상술에 따라 가격도 천차만별이라 선택하여 마실 때 속는 느낌을 가지게 하는 술이다. 국가가 정책적으로 지원하여 성장한 술로 아시아의 와인이라는 말까지 있다. 최근에는 사케 소믈리에가 있을 정도로 성장한 일본의 전통주로 다양성이 돋보이는 술이다. 사케를 보면, 한국 전통주가 명맥이 이어졌다면 아마도 아시아의 와인은 한국의 전통주가 아닐까 자부해 보며, 전통주 복원의 중요성에 대하여 다시 생각해 본다.

3) 유흥을 즐겨 온 한민족에게 명주는 다양하다.

조선의 3대 명주 등 고급스럽고 다양한 전통주와 명주가 많은 민족이었던 한국은 일본의 문화 말살정책과 군사정권의 어이없고, 무모한 정책으로 몰락하고 사라진 전통주를 복원하여 명맥을 이어가고 있는 안타까운 현실이지만, 현대에 들어 활발하게 변화하고 있다. 한국의 명주는 조선의 3대 명주로 유명한 맛이 달고(甘) 붉은 빛깔(紅)을 띠는 이슬 같은 술인 감홍로, 상류 사회에서 즐겨 마시던 고급 약소주인 이강주, 대나무 진액과 우리쌀 증류주인 죽력고가 있다. 그 외에 홍옥과 같이 붉다 하여 진도홍주, 술맛이 너무 좋아 마시면 신선이 된다는 추성주, 소나무 특유의 풍미를 지닌 송화백일주 등이 있다.

맛이 달고(甘) 붉은 빛깔(紅)을 띠는 이슬 같은 술, 감홍로

관서지방에서 생산되는 맛이 달고(甘) 붉은 빛깔(紅)을 띠는 이슬 같은 술이라는 명주이다. 도수는 40도로 우리쌀, 조, 8가지의 약재로 빚는다. 단맛이 강하며, 한약재의 맛이 나지만 목 넘김이 부드럽고, 독주임에도 가슴을 시원하게 하는 특징이 있다. 지금의 북한 땅, 평양을 중심으로 한 관서지방의 특산명주로 관서감홍로 또는 평양감홍로라고 부른다. 관서감홍로는 조선시대 중기 문헌인 고사십이집, 원십육지, 동국세시기 등의 옛 문헌에 수록되어 있는 대표적 명주이다. 문헌에 따르면, 감홍로는 세 번 고아서 만든 소주를 이용하여 만든 술로 맛이 매우 달고 강렬하며, 술 빛깔이 연지와 같아 홍로주 중에서도 최고라고 기록되어 있다.

상류 사회에서 즐겨 마시던 고급 약소주, 이강주

이강주는 고아 내려 빚은 술이라 하여 이강고라고 불린 명주이다. 선조 때부터 상류 사회에서 즐겨 마시던 고급 약소주인데 옛 문헌이 극찬한 술로, 토종 소주에 배와 생강이 들어가 이강주라고 한다. 도수는 25도이며, 배, 울금,

계피, 꿀 등이 들어가 향이 좋고 목 넘김이 부드러운 것이 특징이다. 조선 중엽부터 전라도와 황해도에서 제조되었던 명주의 하나로 경도잡지, 동국세시기에서 그 기록을 찾을 수 있다. 호남지방의 명주로는 이강주, 죽력고, 호산춘이 조선 시대에 전국적으로 유명하였다. 고종 때 한미 통상 조약 체결 당시 대표 술로 등장한 기록이 남아 있다.

대나무 진액과 우리쌀 증류주, 죽력고

대나무를 오래 삶아 나온 대나무 진액과 우리 쌀, 약재를 원료로 증류해서 만든 명주이다. 100% 천연원료와 복원한 재래식 전통공정으로 빚은 전통주이다. 죽력고는 조선 3대 명주로 꼽히는 술로 현재는 장인만이 빚을 수 있다고 하는 귀한 술이다. 도수는 32도로 대나무향이 강하고 목 넘김이 좋은 술이다.

홍옥과 같이 붉다하여 진도홍주

홍옥과 같이 붉다하여 홍주이다. 홍주는 소주 특유의 은은한 향기가 나며, 알코올 도수는 45% 이상이다. 세조 때 경상도 절도사 허종의 부인이 홍주를 만드는 비결을 배워 가문의 후손에게 전수하여 전해지는 명주이다. 허종은 홍주를 마시고 취한 상태에서 음주 운전을 감행 말에서 떨어져 다치는 사건으로 연산군의 갑자사화를 피했다고 전해진다. 후에 허종의 후손이 소줏고리를 갖고 진도로 낙향하여 진도 홍주를 만들어 지금에 이루었다고 한다. 진도홍주를 만들기 위해 제일 먼저 누룩을 곱게 빻아 찐 보리쌀에 섞어 누룩상자에 넣고 약 7일간 띄운 후, 물을 넣고 발효한다. 이 술밑을 솥에 넣고 소줏고리를 얹어서 곤다. 소주가 떨어지는 입이 작은 단지에 대고서, 베 헝겊을 덮어서 단단히 맨 후에, 그 위에 지초를 놓아 소주 이슬이 떨어지게 하여 빚는 술이다. 지초를 통과한다 하여 지초주라고도 한다.

술맛이 너무 좋아 마시면 신선이 된다는 술, 추성주

추성주는 전남지역의 명주로 술맛이 너무 좋아 마시면 신선이 된다는 술로 20여 가지의 한약재를 가지고 2번의 증류과정을 거치는 특징을 지닌 담양 전통주로, 연동사라는 절에 늙은 살쾡이가 몰래 그 술을 마시던 중, 절에서 머물던 사람에게 걸리자 살려 주는 조건으로 책을 주었는데, 그 책의 비법으로 술을 빚었다고 전해 오는 명주가 추성주이다. 천년의 역사를 지닌 담양 전통주이다. 그 지역 추성군에서 따온 명주이다. 알코올 도수는 25%로 장기 보관이 가능하고 차게 하여 마시면 더욱 좋은 전통주이다. 강장과 혈액 순환에 좋고 마시기가 부드럽고 주취가 빠른 것이 특징이나 뒷맛이 깨끗한 증류주이다.

소나무 특유의 풍미를 지닌 송화백일주

소나무에서 나오는 꽃가루와 솔잎을 침출하여 빚는 술로 소나무 특유의 풍미를 지닌 전통주이다. 불교계 정화운동으로 사라진 법주 중에 유일하게 이어오는 천년 곡차(절에서 술을 부르는 말)가 송화백일주이다. 100일 이상 숙성한 황금빛의 색깔을 지닌 증류주는 보관이 장기로 가능하다. 쌀로 빚은 증류주에 고유의 약초를 적정 배합하여 숙성시킨 리큐르로 전통의 맛과 향을 즐길 수 있다.

tips1. 폭탄주의 유래

원래 폭탄주는 산업혁명 당시 영국의 가난한 농부들이 돈은 없고 술에 취하도록 마시고 싶은 욕망에 500~1,000cc의 대형 맥주잔에 40~50cc의 위스키를 담은 술잔을 넣어 마시던 당시의 보일러 메이커(Boiler Maker)에서 유래되었다고 한다.

✚ 술과 위인들의 이야기

여가 때마다 술을 즐긴 애주가 성웅 이순신 장군

성웅 이순신은 일본인이 가장 두려워하는 영웅으로 조선 중기의 문신 출신의 무신이다. 무과에 급제하여 관직이 전라좌도 수군절도사와 정헌대부 삼도수군통제사를 지냈다. 난중일기를 살펴보면, 장군은 여가가 날 때마다 음주를 즐겼던 애주가이다. 술 내기 시합도 자주 하고, 심지어 몸이 불편해도 술로 다스렸다고 한다. 가끔씩 부하들에게도 술을 권해 업무에 차질을 빚게 한 일화도 있는데, 본인은 업무에 지장 없었다고 전해지는 주당이기도 하다.

술로 야망을 다스린 인물, 고종의 아버지 흥선대원군

흥선대원군은 고종의 아버지이며, 조선 후기의 왕족으로 대한제국의 추존왕이다. 막강한 세도가를 의식하여 파락호로 위장하고, 술로 야망을 다스린 인물이다. 민심을 살피고 정보를 입수하기 위해 높은 품계를 지니고도 시정잡배들과 어울리고 투전판을 좋아하고, 여염집에서 술 마시기를 즐겼다는 주당이다. 술친구들을 중용해 정치에 관여한 술과는 깊은 인연이 있는 인물이다.

당대의 최고의 시인이며, 주신이라는 이태백(이백)

이백은 중국의 가장 위대한 시인으로 현대에 약 1,100여 수의 시가 전해진다. 만년에는 각지를 유람하였고, 술을 몹시 좋아하여 술에 취해 있을 때 현종의 부름을 받고 취한 채로 궁전에서 계속 시를 읊었다고 전해진다. 달그림자를 잡으려다 장강에서 익사했다는 전설이 남아 있다. 아버지가 장사를 하던 무역상이었기 때문에 정규 교육은 받지 못하였다. 43세에 관리로 장안에 머물렀으나, 관리의 따분한 생활을 견디지 못하고 44세에 사직하였다. 이백은 고시와 절구에 능통하였다. 이백의 작품은 스케일이 크고 환상적이며 박진감이 있어 현대에도 사랑을 받고 있다. 그의 시는 매우 자유로우며, 한 번에 시를 짓기로 유명한 술의 신이라는 주당 중의 주당이다.

승리의 순간도 패배의 순간에도 샴페인을 즐긴 나폴레옹

나폴레옹은 승리의 순간, 패배의 순간에도 술을 즐긴 인물이다. 프랑스 하급귀족 출신으로 프랑스 혁명 시대에 유럽 열강들 속에서 프랑스를 승리로 이끌어 황제가 된 애주가이다. 나폴레옹은 전투에 나갈 때도 꼭 와인을 즐긴 것으로 유명하다. 그가 마신 것은 모엣 샹동 브뤼 임페리얼이라는 샴페인이다. 1860년대에 출시되어 현재도 나폴레옹을 기리며, 베스트셀러 샴페인으로 유명세를 가지고 있다.

내 입맛은 단순하고 최고에 쉽게 만족한다는 애주가 윈스턴 처칠

영국의 총리인 윈스턴 처칠은 유명한 정치가 가문의 후손이다. 할아버지는 아일랜드 총독, 아버지는 재무장관을 역임했고, 7대 선조는 다이애나 왕세자비의 8대 선조이다. 처칠은 내 입맛은 단순하고 최고에 쉽게 만족한다고 말하며 샴페인을 신봉한 애주가이다. 처칠은 샴페인 폴로저의 신봉자로 전쟁에서 패했을 때도 위로를 위해 폴로저가 필요하고, 승리했을 때는 기쁨으로 마실 명분이 생겼다고 샴페인을 즐긴 인물이다. 늘 마셨다는 의미이다. 폴로저 가문과 개인적인 친분을 가지고 있는 처칠은 그의 애마에 폴로저 안주인의 이름을 붙이기도 했다. 처칠이 91세에 사망하자 폴로저 샴페인에 검은 리본을 달아 그에게 조의를 표한 유명한 일화가 있다. 처칠의 샴페인으로 유명한 샴페인은 폴로저의 대표 샴페인이다. 처칠이 죽은 지 10년 후에 탄생한 샴페인으로 지금까지도 양조법이 외부에 누출되지 않고 가족들만 공유하고 있다.

쿠바 그리고 모히토(Mojito)를 사랑한 헤밍웨이

노벨 문학상을 수상한 헤밍웨이는 미국의 소설가, 저널리스트이다. 대다수 작품이 미 문학의 고전이다. 헤밍웨이는 와인 샤또 마고를 즐겼다. 헤밍웨이는 내 수중에 돈이 있을 때면, 나는 샴페인에 돈을 쓰는 것보다 더 나은 돈 쓰는 방법은 생각할 수가 없다고 할 만큼 샴페인을 좋아했다. 노인과 바다를 집필할 당시 쿠바에서 기거한 헤밍웨이가 좋아했던 칵테일은 모히토와 다이키리, 쿠바 리브레로 쿠바의 3대 칵테일로 세계적인 명성을 자랑한다. 헤밍웨이는 라 보데기타 델 메디오라는 식당에서 모히토를 자주 마셨다. 단골인 헤밍웨이를 위해 식당 바텐더는 헤밍웨이 스페셜이라는 칵테일을 만들기도 했다. 이 술집은 헤밍웨이의 흔적을 쫓는 여행자에게 쿠바 칵테일의 독특한 맛을 제공하는 유명한 명소이다.

샴페인을 독일식 흑맥주에 섞어 즐긴 독일을 통일한 비스마르크

독일을 통일하고 독일제국을 건설한 사람이 비스마르크이다. 비스마르크는 문제의 해결은 철과 피에 의해서만 가능하다는 강경파 보수정치인으로 인간적인 이면은 잘 알려진 바 없으나 술과 인연이 많은 애주가로 알려져 있다. 독일에서는 비스마르크 칵테일이란 이름의 술이 있다. 또 다른 이름인 블랙벨벳(Black Velvet)이라는 이름으로 유명하다. 비스마르크는 샴페인과 같은 발포주에 독일식 흑맥주를 섞어 즐겨 마셨다고 한다. 비스마르크는 이 술을 워낙 좋아해 한 번에 수천 ml를 마셨다고 하니 주당이 맞다.

한평생을 술과 벗 삼아 방랑으로 금오신화의 작가 김시습

한평생을 술과 벗 삼아 방랑으로 보냈다는 김시습은 조선 초기의 문인, 학자, 승려, 생육신의 한 사람으로 유명한 금오신화의 작가이다. 단종의 폐위에 반대하다가 승려가 된 이후 다시 벼슬길에 오르지 않았다. 당대의 비리를 조롱하고 저잣거리에서 대취하여 다니기도 했다.

조선 3대 화가인 주당 장승업

안견(安堅), 김홍도(金弘道)와 조선 3대 화가로 유명한 조선 왕조의 마지막 천

재화가가 장승업이다. 술을 매우 즐겨 그림과 술을 맞바꾸는 경우가 많았고, 도화서의 화원으로 근무했다. 술과 여인을 좋아해 술자리의 여인에게 즉석으로 그림을 그려 주었고, 고종의 어진을 그리다 술이 생각나 궁을 탈출한 적도 있는 주당이다. 청나라 고위관리도 그의 그림을 얻어가려고 여러 번 청탁했다고 전해진다. 산수화, 인물화, 사군자 등의 다양한 소재를 다루는 데 뛰어난 조선의 화가이자 주당으로 유명한 인물이다.

심장에 털 난 주당이라는 임꺽정

임꺽정은 조선 명종 황해도 지역의 의적으로 유명한 인물이다. 아버지가 백정으로 천대 당하고, 지방관리의 탐욕으로 살해되면서 스스로 도적이 되었다. 유명한 전우치와 동시대 인물이다. 관아의 물품들을 훔쳐 빈민에게 나눠주고, 도움 받은 백성들의 선량한 도움으로 여러 차례 관군의 토벌을 피했다고 한다. 도적임에도 한양에서 술을 유유히 마시고 다녔다는 그는 심장에 털 난 주당이라 불렸다고 한다. 10여 년간 황해도 지역에서 의적으로 활약하다 부하의 배신으로 최후를 맞았다고 전해진다.

맥주를 좋아해 맥주 회사의 CF 작가를 한 무라카미 하루키

노르웨이의 숲의 작가인 하루키는 술을 좋아하여 그의 작품의 주인공은 위스키를 마시고, 작품 속에는 하루키 자신이 좋아하는 맥주, 와인, 위스키, 칵테일 등이 자주 등장한다. 국제적 베스트셀러 작가이다. 그의 많은 작품들이 세계적으로 호평을 받았다. 하루키는 특히 맥주를 좋아해 맥주 회사의 CF작가를 한 적도 있는 주당이다.

Manner

2장

양조주의 이해

서양의 경우 식사 전에 반드시 식전 음료를 마시고, 식사 중에도 와인이나 칵테일 등을 곁들이는 등 수시로 음료를 섭취

음료는 인간이 마실 수 있도록 만든 모든 액체를 총칭한다. 국내에서는 비알코올성 음료를 모두 뜻하며, 알코올성 음료는 술이라고 구분하는 것이 보편적이다. 서양의 경우 음료란 알코올성 음료, 비알코올성 음료를 구분은 하지만, 마시는 것을 모두 음료(Beverage)라고 부른다. 어떤 의미에서는 알코올성 음료로 더 강하게 표현된다. 서양의 경우 식사 전에 반드시 식전 음료를 마시고, 식사 중에도 와인이나 칵테일 등을 곁들이는 등 수시로 음료를 섭취한다. 술의 알코올은 곡물류에 함유된 전분이 변화하여 생성된 당분, 또는 과실류에 함유된 당분을 효모균으로 발효시켜 유기산 주정을 이산화탄소로 분해한 후, 주정만을 분리한 것으로 무색투명하고 휘발성이 있는 액체성분이다. 국내 주세법에는 순수 알코올 함유량이 1% 이상인 음료를 술로 규정한다. 술의 도수는 일정한 물에 알코올 함유 농도의 비중으로 몇 %(Percent)인지, 어느 정도의 용량(Volume)인지를 몇 도(°)라고 표시한다. 알코올음료를 분류(alcoholic beverage)하면 크게 양조주, 증류주, 혼성주 3가지로 분류할 수 있다.

알코올성 음료의 분류 (alcoholic beverage)		
양조주 Fermented Liquor	과일(Fruit)	포도(Wine) 기타 과실(Fruit Wine)
	곡류(Grain)	Beer, 청주, 막걸리
	기타	Pulque
증류주 Distilled Liquor	과일(Fruit)	Brandy
	곡류 (Grain)	Whisky, Gin, vodka,
	당밀(Molasses)	Rum
	용설란(Agave)	Tequila
혼성주 Compounded Liquor	과일(Fruit)	Cointreau, Chambord, Crème de Casis
	약초·향초(Herb & Spice)	Absinthe, Pernod, Benedictine
	종자(Seed & Nut)	Crème de Cacao, Kahlua

1. 양조주의 제조 이론

양조주는 효모의 활동에 따라 발효되는 당분인 과당을 원료로 하는 술(단발효 방식)과 곡류 중에 함유되어 있는 전분을 당화 발효하는 전분질 원료로 만들어지는 술(복발효방식)로 구분한다. 양조주는 발효가 핵심인 것이다. 발효는 미생물이 효소를 이용하여 유기물을 분해시키는 과정이다. 발효는 호기성 발효(초산균에 의한 초산발효, 곰팡이에 의한 유기산발효)와 혐기성 발효(효모에 의한 알코올발효나 젖산발효)가 있다.

당분이 효모에 의하여 알코올로 되는 공정이 하나의 공정으로 끝나는 방식이 단발효

단발효 방식으로 제조한 단발효주(양조주)는 포도주, 사과주, 기타 과실주가 있다.

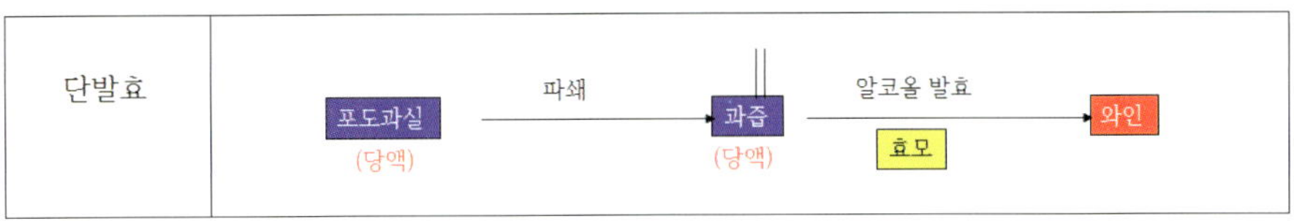

전분의 당화와 당의 알코올 발효의 두 단계로 이루어진 발효공정이 복발효

맥아에 존재하는 당의 효소를 이용하여 먼저 당분을 만든 후 효모를 첨가하여 알코올을 생성하는 방식이 단행복발효이다. 당화와 알코올 발효를 별도로 실시, 즉 당화공정과 발효공정이 별개의 공정으로 나뉘어 진행되는 방식이다. 보리를 발아시켜 건조한 후 뿌리를 제거하여 발아 과정 중 탄수화물과 단백질을 가수분해하는 효소를 생성한 것이 맥아이다. 맥아의 효소를 이용 다당류를 올리고당 및 포도당으로 전환시키는 반응이 액화, 당화이다. 맥주는 단행복발효주이다.

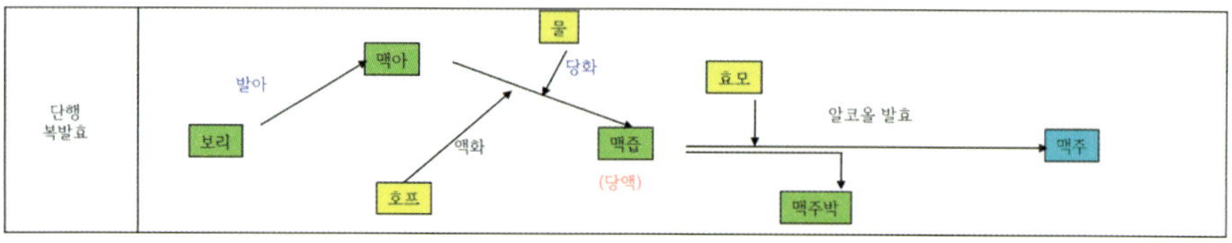

전분이 당화효소에 의해 당화되는 공정과 그 당분이 효모에 의해 알코올로 전환되는 공정이 동시에 일어나는 발효방식이 병행복발효이다. 당화와 알코올 발효를 단일공정으로 실시하는 방식으로 누룩을 사용한다는 것이 가장 큰 특징이다. 누룩 균이 생산하는 각종 효소 및 대사산물 등이 술의 품질에 큰 영향을 준다.

당화 속도와 알코올 발효 속도의 밸런스 제어가 핵심 기술이며, 누룩미생물의 생태 제어가 매우 중요하다. 병행복발효는 탁주, 청주, 약주, 황주 등이다.

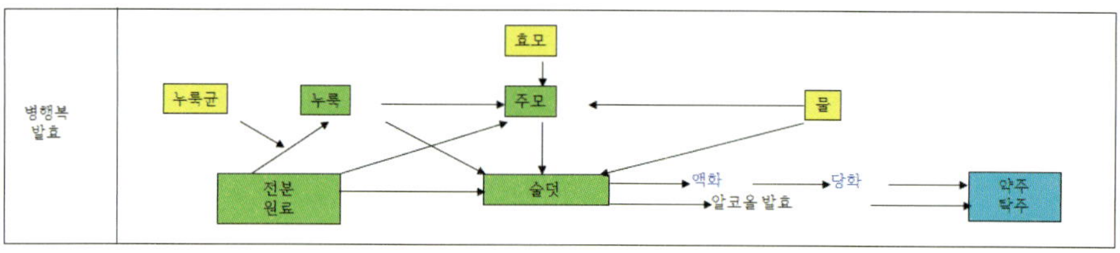

막걸리, 청주 제조 공정은 다음과 같다.

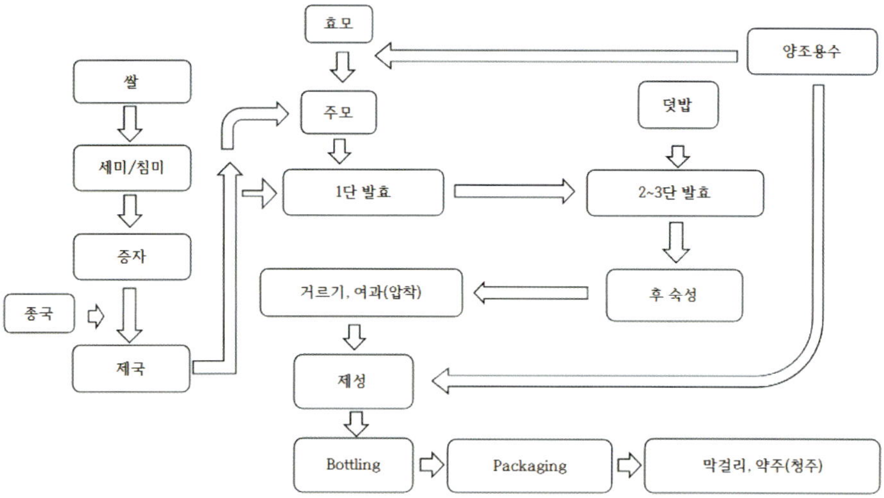

막걸리의 약주(청주)제조 공정순서

(1) 세미

세미(洗米)는 백미에 부착되어 있는 쌀겨 등을 물로 깨끗이 씻어서 제거하는 과정

세미과정 중 마찰로 백미가 1~2% 깎여 나가므로 제2의 도정세미량이 소량일 경우 세미 탱크에서 삽 등을 이용하여 세미하지만, 대량일 때는 기계식세미기를 사용한다

(2) 침미

침지(浸漬)는 세미한 백미를 침지 탱크에 넣고 물을 흡수시키는 과정

백미의 중까지 물이 흡수되어야 증자하였을 때 설익는 일이 생기지 않는다. 백미의 침지시간은 60~180분이면 최고에 도달하고, 이 이상 침지해도 흡

수율은 거의 증가하지 않는다. 흡수속도는 물의 온도가 높아지면 빨라진다. 수온은 8~12℃가 적합하고 가급적이면 20℃를 넘지 않는 것이 바람직하다. 여름철에 수온이 상승하면 세균이 번식하여 주질에 나쁜 영향을 끼칠 수 있으므로 주의해야 하며 침지과정에서 백미는 물을 25~30% 흡수하는 한편 칼슘, 마그네슘, 인산 등 무기질 성분이 물에 녹아 유출되고, 수중의 칼슘, 철은 흡착된다.

국균의 번식과 발효를 촉진하는 칼륨은 30~40%, 인산은 20% 정도 유출된다. 칼슘은 쌀 용해를 촉진하고, 철은 주질에 나쁜 영향을 미친다.

(3) 탈수

침지 후 쌀알과 쌀알 사이에 잔존하는 물을 없애는 과정

물 빼기를 하지 않으면 증자할 때 쌀 알갱이가 뭉쳐서 잘 풀리지 않거나 연한 고두밥이 된다. 물 빼기 시간은 2~15시간이 적당하다. 공정의 효율성을 위해 담금 전날 세미, 침지하여 하룻밤 동안 물 빼기를 하고 다음 날 아침 증자를 실시한다.

(4) 증자

생쌀의 전분분자를 가열·변화시켜 호화하는 과정

침지한 쌀을 증자(蒸煮)하는 것은 생쌀의 전분분자로 질서 정연하게 배열된 구조인 β-형 전분을 가열 · 변화시켜 분자가 풀어진 구조인 α-화형(호화현상)으로 만들기 위해서이다. 생전분은 아밀로스와 아밀로펙틴 두 가지 구조의 분자들이 밀착하여 촘촘한 형태인 미셀(micelle)구조로 침지한 백미를 수증기로 가열하면 미셀이 파괴되어 구조가 느슨해진다. α-형 전분은 β-형 전분보다 당화효소의 작용을 5,000배나 받기 쉽게 되고, 국균이 생육하기 쉽다. 수분을 흡수하지 않은 백미는 증자해도 쌀알 내부는 β-형 전분 그대로 유지되며 α-화 하기가 어렵다 증자과정에서는 전분 변화 외에도 단백질, 지질, 미량 성분의 휘발, 분해, 생성을 동반 증자하면 단백질이 적당히 변성되고 발효 도중 단백질 분해효소에 의해 아미노산으로 분해되어 술의 맛과 향기를 좋게 만든다.

지질은 증자시간이 길어짐에 따라 분해·휘발되어 좋은 향기 생성을 저해하는 불포화지방산을 감소하고 그 밖에 질소성분, 철 등의 무기성분이 감소한다.

증자는 생쌀에 물리적·화학적 변화를 가하는 것 외에도 생쌀에 부착되어 있는 미생물을 살균하여 안전하게 발효하게 한다. 이 과정에서 수분을 흡수하게 되는데 침지미의 중량보다 12~13% 더 물을 흡수하여 쌀 중량의 35~42%로 증가한다.

(5) 1단발효

주모, 입국, 물 등으로 담금하는 것을 말한다. 잡균의 오염을 방지하고 안전한 효모의 증식을 도와 발효를 원활하게 시작하기 위함이다.

(6) 2·3단발효

1단 담금에 덧밥, 물, 발효제를 첨가하여 잘 혼합해 발효시키는 과정이다.

(7) 제성

발효, 숙성단계를 거친 후에 양조용수를 첨가하여 막걸리를 거르는 단계이다.

(8) Bottling

병입은 첫 제품과 마지막 제품의 품질이 동일해야 한다. 생막걸리는 병입 후에도 발효가 계속 진행되고 있으므로, 부패를 차단하기 위해 살균위생을 철저히 하고 완벽한 밀봉이 되도록 해야 한다.

약주(청주)제조 공정

약주는 탁주의 공정이 마무리될 즈음 술독 위에 맑게 뜨는 액체를 떠낸 것으로서 탁주를 거를 수 있는 기구(용수)를 넣어 맑은 술만 떠낸 것을 말한다. 우리나라에서 약주는 중국과 달리 약재를 넣어 우린 약용주가 아니라 맑은술을 일컫는 것으로 그 유래는 조선시대 학자 서유거가 술을 잘 빚었는데 그의 호가 약(藥)봉, 그의 살던 곳이 약현동(藥現洞)이라 약주로 불리게 되었다는 설이 있다.

2. 양조주의 이해

전분이나 과당을 발효, 양조하여 만든 알코올이 함유된 음료 양조주 (Fermented Liquor)

양조주는 술의 역사로 보아 인간이 태고로부터 마셔 온 가장 오랜 전통을 가진 술이다. 주원료로 곡류에 함유되어 있는 전분이나 과실류에 함유되어 있는 과당을 발효, 양조하여 만든 알코올이 함유된 음료를 말하며, 발효주라고도 한다. 양조주는 두 가지로 분류해 볼 수 있는데, 곡류와 과실 등 당분이 함유된 원료를 효모균에 의하여 발효시켜 얻어지는 와인과 사과주가 있고, 전분을 원료로 하여 그 전분을 당화시켜 다시 발효공정을 거쳐 얻어지는 맥주와 청주가 있다. 양조주는 보편적으로 알코올 도수는 3%~18% 정도이다. 양조주에는 당분을 함유한 원료를 이용하여 단순히 발효에 의해 만들어지는 술과 전분을 당화시켜 주정을 얻어내어 발효시킨 술이 이에 속한다. 양조주의 종류에는 포도주, 맥주, 청주, 베르무트(Vermouth), 탁주, 약주, 황주 등이 있다.

구분	종류	원료
양조주(釀造酒) Fermented Liquor	Grape Wine(과실주) Fruit & Berry Wine(과실주) Vermouth(베르무트) Beer(맥주) 탁주, 약주, 청주, 황주	Grape Fruit & Berries Spices Barley(보리)

3. 양조주의 종류

1) 와인의 이해

와인은 성스러운 신의 선물로 기독교의 미사주로 사용

기독교인이 아니더라도 최후의 만찬에서 예수가 제자들과 모여 빵과 와인을 나누어 먹는 모습을 본 적이 있을 것이다. 예수는 식사 중에 제자들에게 먹고 있는 빵은 예수의 살이고, 와인은 예수의 피라고 말한다. 이렇게 와인은 성스러운 신의 선물로 기독교의 미사주로 사용되었다. 와인은 기독교 전파와 함께 그 뿌리를 더욱 깊이 내리게 되었다. 중세에는 수도원이 와인의 생산을 담당했으며 와인의 제조방법은 수도원에서 발전하고 전파되었다.

노아도 대홍수 후에 첫 농사로 포도주를 담가 마셨다.

그리스 신화에 의하면 제우스의 아들인 박커스 신이 포도 재배와 포도주 제조법을 지중해 연안으로 보급한 것으로 알려져 있다. 포도의 원산지가 흑해와 카스피해 사이의 소아시아 지역이라는 주장도 신화와 전설에 일치한다고 한다. 구약성경에도 노아가 대홍수 후에 첫 농사를 지은 다음 포도주를 담가 마시는 것으로 보아 이미 포도 재배와 와인 제조가 보편화되어 있었다고 추정할 수 있다.

유럽 각국의 식민지 확산으로 포도의 재배와 와인 제조기술은 세계로 전파

로마시대에는 식민지를 확장할 때마다 로마군의 주둔지에 포도원을 조성하여 좋은 와인을 생산하였으며, 로마제국의 멸망과 함께 와인의 제조기술이 수도원을 중심으로 퍼져 나가고 수도사들의 노력으로 대형의 와인 공장들이 생겨나기 시작했다. 프랑스의 보르도, 부르고뉴 지방 등지에 있는 특급 포도원들은 로마 시대 이후 2000년 동안 명주를 생산하는 대표적인 지역이다. 17세기 이후 유럽 각국의 식민지 확산과 19세기 산업혁명으로 와인의 생산량과 무역량은 증대되었다. 근대의 와인산업은 종주국인 프랑스, 이탈리아, 스페인 등을 중심으로 발전했지만, 지금에는 남미와 미국, 호주에서 생산되는 와인들도 점점 유명세를 떨치고 있다.

와인 양조 과정을 살펴보면 다음과 같다.

와인은 물이나 다른 알코올, 화학 성분이 전혀 첨가되지 않은 순수 100퍼센트 포도즙으로 만들어진다. 와인이 생산되는 양조공정은 수확, 파쇄, 압착, 발효, 저장 및 숙성, 병입 단계까지의 모든 과정을 말한다. 알코올 발효는 효모에 의해 당분이 에틸알코올과 탄산가스로 분해되는 화학변화로 다른 잡균들의 발생을 막기 위해 까다로운 온도 관리가 필요하다. 원료의 차이와 정의 차이에 따라 레드와인, 화이트와인, 로제 와인, 발포성와인, 주정 강화 와인 등으로 구분된다.

Red Wine	White Wine	Rose Wine	발포 Wine	강화 Wine
수확	수확	수확	수확	수확
파쇄	파쇄 & 압착	파쇄	파쇄	파쇄
발효	발효	발효, 껍질 제거	압착(발효)	압착
압착	앙금 제거	압착	숙성	발효
숙성	숙성	숙성	병입(효모)	동숙성
앙금 제거	–	앙금 제거	2차 발효	브랜디 추가
여과	여과	저장	저장	저장
병입	병입	병입	가침	여과 & 저장
병숙성	병숙성	병숙성	숙성	병입

와인의 양조과정은 총 6단계이다. 1단계는 수확 과정이다.

와인 양조의 첫 단계인 포도 수확은 와인양조에서 가장 중요한 포도 수확을 언제 시작할 것이냐 하는 것이다. 숙성도가 최적의 상태에 이르렀을 때 수확해야만 너무 시거나 풀향이 가득해서 마실 수 없는 와인을 생산하지 않을 수 있다.

양조용 포도는 북위 30~50도, 남위 20~40도에 포함되는 지역의 포도가 적당한 일조량과 확실한 일교차, 건조한 기후, 배수가 잘되는 지질학적 특성을 가진 토양구성이 되어 좋다. 발효 과정에서 알코올로 전환되는 당도의 함유량이 중요하다. 특유의 아로마와 감칠맛을 만들어 내는 산도도 일정수준을 유지해야 하며 탄닌, 미네랄, 페놀릭 등의 성분 등도 영향을 미친다.

2단계는 과즙을 쉽게 얻을 수 있도록 으깨는 파쇄 과정이다.

아주 중요한 단계로 수확한 포도의 줄기와 대를 분리시키는 수고가 필요하다. 공장으로 운반된 포도송이는 줄기가 제거되고, 포도알맹이는 과즙을 쉽게 얻을 수 있도록 으깨어진다. 미생물 오염으로 발효를 방해하는 물질이 들어갈 수 있기에 주의해야 한다. 포도알맹이를 으깨는 목적은 압착과정이 잘 이루어지도록 돕고 동시에 수율을 높이기 위해서다.

3단계는 포도과육으로부터 포도주스를 얻기 위한 압착 과정이다.

껍질과 씨가 제거된 포도과육으로부터 포도주스를 얻기 위한 압착과정이다. 껍질에는 야생효모와 세균의 활성으로 향기가 저하되고, 공기와 접촉하여 부패의 원인이 되므로 껍질을 제거한다. 와인을 마실 때 떫은맛인 텁텁함(탄닌)을 느끼는 차이도 이 과정에서 생긴다. 포도즙에서 껍질과 씨를 분리시켜 즙만을 발효한 것이 화이트 와인이고, 포도즙과 껍질, 씨 등을 모두 함께 발효한 것은 레드 와인이다.

4단계는 효모가 당분을 알코올과 이산화탄소로 변화시키는 발효 과정이다.

발효는 포도가 와인으로 변환되는 과정으로 효모가 포도즙 안에 당분을 먹이로 하여 알코올과 이산화탄소로 변화시키게 만든다. 포도의 껍질 등에서 발견되는 박테리아에 의해 자연적으로 알코올과 탄산가스가 만들어지는 것을 말한다. 발효를 통제하는 데 있어서 온도 조절은 와인에 절대적인 영향을 미치는 요소 중 하나이다. 발효 온도는 약 15℃ 정도가 유지되어야 하고 포도주스와 공기의 접촉을 막기 위해 탱크 외부에 물을 뿌려 주고 차가운 공기를 순환시키는 작업도 수행한다. 레드 와인은 대부분 25~30℃, 화인트 와인은 10~17℃ 사이로 발효시킨다. 온도가 낮은 상태에서 발효가 진행된 와인은 더욱 많은 풍미와 풍성한 맛을 지니기 때문이다. 발효를 막 끝낸 와인은 효모와 부유물들을 침전시킨 후에 용기에 따라 분리한다.

5단계는 향과 맛을 높이기 위해서 발효가 끝난 포도즙을 숙성하는 숙성 및 저장 과정이다.

오크 나무로 만들어진 통 속에 넣어 숙성시킨다. 보통 2~3주면 발효가 끝나고 병에 담기 전까지 지하 저장실에서 숙성시킨다. 고급와인의 경우 오랜 기간 보관을 거쳐 숙성하는데, 이른 시기에 와인을 마시게 되면 강하고 떫은 맛이 강하지만, 장시간 숙성시키게 되면 맛이 부드럽게 변하기 때문이다. 숙성과정에서도 여러 관리와 작업이 필요하다. 타핑(Topping)은 숙성되는 과정에서 포도주가 증발하기 때문에 산화를 방지하기 위해 오크통 안의 일정한 선까지 포도주를 계속 채워 주는 작업이다. 랙킹(Racking)은 오크통 안의 포도주의 위, 아래의 교환과 숙성과정에서 배출되는 찌꺼기를 배출시키기 위해 와인을 다른 오크통으로 옮기는 작업이다. 피닝(Fining)은 병입 과정에 이르기 전에 오크통 안에서 생기는 찌꺼기를 제거하는 작업이다.

6단계는 숙성이 끝난 와인을 여과기로 여과하여 병에 담는 병입 과정이다.

숙성이 끝난 와인은 미세한 고형물까지 여과기로 여과되어 병에 담기는 것이 병입 과정이다. 와인 병은 온도가 연중 섭씨 15도 내외로 일정한 곳에 눕혀서 보관하여 코르크가 항상 젖어 있도록 보관해야 한다. 와인은 병입 후에도 병 속에서 숙성을 계속하기 때문에 와인 병을 잘 보관하면 숙성이 잘 되어 맛이 좋아지기 때문이다. 숙성을 마친 와인은 각 포도주에 따라 병입을 하는 시기가 다르다.

2) 맥주(beer)의 이해

티그리스강과 유프라테스강의 연안지방의 수메르인이 최초로 맥주 생산

인류가 정착하여 농사를 짓기 시작한 것은 기원전 7000년경으로 이 시기에 보리 등 곡식이 재배되었다고 추정된다. 맥주의 기원은 기원전 4000년경~5000년 전부터 맥주에 관한 유적이 나타나는데, 맥주의 발상지는 지중해 농경문화권 내의 티그리스강과 유프라테스강의 연안지방으로 기술하고 있다. 고대 바빌로니아는 곡물 재배 및 맥주 제조 발상지로서 인류문화 요람지로 알려져 있고, 수메르인에 의해 기원전 4000년경에 맥주가 최초로 만들어졌다고 보는 견해도 있다. 바빌로니아에 살고 있던 수메르인이 곡식을 빻아 반죽하여 빵을 만들고 그 빵을 다시 가루로 한 뒤 물을 부어 항아리에 담아 자연발효시켜서 맥주를 만들었다는 추정이 현재로서는 가장 오래된 자료이다. 바빌로니아, 아시리아 등의 문명에서 애음되었고, 함무라비 법전에도 맥주에 관한 조문을 볼 수 있다.

https://commons.wikimedia.org/wiki/File:Egyptian-woman-painting_Beer.jpg

중세와 근대를 거쳐 기술의 발전으로 지속적으로 맥주의 품질 향상이 되었다. 19세기경 루이 파스퇴르가 맥주의 저온 살균법을 발견하여 장시간 변질되지 않게 되어 급성장하게 된다. 1870년 칼폰 린네가 인공냉동기를 발명하면서 공업적으로 사계절 양조가 가능하게 되었다. 맥주에 유해한 미생물의 연구나 그의 침투·감염을 막는 미생물 관리기술의 연구도 정비되어 그 기술로 인하여 질 좋은 맥주를 실패하지 않고 양조하는 기술이 완전하게 확립되었다. 국내에 맥주가 도입된 것은 19세기 말로 일본인이 수입한 기린, 삿뽀로, 아사히 맥주 등이 상류층에 알려지게 된다. 1905년 기린맥주가 경성에 명치옥을 개설하여 시장이 급성장했다. 1933년 삿뽀로 맥주를 상표로 시작한 회사는 조선맥주의 전신으로 지금은 하이트 맥주이고, 기린맥주의 상표로 시작한 회사는 동양 맥주의 전신으로 지금은 오비 맥주이다.

맥주의 제조과정은 제맥 공정, 담금 공정, 발효공정, 저장 공정, 4단계를 거쳐 제품화

맥주의 제조과정의 1단계는 제맥(Malting) 공정이다. 건조한 보리를 맥아로 만드는 과정이다. 맥아 제조는 당화효소, 단백분해효소 등 맥아 제조에 필요한 효소들을 활성화 또는 생합성시키고, 맥아의 배조(열건조)에 의해서 특유의 향미와 색소를 생성시키고 동시에 저장성을 부여한다.

2단계는 담금 과정으로 당화과정이다. 잘게 부순 맥아에 전분 등의 부재료를 첨가하여 통에 담아 약 5~6배의 온수를 넣어 죽과 같은 상태로 만드는 것이 담금이다. 이것을 여과하여 hop를 넣고 끓인다. hop을 넣으면 맥아 속의 단백질은 응고, 침전하고 맥즙을 맑고 깨끗하게 한다. 이때에 맥주의 독특한 쓴맛도 표현되기에 생긴다. hop은 맥주의 맛과 향을 내는 것 외에도 천연 항균제로 맥주의 보존성와 유통효율을 높이는 중요 역할을 한다. 맥즙을 hop 제거기에 넣어 hop을 제거하고 발효에 적당한 온도까지 냉각한 다음 여과기의 원심 분리기로 고형물이나 침전물을 제거하여 정제하면, 투명한 액체가 된다.

3단계는 발효 과정이다. 냉각한 맥즙을 발효조에 상면발효 효모나 하면발효 효모를 넣어 발효한다. 효모는 맥즙의 당분을 분해하여 알코올과 탄산가스를 만드는 역할을 한다. 발효는 약 7일에서 10일 정도 소요되는데, 이 과정에서의 맥주의 상태는 쓴맛도 강하고 탄산가스도 불충분한 맥주다. 이러한 발효를 전발효라고 한다. 발효는 전발효와 후발효로 구별한다. 전발효는 냉각된 맥즙에 맥주 효모를 첨가하여 알코올발효를 하는 발효법이다. 후발효는 전발효가 끝난 맥주는 맛과 향기가 거칠기에 저온에서 서서히 엑기스분을 발효시켜 숙성하는 동시에 필요량의 탄산가스를 함유시키는 발효 과정이다.

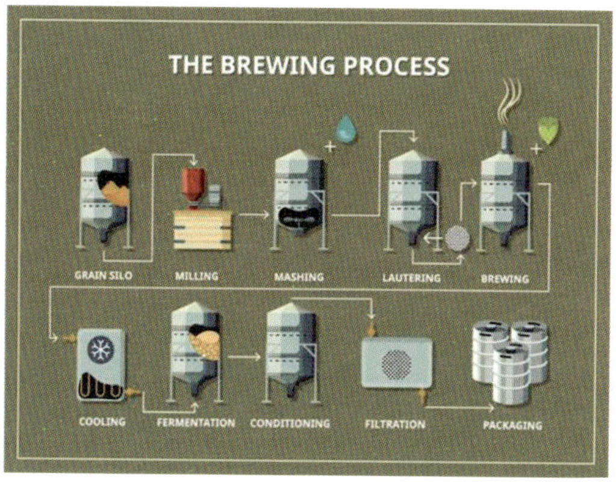

https://www.buzzfeed.com/

4단계는 저장과정이다. 저장탱크에서 약 60~90일간 0℃에서 숙성을 한다. 이 기간에 발생하는 탄산가스가 밀폐된 탱크 속에서 맥주에 녹아 들어가고 효모나 기타 응고물은 침전하여 완전한 맥주가 된다. 맥주를 규조토 여과기로 여과하여 술통에 담는 것이 생맥주(Draft)로 신선하나 보존성이 떨어진다. 병맥주, 캔 맥주는 이런 단점을 보완하여 보존성을 유지하기 위해 저온 살균한 라거(Lager)맥주이다.

잔에 따를 때 2~3cm 정도 거품이 덮어 주어야 청량감을 유지하며 마실 수 있다.

맥주의 어원은 마신다의 의미의 라틴어 비베레(Bibere) 또는 게르만족의 곡물이라는 의미의 베오레(Bior)에서 유래되었다고 한다. 맥주는 대맥아(Malted Barley)를 발효시켜서 홉(hop)과 물 그리고 효모(Yeast)를 섞어 저장하여 만든 탄산(CO_2)을 함유한 알코올 도수 4% 정도의 양조주이다. 맥주는 마시기 전에 보관하는 온도가 중요한데 미지근한 맥주는 거품이 너무 많고 쓴맛이 나고, 너무 차가우면 거품이 잘 일지 않을 뿐더러 맥주 특유의 향도 사라지기 때문이다. 여름에 온도는 4~8℃, 겨울에 온도는 8~12℃ 정도가 마시는 것이 좋다. 맥주를 잔에 따를 때에는 2~3cm 정도 거품이 덮이도록 해 주는 것이 좋은데, 이유는 맥주거품이 청량감을 주는 탄산가스가 새어나가는 것은 물론 맥주가 공기 중에 산화되는 것을 막아주기 때문이다. 맥주잔을 살짝 기울여 반쯤 찰 때까지 천천히 따른 후 잔을 똑바로 세워 나머지를 채우는 이유가 여기에 있다.

맥주잔의 보관과 청결한 관리도 중요하다. 맥주잔에 기름기나 물기가 남아 있으면 맥주의 맛과 향기, 거품이 감소되므로 맥주잔은 사용 전 반드시 깨끗한 물로 행군 뒤 얼룩이 남지 않게 깨끗한 수건으로 닦은 후 사용하여야 하며 냉장고에 잔을 보관하는 것은 적절하지 않다.

맥주 종류를 효모에 따라 상면발효맥주(Top Fermentation Beer), 하면발효맥주(Bottom Fermentation Beer) 구분

맥주는 크게 에일(Ale)맥주와 라거(Lager)맥주로 분류할 수 있다. 에일로 대표되는 상면발효맥주는 발효 도중에 생기는 거품과 함께 상면으로 떠오르는 성질을 가진 효모를 사용하여 만드는 맥주이다. 에일로 대표되는 상면발효맥주는 18~25℃의 비교적 고온에서 2주 정도 발효 후 15℃ 정도에서 약 1주간의 숙성을 거쳐 만든다. 에일(Ale)맥주, 스타우트(Stout)맥주, 포터(Porter)맥주가 대표적이다. 하면발효맥주는 발효 중 밑으로 가라앉는 성질을 가진 효모를 사용하여 만드는 맥주로, 비교적 저온에서 발효되며, 세계 각국에서 생산되는 대부분의 맥주는 이에 속한다. 하면발효맥주는 10℃ 정도의 저온에서 7~12일 정도 발효 후, 다시 1~2개월간의 숙성기간을 거쳐 만든다. 라거(Lager)맥주, 필스너(Pilsener)맥주, 도르트문트(Dortmund) 맥주가 대표적이다.

살균처리 방법에 따라 Lager Beer와 Draft Beer

라거 맥주(Lager Beer)는 우리가 마시는 병맥주, 캔맥주로 상당기간의 보존을 위하여 저온살균과정을 거쳐 병입된 것이다. 효모의 활동을 중지시킨 것으로 맥주는 일광에 약하고 직사광선에 노출되면 맥주 성분이 햇빛에 반응하여 맛이 변할 수도 있기 때문에 일광을 차단하는 다갈색이나 짙은 녹색병을 사용한다. 생맥주(Draft Beer)는 라거맥주와는 다르게 열처리를 하지 않아 효모가 살아있어 맥주 고유의 맛과 향이 살아있는 맥주이다. 저온에서 운반·저장해야 하며 장기보존이 어려운 단점이 있다.

맥주는 각국마다 세계 유명 브랜드 맥주가 다양하다.

유럽이 유명한 맥주가 많은데 아일랜드 Guiness, 독일은 Lowenbrau, 체코는 Pilsener Urquell, 벨기에는 Hoegaarden, 러시아는 Kwass(baltika), 네덜란드는 Heineken, 덴마크는 Carlsberg 등이 유명하다. 미국은 Budweiser와 Miller, 중국은 쒜에화(雪化)맥주, 칭다오(青岛)맥주와 하얼빈(哈尔滨)맥주가 유명하며, 필리핀은 San Miguel 등이 있다. 국내에는 OB, Hite, Cass, Kloud, Terra 등이 있다.

3) 전통주의 이해

전통주란 우리가 주식으로 삼고 있는 국내에서 생산되는 농산물을 주재료로 하고, 물 이외의 인위적인 가공이나 첨가물 없이 누룩을 발효제로 하여 익힌 술이다. 오랜 세월 동안 갈고닦아 온 고유한 방법과 전통성을 간직하면서도, 우리 땅의 자연산물을 주재료로 하여야 한다는 것이 기본이 된다.

민속주는 무형문화재 또는 식품명인이 제조한 술이고, 지역특산주는 농업경영체가 생산한 농산물을 사용하여 제조한 술

전통주는 예로부터 전승되어 오는 원리를 계승, 발전시켜 진흥이 필요하다고 인정하여, 농림축산식품부 장관이 정한 술로 민속주와 지역특산주로 분류된다. 민속주는 무형문화재 또는 식품명인이 국산 농산물을 사용하여 제조한 술이고, 지역특산주는 농업경영체(개인 또는 법인)가 자가 농산물이나 제조장 인근에서 생산된 농산물을 사용하여 제조한 술이다. 소규모 주류제조장에서 허용되는 주류는 탁주, 약주, 청주, 맥주이다. 지역특산주에서 허용되는 주류: 주정을 제외한 모든 주종 가능하며, 맥주, 브랜디, 위스키 등이다.

약주는 술을 약으로 인식하여 어른, 귀한 손님 접대에 술을 대접하는 것이 인정이며 예와 도리로 여김에서 나온 명칭이다. 탁주는 알코올 도수 11~19%이며, 탁배기, 가주, 백주, 농주라고 불렀다. 특징은 감칠맛, 청량미가 뛰어나 땀 흘려 일한 뒤 갈증 해소에 좋고, 약간의 단맛, 신맛, 쓴맛, 떫은맛, 매운맛 등 오미(五味)를 느낄 수 있다는 오묘함을 지닌 술이다.

과거 전통주의 80% 이상이 순곡 청주, 현대에는 98% 이상 기능성 약주

과거 전통주의 80% 이상이 순곡 청주였으나 현대에는 98% 이상 약용약주로 약재의 기능성 또는 약효를 높이기 위한 수단으로 즐겨 마시고 있는 것으로 변화되었다. 우리 전통주의 뿌리는 우리 전통주의 큰 특징이자 장점으로, 우리 술의 뿌리가 조상 대대로 가문과 집안마다의 비법으로 대물림해 온 가양주에 있다. 가양주가 전파되면서 마을과 향리의 술로 이름을 얻게 되고, 지역적 특성과 산물을 반영한 토속주로 정착되었다. 사대부와 부유층에서는 자주 술을 빚게 되어 양조기술이 뛰어나게 됨과 동시에, 고급 재료와 대량 생산하여 사용하는 중양주를 빚음으로써 명주들이 빚어지게 되었다. 전통 가양주는 약주라고도 불렸는데, 술을 빚어 상비 귀한 손님이나 집안의 어른의 접대와 봉양 또한 각종 약재와 과실을 이용한 약용약주를 빚어 건강을 도모했다. 청주는 맑고 깨끗한 술, 쌀로 빚은 술, 특히 향기 좋은 술을 지칭한다.

전통주의 다양성과 기능성을 살펴보면 다음과 같다.

다양성	제조 방법	다양한 중양주: 단양주, 이양주, 삼양주 등(12양주) 가문별 독특한 가양주 발달: 원료, 원료처리법, 제조법 등 다양
	재료 처리	9가지 쌀 처리법 존재 : 생쌀, 고두밥, 인절미, 백설기, 구멍떡, 물송편, 범벅, 개떡, 죽
	재료	찹쌀, 멥쌀, 수수, 보리, 조, 기장, 고구마, 계절에 따른 특산물 이용 (꽃, 열매 등) 다양한 부원료 사용 (한약재, 과실 등)
	누룩	누룩 재료의 다양성 : 밀(일반누룩), 보리(보리누룩), 쌀(이화국), (향온국)
기능성	약식주 동의	약용 목적의 건강주
	풍류주	계절 변화에 따른 운치와 풍류를 즐김: 봄 (진달래주, 이화주) 여름(연꽃주, 연엽주), 가을(국화주, 유자주), 겨울(진피주)

우리 술의 분류 및 종류는 매우 다양하다.

술의 형태와 성격에 따라 순곡주(청주, 탁주), 가향주, 약용약주, 증류식소주, 혼성주, 혼양주, 이양주로 구분한다. 제조시기에 따라 삼해주, 청명주, 창포주, 이화주 등으로 구분하며, 산지에 따라 한산소곡주, 안동소주, 금산인삼주 등으로 구분한다. 누룩의 종류에 따라 향온주, 백수환동주, 백료주 등으로 구분하고, 제조횟수에 따라 단양주, 이양주, 삼양주로 구분할 정도로 다양하다. 거르는 방법과 형태에 따라 청주 등이 있다.

주세법과 실용성을 고려한 분류로 살펴보면 다음과 같다.

구분	방법	종류	내용	
순(純) 곡주류	거르는 방법	탁주	일반탁주 (밀누룩 사용)	특별탁주 (쌀누룩 사용)
		청주	약주	
	빚는 방법	일반주	단양주, 이양주, 삼양주, 사양주, 오양주	
		이양주	숙성법이 다른 술, 와송주, 죽통주, 지주	
혼양 곡주류	약용곡주류	약재를 넣은 약용주, 곡물과 약재로 빚은 약용주		
	가향곡주류	침출액과 약재를 넣은 약용주 단양가향주, 이양가향주, 삼양가향주, 사양가향주		
	증류주	순곡증류주, 약용증류주		
	과실주	술에 과일을 넣은 과일주		
		곡물과 과일을 넣어 빚은 과일주		
	혼성주	곡물에 소주를 넣어 빚은 술		

순곡 주류는 탁주, 약주, 청주가 있다.

탁주는 예로부터 자가제조로 애용, 각 가정마다 독특한 방법, 맛도 다양하다. 대포, 모주, 왕대포, 젓내기술(논산), 탁배기(제주), 탁주배기(부산), 탁쭈(경북) 등이 대표적이다. 탁주는 곡류와 누룩 물을 원료로 하여 발효시킨 술로 여과하지 않고 혼탁하게 제성한 것이다. 고려시대 이후 대표적인 탁주 이화주가 등장한다. 약주는 중국에서는 약으로 쓰이는 술, 우리나라에서는 약용주 의미는 없다고 한다. 약주는 곡류와 누룩, 물을 원료로 하여 발효시킨 술덧을 여과하여 제성한 것으로 곡류 외 녹말이 포함된 재료 또는 식물약재를 이용하여 빚어 맑게 거른 술이다. 대표적인 술은 백하주, 향온주, 하향주, 소국주, 부의주, 청명주, 감향주, 절주, 방문주, 석탄주, 법주 등이며, 여러 번 덧술한 약주는 호산춘, 약산춘, 삼해주, 백일주, 사마주 등이다. 청주는 곡류 중 찹쌀을 포함한 백미를 누룩과 물을 섞어 발효시켜 만든 양조주로 맑게 여과하여 제성한 술이다. 삼국시대부터 빚은 한국의 술로 일본의 고사에 의하면 백제의 인번이 일본에 건너가 새로운 방법의 미주를 빚었고 그를 주신(酒神)으로 모셨다고 한다. 이 미주가 청주이다.

혼양곡주류는 가향곡주, 약용곡주, 과실주, 혼성주, 증류식 소주 등이 있다. 혼합곡주는 첨가하는 부재료에 따라 술에 향을 내기 위해 꽃이나 식물의 잎을 넣어 빚는 가향곡주, 약재를 넣어 빚는 약용곡주로 구분한다. 가향곡주는 가향재료를 우려내어 빚거나 곡류와 가향재료를 함께 넣어 발효한 술로 국화, 진달래, 연꽃, 냉이꽃, 매화, 장미, 복숭아꽃, 동백, 살구꽃 등을 넣어 빚는다. 잎이나 열매는 감국, 송엽, 솔방울, 솔잎, 송화, 송절, 송지, 죽엽, 닥나무잎, 청호, 송순 등 발효과정을 거치지 않고 헝겊주머니에 넣어 술 항아리 속에 달아매기도 한다.

약용곡주는 주로 사용하는 약재는 생지황, 구기자 등이 있으며, 약용곡주에는 계피주, 구기주, 녹용주, 당귀주, 백엽주, 생강주, 복분주 등이 대표적이다. 과실주는 과실(과실즙과 과실) 또는 과실과 물을 원료로 하여 발효시킨 술로 여과하여 제성하거나 나무통에 넣어 저장한 술이다. 혼성주는 양조주에 증류식 소주를 넣어 빚은 술로 과하주가 대표적이다.

증류식 소주는 순곡증류주, 단양증류주, 이양증류주, 삼양증류주, 약용증류주, 혼양약용증류주, 이양약용증류주 등으로 구분한다. 몽골의 일본원정을 목적으로 한반도에 진출한 후 몽고인의 주둔지 개성과 안동, 제주 등지에서 많이 빚기 시작하여 발전하였다.

Manner

3장
와인의 이해

1. 포도 품종의 종류와 특성

와인의 원료가 되는 포도의 품종은 레드 와인용 포도인 카베르네 소비뇽(Cabernet Sauvignon), 보르도 블렌딩 레드 와인의 기초를 이루는 메를로(Metlot), 포도 품종 중 가장 고귀한 품종이라는 피노 누아(Pinot Noir), 강렬한 탄닌 맛의 시라/쉬라즈(Syrah/Shiraz), 주피터의 피, 다양한 맛과 향을 지닌 산지오베제(Sangiovese), 저렴한 가격으로 대중적인 로제와인의 진판델(Zinfandel), 무더운 여름 약간 차갑게 해서 마시면 좋은 가메(Gamay), 안개 속에서 익어가는 네비올로(Nebbiolo), 알코올 도수가 높은 와인을 생산할 수 있는 품종 그르나슈(Grenache) 등이 대표적이다.

레드 와인용 포도인 카베르네 소비뇽(Cabernet Sauvignon)

레드와인의 최고 포도 품종으로 보르도의 메독(Médoc)과 그라브(Graves)의 대표적인 품종이다. 카베르네 소비뇽 포도는 작은 사이즈, 깊고 진한 색, 많은 씨앗, 두꺼운 껍질이 특징이다. 카베르네 소비뇽 포도나무는 단단하여 추위를 잘 견뎌 내고 싹이 늦게 터서 봄철의 동사를 피해 갈 수 있는 우수한 품종이다. 두꺼운 껍질을 가져 강한 저항력으로 다른 풍토에도 적응력이 뛰어나다. 많은 씨앗과 두꺼운 껍질은 탄닌을 많이 포함하고 있으며 두꺼운 껍질이 포도의 부패를 늦추어 와인이 오랜 기간 숙성할 수 있게 돕는다. 카베르네 소비뇽은 오크통에 숙성 시켜 저장하여 마시는 와인 생산에 적합하다. 가장 중요한 레드 품종인 카베르네 소비뇽, 메를로(Merlot), 피노 누아(Pinot Noir) 등과 세계적으로 가장 많이 재배되는 양조용 포도이다. 카베르네 소비뇽은 미국 캘리포니아주, 호주, 칠레 등지에 잘 적응하여 재배되는 품종이다. 미국의 나파 밸리(Napa Valley), 소노마 카운티(Sonoma County) 등과 칠레의 마이포 밸리(Maipo Valley), 호주의 쿠나와라(Coonawarra) 등이 유명한 와인 산지로 다양한 개성을 가진 카베르네 소비뇽이 재배된다. 이탈리아는 독창적인 카베르네 소비뇽 생산지역으로 유명하다.

https://winefolly.com/

보르도 블렌딩 레드 와인의 기초를 이루는 메를로(Metlot)

메를로 품종은 카베르네 소비뇽보다 덜 농축되고 집약되어 있기 때문에 포도가 아주 잘 익고 충분히 농축되어야 한다. 메를로는 블랙커런트, 블랙 체리, 플럼, 민트, 초콜릿의 맛과 향이 난다. 숙성이 진행되면 더 부드러워지며, 과일 향미가 약해지고 허브 향이 우세해진다. 카베르네 소비뇽에 비해 알과 송이는 더 통통하고 껍질은 얇으며, 수분과 당분이 더 많다. 카베르네 소비뇽에 비해 탄닌의 함유는 낮다. 메를로 와인의 특징은 탄닌 성분이 적고 부드러우며 당분이 많아 그다지 오래 숙성시키지 않고도 마실 수 있다. 카베르네 소비뇽과 혼합시켜 숙성 속도를 빠르게 하고 거친 맛을 순화시켜 주기도 한다. 이런 특성으로 다른 포도의 거친 특성을 완화할 목적으로 블렌딩하며, 생떼밀리옹(Saint-Emilion)과 뽀므롤(Pomerol) 지역의 대표적인 품종이다. 진한 색상과 풍부한 과일향을 지니고 있어 선이 부드럽고 온화하여 마음을 훈훈하게 만드는 여성적인 와인 스타일의 품종이다.

https://winefolly.com/

포도 품종 중 가장 고귀한 품종이라는 피노 누아(Pinot Noir)

프랑스 부르고뉴(Bourgogne) 지역의 대표 품종으로 껍질이 얇고 포도 알이 매우 촘촘히 붙어있는 모양에서 나온 이름이다. 피노 누아는 탄닌 함량은 높지 않다. 포도의 색깔은 카베르네 소비뇽이나 멀롯보다 짙은 담홍색이지만 와인의 색은 열고 매우 광택이 난다. 단일 품종이지만 섬세한 향과 맛은 보르도의 블렌딩 와인에도 견줄 만하다. 향은 기본적으로 딸기, 체리, 라즈베리, 크랜베리, 제비꽃, 장미 등 부드럽고 풍부한 과일 향에 더해 송로버섯, 흙냄새, 헛간 냄새, 크림 냄새 등을 맡을 수 있다. 피노 누아는 다른 품종은 잘 자라지 못하는 대체로 추운 대륙성 기후 지역이나 너무 덥지 않은 북반구의 서늘한 지방에서 잘 재배되어 환경에 대한 적응력은 떨어지나 최고의 테루아에서는 어떤 품종도 따라올 수 없는 와인이 된다. 프랑스 이외 지역에서는 미국 오리건, 뉴질랜드 남섬 등에서 재배되고 있다.

https://winefolly.com/

주피터의 피, 다양한 맛과 향을 지닌 산지오베제(Sangiovese)

이탈리아 토스카나(Toscana), 피에몬테(Piemonte)에서 재배되는 새콤달콤한 맛의 이탈리아의 전형적인 포도 품종으로 부드러운 끼안티(Chianti), 견고한 브루넬로 디 몬탈치노(Brunello di Montalcino), 비노 노빌레 디 몬테풀치아노(Vino Nobile di Montepulciano) 등의 고급 와인을 만드는 데 사용되는 품종일 뿐 아니라 이탈리아의 북부를 제외한 전역에서 산지오베제를 이용한 와인을 만들고 있다. 끼안티에서 풍기는 쓴맛과 체리와 자두를 혼합한 과일 향을 가지고 있다. 다양한 맛과 향을 지닌 품종으로 유명하며, 허브향이 강하고 끝 맛이 오래 남으면서도 무겁지 않은 것이 산지오베제의 특징이다. 이탈리아의 파스타 요리에 잘 어울린다. 주피터의 피라는 의미를 가진 산지오베제는 묵직한 고급 와인을 만들 때는 산지오베제만을 이용해서 만드는데, 너무 숙성 시켜 마실 때보다 신선할 때 맛이 좋다.

강렬한 탄닌 맛의 시라/쉬라즈(Syrah/Shiraz)

프랑스 론(Rhone) 지방이 원산지로 꼬드-로띠(Code-Rotie)와 에르미타쥬(Hemitage)의 고급 와인을 만드는 데 사용되는 포도이다. 강렬한 탄닌 맛의 시라/쉬라즈 와인은 짙은 붉은빛을 가졌고, 숙성이 되면서 달콤한 블랙커런트와 라스베리향이 생기는데 식감은 벨벳처럼 부드러운 식감이다. 알코올 함량은 높은 편으로 산도는 적당하거나 낮은 편이다. 프랑스의 시라는 탄 냄새와 허브 향이 풍기고 맛이 강한데, 호주의 쉬라즈는 감칠맛이 더 좋고 부드러운 맛을 내며 가죽 냄새가 나 유명세를 가지고 있다. 두꺼운 껍질을 가진 시라/쉬라즈 품종은 강렬한 탄닌 맛이 주종을 이루고 감칠맛이 뛰어나며 매콤하면서 때로는 과일 향을 풍긴다. 현대에는 남아프리카공화국, 이탈리아, 스위스에서도 소량이지만 쉬라즈를 재배한다. 미국 캘리포니아의 시라는 단일 품종이라기보다는 시라와 다른 품종이 블렌딩 되어 생산된다.

알코올 도수가 높은 와인을 생산할 수 있는 품종 그르나슈(Grenache)

그르나슈는 알코올 도수가 높은 와인을 생산할 수 있는 품종으로 스페인과 프랑스 남부 지역의 더운 지역에서 재배된다. 지중해의 뜨거운 태양 때문에 푹 익어 산도는 낮으며 알코올 도수가 높고 달콤하면서도 매콤한 후추향이 매력적이다. 탄닌과 신맛이 강한 품종과 블렌딩하면 과일향과 향신료 향이 강해지고 알코올 도수도 올라가면서 풀바디한 와인이 된다. 단일 품종으로 만들어졌을 때보다 블렌딩했을 때 맛이 가장 좋은 와인이 생산된다.

안개 속에서 익어 가는 네비올로(Nebbiolo)

이탈리아 북서부 피에몬테(Piemonte) 지방에서만 생산된다고 할 수 있는 두꺼운 껍질과 짙은 보라색을 가진 포도로 수확이 늦는 품종이다. 바롤로(Barolo)와 바바레스코(Barbaresco)에서 주로 재배되는 품종으로 이탈리아 피에몬테 최고의 와인을 만든다. 탄닌이 많고 산도가 높은 풀바디의 와인이다. 블랙체리, 아니스, 감초의 향을 지닌 강건하고 힘이 있는 품종으로 단일 품종으로 와인에 생산에 쓰인다. 최소한 6년 이상은 숙성 시켜야 제대로 맛이 나는 오랜 숙성을 필요로 하는 포도 품종이다. 숙성 전에는 탄닌과 산도가 높아 맛이 대단해 거칠어 숙성 후 마셔야 한다.

무더운 여름 약간 차갑게 해서 마시면 좋은 가메(Gamay)

가메는 프랑스 보졸레 지방의 품종으로 붉은색으로 신선함과 가벼운 바디

감으로 여름에 즐기는 와인의 원료이다. 가메 품종의 특징적인 매력은 양조하여 바로 마시는 데 있다. 산도가 높고 달콤한 체리와 라스베리 향과 함께 상큼하고 라이트하고 탄닌 성분이 거의 없어 무더운 여름 13~14도로 차갑게 해서 마시면 좋다. 차가워지면서 신선한 과일향이 더 배가되어 맛이 좋아진다. 이 포도는 프랑스 부르고뉴 남부의 화강암 언덕 지역인 보졸레 지역 외에서는 잘 자라지 않는다. 햇술 상태로 즐기는 매년 11월 셋째 주 목요일에 출시되는 보졸레 누보(Beaujolais Nouveau)로 유명해진 품종이다.

저렴한 가격으로 대중적인 로제와인의 진판델(Zinfandel)

미국 캘리포니아에서 가장 많이 생산되는 적포도 품종으로 진판델 와인은 과일 풍미가 풍부하고 강하며, 잘 익은 딸기류의 향이 진하게 난다. 이탈리아에서 프리미티보라 부른다. 최근에는 미국 나파밸리의 대표 품종으로 인식되고 있으며, 다양한 스타일의 와인으로 만들어진다. 포도 알이 굵고, 검푸른 색이며 달콤하고 즙이 많다. 진판델의 매력은 포트 와인처럼 농도가 짙은 와인부터 로제와인처럼 가벼운 스타일까지 다양한 생산이 가능하다는데 있다. 당도가 높기 때문에 알코올 도수는 높으나 가벼우면서 산뜻하여 레드, 화이트, 로제 와인 생산에 주요한 품종이다.

화이트 와인의 왕이라 불리는 샤르도네(Chardonnay)

포도 품종을 이야기할 때, 레드와인을 대표하는 품종이 카베르네 소비뇽이라면, 화이트와인을 대표하는 품종은 샤르도네다. 샤르도네는 기후의 다양성이나 양조 방법 차이, 특히 오크통 사용 여부에 따라 다양한 향을 나타낼 수 있는 포도 품종이다. 브리오슈 빵, 생 버터, 헤이즐넛, 녹색 과일, 시트러스, 부싯돌 향이 더운 지방으로 가면 시트러스, 파인애플, 열대과일향으로 표현된다.

대부분의 테루아(Terroir)에서 잘 자라는 품종이며 프랑스의 부르고뉴, 샹파뉴(Champagne), 샤블리(Chablis) 지역, 미국의 경우 캘리포니아가 유명하고 호주 샤르도네도 좋은 평을 받고 있다. 몽라셰(Montrachet)를 포함한 부르고뉴의 모든 화이트 와인과 '블랑 드 블랑(Blanc de blanc)' 샴페인이 이 고귀한 품종에서부터 나오는데, 여러 종류의 토양이나 기후에 적응할 수 있는 유연성이 전 세계적 성공의 이유라 할 수 있고. 최고급 샤르도네는 장기 숙성도 가능하다.

https://winefolly.com/

개성이 뚜렷하고 산뜻한 향미의 소비뇽 블랑(Sauvignon Blanc)

프랑스 루아르(Loire) 중심부나 보르도 토양에 포함된 석회질과 서늘한 기후에서 자라는 소비뇽 블랑은 녹색 과일, 허브 향과 같은 산뜻한 향미가 넘치는 품종이다. 더운 기후에서는 특유의 산도와 특유의 독특한 성질을 잃는다. 이런 특징을 살리기 위해 오크 숙성을 하는 경우는 많지 않으며, 산도가 비교적 강한 편이어서 디저트 와인을 만들면 당도와 산도의 밸런스가 좋아 스위트 와인을 만들 때도 사용된다.

서늘한 지역에서 재배될 때 높은 평가를 받고 있는데, 특히 뉴질랜드는 향이 매우 강한 명성 있는 와인으로 말보로(Marlborough) 지역의 소비뇽 블랑이 대중적이고 유명하다.

https://winefolly.com/

산도와 당도가 균형적인 리슬링(Riesling)

리슬링은 3대 화이트 와인(샤르도네, 소비뇽 블랑, 리슬링) 중 하나로 꼽히는 포도 품종이다. 샤르도네와 달리 유연성이 없어 프랑스 알자스(Alsace), 독일과 이탈리아 북부 등에서 재배된다. 리슬링은 서늘한 기후에서 재배되고, 산도가 있고, 섬세하고, 우아하고, 레몬 향이 나며, 드라이, 스위트, 스파클링 와인까지 다양하게 양조가 가능하며, 숙성시키지 않고 마실 수 있는 와인을 만들 수 있고, 10년에서 30년까지 보관이 가능한 산도가 있고, 복합적인 장기 숙성형 최고급 스위트와인도 만들 수 있다.

https://winefolly.com/

와인 입문자에게도 인기가 많은 뮈스카(Muscat)

소아시아에서 유입된 것으로 보이는 뮈스카는 특정 품종이 아닌 백 가지 넘게 변종을 가지고 있는 세계에서 가장 오래된 포도 품종으로 식용, 건포도, 와인용 등 다양하게 쓰이는 여러 가지 품종을 하나로 묶어서 표현한 말이다. 최소한 200여 가지 변종이 있는 종으로 색깔도 껍질이 검은 것부터 불그스름한 것, 하얀 것까지 있고 아주 다양한 기후에서 여러 가지 와인으로 생산된다. 이탈리아의 모스카토(Moscato)와 같은 품종으로 와인 입문자 혹은 와인을 전혀 모르는 사람들에게도 인기가 많은 스위트 스파클링 와인이 대표적이다.

뮈스카로 만든 와인을 맛보면 누구든지 어떤 품종으로 만든 와인인지 알 수 있을 정도의 특이한 냄새를 가지고 있는데 이 향은 사향(Musk: 사향 냄새를 풍기는 각종 식물)과 비슷하면서 포도와 와인에서 모두 풍긴다. 화이트 스파클링부터 호주의 풍부하고 농밀한 주정강화와인에 이르기까지 매우 다양한 스타일의 와인이 만들어진다.

2. 와인의 종류

와인의 색, 맛, 제조방법, 식사용도에 따라 구분

와인의 색에 따른 구분은 붉은빛의 레드와인(Red Wine), 화이트와인(White Wine), 로제와인(Rose Wine)으로 구분한다.

붉은빛의 레드와인(Red Wine)은 포도를 껍질 채로 제조하여, 껍질의 안토시아닌 때문에 붉은빛을 가지며, 포도의 껍질과 씨에 포함된 타닌으로 특유의 떫은맛이 난다. 화이트 와인(White Wine)은 투명하지는 않고 옅은 녹색이나 옅은 황금빛을 보인다. 껍질을 벗긴 후 즙을 얻어내기 때문에 껍질의 안토시아닌이 없어 붉은빛을 띠지 않는다. 로제와인(Rose Wine)은 핑크빛을 띤다. 껍질을 벗기지 않고 압착하여 색이 우러나오면 발효시키는 도중 포도 껍질만 제거한다. 맛은 가볍고 신선하다.

와인의 맛에 따른 종류와 특징으로 구분하면 드라이와인(Dry Wine), 스위트 와인(Sweet Wine), 미디엄 드라이와인(Medium Dry Wine) 등이다.

드라이와인(Dry Wine)은 포도껍질의 천연 이스트에 의해 당분이 알코올과 이산화탄소로 바뀌는데 발효를 오래 시킬수록 당분은 줄어들고, 단맛이 나지 않는다. 고급와인이 보통 드라이 와인에 속한다. 레드와인은 색이 짙을수록 화이트와인은 투명할수록 더 드라이한 성질을 가진다. 스위트와인(Sweet Wine)은 단맛이 나는 와인으로 발효과정에서 당분을 완전히 발효시키지 않고 당분을 남겨 단맛이 나도록 한다. 미디엄 드라이와인(Medium Dry Wine)은 드라이와 스위트의 중간 정도의 당도의 와인이다.

탄산유무와 알코올 정도를 고려한 제조방법에 따라 구분하면 스틸와인(Still Wine), 스파클링와인(Sparkling Wine), 주정강화와인(Fortified Wine), 비 주정강화와인(Unfortified Wine) 등이다.

스틸와인(Still Wine)은 거품이 나지 않는 비발포성 와인이다. 탄산가스를 완전히 제거한 와인으로 비발포성 와인이라고 부른다. 스파클링 와인(Sparkling Wine)은 1차 발효 후 당분과 효모를 첨하가여 2차 발효를 통해 탄산가스를 융해시켜 만든 와인이다. 스파클링 와인의 대표 와인은 샴페인이다. 주정강화와인(Fortified Wine)은 발효과정이나 발효 이후 알코올 도수를 높이기 위해 증류주를 추가한 와인이다. 발효가 절반이나 2/3 정도 되었을 때 다른 통으로 옮겨 담아 증류주를 배합하면 발효가 더 이상 진행되지 않아 포도의 감미가 남는다. 비주정강화와인(Unfortified Wine)은 증류주를 첨가하지 않고 포도만을 발효시켜 만든 순수 와인이다.

식사 용도에 따른 종류와 특징으로 구분하면 식전주 와인(Aperitif Wine), 테이블 와인(Table Wine), 디저트 와인(Dessert Wine) 등이다.

식전주 와인(Aperitif Wine)은 식욕을 끌어올리기 위해 셰리(Sherry), 샴페인(Champagne) 등을 마신다. 테이블 와인(Table Wine)은 식사를 하면서 함께 마시는 와인이다. 식욕 및 소화를 돕고, 입안을 헹궈 줘 음식의 맛이 섞이지 않고 제 맛을 느끼도록 도와주는 역할을 한다. 디저트 와인(Dessert Wine)은 식사를 마친 뒤 디저트와 함께 마시는 와인이다. 시원하고 알코올 도수가 높은 스위트와인을 즐긴다.

3. 천혜의 환경과 풍부하고 다양한 식생활문화와 품질 관리 체제를 확립하여 발전한 프랑스 와인

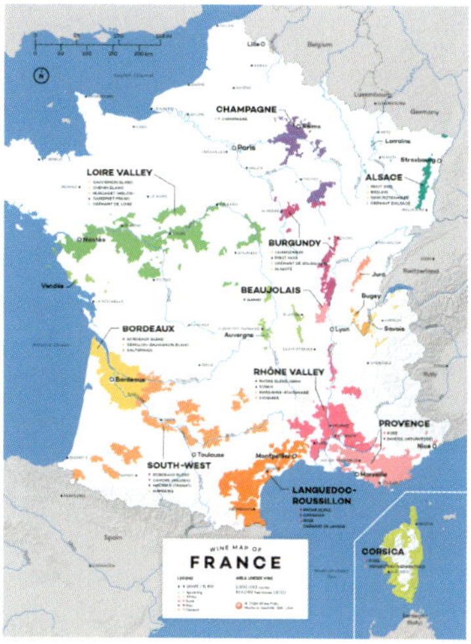

https://winefolly.com/

1) 3,000여개의 샤토(포도원)를 품은 보르도 와인(Bordeaux Wine)

프랑스의 와인산지인 보르도는 프랑스 제2의 도시이며, 큰 강인 지롱드강과 그의 지류인 가론느 강과 도르도뉴 강을 중심으로 뛰어난 자연 조건을 지닌 지역이다. 보르도는 세계에서 가장 우수한 와인을 생산하는 가장 넓은 지역이다. 이 지역에서는 메독(Medoc), 그라브(Graves), 생 떼밀리옹(St. Emilion) 등 스틸와인, 스위트한 화이트 와인에 이르기까지 모든 타입의 와인을 생산한다. 레드와인은 우아하며 섬세한 맛으로 와인의 여왕이라 불린다. 보르도 지방에는 약 3,000여 개의 샤토가 있는데, 샤토(Chateau)는 성곽이나 장원의 대저택을 말하는 용어이나 오늘날에는 와인과 관련하여 포도원을 말한다. 포도원 와인은 Chateau Wine이다. 각각의 샤토는 포도 재배에서 수확, 발효, 저장, 병에 담는 것까지 특정 포도원 내에서 이루어지며 특정 샤또(포도원)의 명칭으로 상표를 붙인다. 보르도 와인은 단일 품종의 포도로 제조되는 일은 거의 없다. 이 지역은 단일 품종이 아닌 두 가지 이상의 포도가 혼합되어 복잡 미묘한 풍미가 나는 와인으로 포도 품종의 이름을 상품명으로 사용하지는 않고, 생산지역이나 샤토의 이름을 상품명으로 사용한다.

세계 최고의 와인 산지인 메독(Medoc) 지방

메독은 보르도에서 가장 중요한 와인 산지로 8개의 아뻴라씨옹(Appellation)으로 메독(Medoc), 오메독(Haut-Medoc), 마고(Margaux), 물리스-엉-메독(Moulis-en-Medoc), 리스트락-메독(Listrac-Medoc), 쌩쥘리엥(Saint-Julien), 뽀이약(Pauillac), 쌩떼스테프(Saint-Estephe)로 이뤄져 있다. 메독 와인의 등급을 이루는 5개 크뤼(Cru) 패밀리는 그랑 크뤼 끌라쎄(Grands Crus Classesen 1855), 크뤼 부르주아(Crus Bourgeois), 크뤼 아르띠장(Crus Artisans), 공동 조합(Caves Cooperatives), 네고시앙 브랜드와 그 외 크뤼(Vin de Marque Negoce et Autres Crus)다.

마고는 메독의 와인 생산지역 중에서 가장 큰 지역으로 지롱드강 좌안에 길게 이어져 메독의 남쪽에 위치해 있다. 뽀이약이나 생줄리앙보다 메를로의 비율이 비교적 많아 섬세하고 맛과 향이 부드럽고 감미로운 향기를 지닌다. 대표적인 와인은 Chateau Margaux(샤토 마고), Chateau Rausan-Segla(샤토 로잔 세글라), Chateau Lascombes(샤토 라스꽁브), Chateau Rausan-Gassies(샤토 로잔 가씨에), Chateau Palmer(샤토 팔머), Chateau Boyd-Cantenac(샤토 보이드 깡트냑), Chateau Cantenac-Brown(샤토 깡트냑 브라운) 등이다.

메독 지방 대표적인 와인 생산 지역인 뽀이약은 오랜 전통의 명예로운 포도원들이 많이 몰려 있다. 뽀이약의 와인의 특징은 신선하며 구조가 견고하며 균형 잡힌 바디로 감칠맛이 나는 것이다. 대표적인 와인은 Chateau Latout(샤토 라뚜르), Chateau Lafite-Rothschild(샤토 라피뜨 로칠드), Chateau Mouton Rothschild(샤토 무똥 로칠드), Chateau Pichon-Longueville Baron(샤토 삐숑 롱그릴 바롱), Chateau Pichon-Longueville Comtesse-de-Lalande(샤토 삐숑 롱그비 꽁드스 드 라랑드), Chateau Duhart-Milon-Rothshild(샤토 뒤아르 밀로 로뜨 씰), Chateau Ponter Canet(샤토 뽕떼 까네), Chateau Lynch Base(샤토 린쉬 바쥬), Chateau Batailley(샤토 바따이), Chateau Haut Batailley(샤토 오 바따이) 등이다.

오메독의 중앙에 위치하고 있으며, 오메독의 꼬뮌(Commune) 중에서 가장 작은 지역이 생 줄리앙이다. 생 쥴리앙은 강가에 위치하고 자갈 섞인 토지에 밭이 있다. 이 지역의 토양은 균일하여 품질이 비교적 고르고 맛이 부드럽다. 생 줄리앙의 대표적인 와인은 Chateau Leville Las Cases(샤또 레오빌 라 까즈), Chateau Leville Barton(샤또 레오빌 바르똥), Chateau Lagrnage-Barton(샤또 랑고아 바르똥), Chateau Lagrange(샤또 라그장쥬) 등이다.

생떼스떼프 와인은 메독의 와인 중에서 탄닌이 많아 향기가 가장 강하고 섬세함은 부족하지만 뚜렷한 특성을 지닌 우아한 와인이다. Chateau Cos d'Estournel(샤또 꼬 데스 뚜르넬), Chateau Montrose(샤또 몽로즈), Chateau Calon-Segur(샤또 깔롱 쎄귀), Chateau Lafon-Rochet(샤또 라퐁 로쉐), Chateau Cos Labory(샤또 코스 라보리)가 대표적이다.

자갈이 많은 토양이라는 뜻의 그라브(Graves) 지방

그라브는 자갈이라는 뜻으로 이 지역은 자갈이 모래로 섞여 있고 석회질과 점토 토양으로 포도 재배에 이점이 되는 지역이다. 이 지역의 레드 와인은 색깔이 짙고 세련된 향기를 지닌 부드러움이 특징이다. 화이트 와인도 강세를 보이고 있는데 드라이하여 강하고 풍부한 맛을 내는 세미용과 신선하고 산도가 강한 소비뇽 블랑 품종으로 맛이 쌉쌀하고 뒷맛이 달콤하다. 대표적인 와인은 Chateau Haut Brion(샤또 오 브리옹), CH. Pape Clement(빠쁘 끌레망) 등이다.

달콤한 맛의 화이트 와인을 생산하는 소떼른(Sauternes) 지방

이 지역의 와인은 프랑스 최고의 화이트 와인으로 유명하다. 이 지역에서 생산되는 와인은 대서양의 영향으로 안개가 끼고 오후에는 기온이 상승하여 귀부(pourriture noble) 곰팡이의 영향을 받은 포도를 수확하여 와인을 만든다. 이 방법을 이용하면 포도의 당분 함량이 높아져 천연의 단맛과 향기가 뛰어나게 된다. 대표적인 와인은 샤또 디껨(Chateau d'Yquem), 샤토 라투르 블랑쉬(Chateau La Tour-Blanche) 샤토 라포리-페라게(Château Lafaurie-Peyraguey), Clos Haut Peyraguey(끌로 오 빼이라게이 봄), Rayne Vigneau Bommes(라인느 비뇨 봄) 등이다.

아름답고 고풍스런 풍경이 유명한 생테밀리옹(Saint Emilion) 지방

아름답고 고풍스런 풍경이 유명한 곳으로 4세기경부터 이곳의 와인이 알려지기 시작했다. 레드 와인 3대 명산지 중의 하나로 메를로 품종의 포도를 주로 사용하여 색깔이 짙은 와인을 생산한다. 생떼밀리옹의 샤토는 메독 지방보다 더 많은 와인이 생산되는 가장 규모가 큰 지역이다. 많은 양이 어떤 특정 포도원이 아닌 생 떼밀리옹 단독 명의로 생산하여 판매한다. 생 떼밀리옹 와인은 메독 지역보다는 드라이하지 않으며, 향취가 덜 하지만 버건디의 중후한 맛을 가진 와인이다. 생 떼밀리옹의 와인은 모든 보드로 중에서 가장 맛이 깊고 진한 와인이다. 대표적인 와인은 샤토 오존(Chateau Ausone), 샤토 슈발 블랑(Chateau Cheval Blanc) 등이다.

2) 버건디(Burgundy)라고 불리는 부르고뉴(Bourgogne) 와인

부르고뉴 지역의 와인은 보르도와 달리 여러 종류의 포도 품종을 사용하지 않고 White Wine은 Chardonnay 품종을, Red Wine은 Point Noir 혹은 Gamay 한 품종을 사용한다. 부르고뉴는 각각의 포도원마다 지형과 토양의 구성이 다양한데, 이것이 부르고뉴에서 기원하여 전 세계적으로 통용되는 의미의 테루아(Terroir)의 개념으로 이 지역에서 생산된 와인은 개성이 강하여 맛이 중후하고 제왕의 품위가 느껴지는 와인의 왕이라고 불린다. 부르고뉴 포도원은 보르도와 같이 대규모로 경영되지 않고 소규모로 나뉘어져 경영한다. 부르고뉴 지방은 샤블리(Chablis) 꼬뜨 드 뉘(Côte de Nuits), 꼬뜨 드본(Côte de Beaune), 꼬뜨 샬로네즈(Côte Châlonnaise), 마꼬네(Mâconnais), 보졸레의 6개 지구로 나누어져 있다.

녹색을 띤 황금색 와인 샤블리(Chablis)

샤블리는 브루고뉴에서 동떨어져 작은 섬처럼 샴페인 지역에 가깝게 위치해 있는 독특한 지역이다. 샤블리의 와인은 최고의 유명한 화이트 와인으로 흰살 생선이나 어패류와 잘 어울리는 대표적인 화이트 와인이다. 와인은 섬세한 신맛과 신선하고 깨끗한 과일향, 산미가 강한 것이 특징이며, 세계 최고의 화이트 와인 산지이다. 유명한 포도원으로는 레 클로(Les Clos), 블랑쇼(Blanchots) 등이 있다.

가을 포도밭의 노란 단풍 색깔에서 유래된 황금언덕 꼬뜨 도르(Cote d'Or)

황금 언덕을 의미하는 가을 포도밭의 노란 단풍 색깔에서 유래된 지역으로 언덕길을 따라 길게 뻗어 있는 세계적인 와인 산지의 대표적인 지역이다. 이곳의 와인 생산량은 메독 지방의 3분의 1 수준으로 공급이 적어 인기가 높다. 적포도주용은 Pinot Noir가 주품종이고, 화이트 와인은 Chardonnay, Aligoter가 주품종이다. 화이트 와인은 코르통 샤를마뉴(Corton-Charlemagne), 레드와인은 샹베르탱(Chambertin)이 대표적인 와인이다.

향기를 잃지 않는 마코네(Maconnais)

마콩(Macon)시와 붙어 있는 지역으로 와인의 맛은 가볍고 신선하다. 마코네 지역의 와인은 비교적 값이 싼 데 비해 품질은 우수하다. 이 지역은 화이트 와인을 주로 생산하며 세계적으로 유명한 뿌이 퓌세(Pouilly-Fuisse)의 본고장으로 녹색을 띤 금빛의 무감미 화이트 와인이다. 숙성을 거치지 않고 10년 이상의 보관 기간을 거쳐도 향기를 잃지 않는 특징을 가지고 있다. 마콩 지역의 화이트 와인을 마콩 블랑(Macon Blanc)이라고 부르며, 부르고뉴 화이트 중에서도 값이 비교적 싸다.

보졸레 누보(새로운 보졸레)의 생산지, 보졸레(Beaujolais)

부르고뉴 지방 와인 생산량의 60%를 차지하고 있는 지역이 보졸레이다. 토양은 배수성이 그다지 좋지 않아 포도 자체의 아로마는 그다지 좋지 않다. 보졸레 지역의 와인 생산업자들은 과감하게 전통적인 방법에서 탈피하여 포도의 품종과 발효 방식을 현대적인 다산성 방식으로 바꾸고 판매도 최단 기간 내의 배달방식을 도입하고 보졸레 누보를 매년 판매하고 있다. 수확한 해의 11월 15일에는 조기 출하된 누보 와인이 나온다. 신선한 과일 향, 밝은 색조, 경쾌한 풍미의 와인을 생산한다. 대표적인 와인은 생 따무르(Saint Amour), 줄리에나(Julienas), 물랭아방(Moulin a Vent) 등이다.

3) 조약돌이 태양열을 흡수하고 포도에 그 열을 돌려준다는 론(Rhone) 와인

오랜 역사를 가진 론 계곡의 포도밭은 200km를 흐르는 론강에 잇달아 전개된 포도 재배 지역으로 남부와 북부로 구분이 된다. 북부는 낮은 구릉지대, 남부는 평지가 많은 지역적 특징을 가진다. 북부 꼬뜨 뒤론은 대륙성 기질이 뚜렷하여 여름은 덥고 겨울은 춥다. 포도나무를 가파른 경사면에 심어 테라스가 필수적이다. 론 남부는 북부와 판이하다. 북부가 시라 단일 품종에 가깝다면 남부는 그르나슈(Grenache) 품종을 중심으로 20여 종의 포도를 블렌딩 한다. 지중해성 기후로 여름에는 가뭄, 지중해의 찬 서북풍에 의한 기상의 변화가 많다. 토양은 모래나 백악질의 석회석으로 조그마한 조약돌로 이루어져 낮에는 조약돌이 태양열을 흡수하고 밤에는 다시 포도에 그 열을 돌려준다는 동화 같은 지역이다. 론의 와인은 알코올 도수가 높은 것이 특징이다. 론의 대표적 와인 산지로는 꼬뜨로띠(Côte Rôtie), 에르미타주(Hermitage)로, 샤또뇌프 뒤파프((Châteauneuf-du-Pape) 지공다스(Gigondas) 등이 있고 따벨(Tavel)은 프랑스에서 가장 유명한 로제를 생산한다.

4) 포도의 성숙에 필요한 최적지의 상파뉴(Champagne) 와인

프랑스를 통틀어 가장 부유하기로 유명한 지역이자 '샴페인'이라는 주종을 온 세상에 전파한 샹파뉴(Champagne). 1년 내내 지중해성 기후의 혜택을 받는 프랑스 남쪽 지방에 위치한 지역으로 샹파뉴 지방에서 생산되는 스파클링와인을 샴페인이라고 부른다. 프랑스의 다른 지역에서 제조된 스파클링와인은 크레망(Crement), 뱅 무쐬(Vin Mousseux)라고 하여 샴페인과는 구별한다. 17세기 말경 오빌레르(Hautvillers) 수도원의 수도사였던 돔 페리뇽(Dom Perignon)은 상파뉴 지역의 추운 날씨 때문에 발효를 멈추다가 봄에 발효가 시작되어 터져 버리는 와인을 보고 연구하기 시작하여 샴페인의 생산과 품질 향상에 큰 기여를 하였다. 주요 품종은 샤도네이(Chardonnay), 피노 누아(Pinot Noir), 피노뫼니에(Pinot Meunier)이다. 대표적인 샴페인은 돔 페리뇽(Dom Perignon), 볼랭져(Bollinger), 떼땅져(Taittinger), 뵈브 클리코(Veuve Clicquot), 모에샹동(Moet Chamdon), 멈(Mumm) 등이 있다.

5) 피서지로 유명하고 앙투와네트의 와인, 르아르(Loire) 와인

프랑스 최대 강인 르와르강의 제방을 따라 다양한 토양과 기후를 가진 와인 산지가 형성되어 있는데 이 지역이 르아르강을 따라 4개의 주요 와인 재배구역으로 구분된다. 이 지역의 와인들은 풍미가 신선하게 입안을 자극하며 마시기 쉬운 게 특징이다. 르와르 와인 중에서 최고의 와인은 뿌이 퓌메로 루이 16세의 왕비인 앙투와네트가 가장 즐긴 와인이다. 대표적인 와인은 앙주(Anjou), 뚜렌(Touranie), 뮈스까데(Muscade), 소뮈르(Saumur) 등이다.

6) 프랑스이면서 독일 와인 특징을 지닌 알자스(Alsace) 와인

알자스는 프랑스의 라인강의 서쪽에 위치한 지역으로 독일과의 국경지역이다. 역사적으로도 독일과 프랑스 지배가 반복된 국경 지역이다. 알자스는 울창한 숲으로 이루어진 지역으로 비교적 기온이 낮아 화이트 와인 품종을 주로 생산한다. 지역적 위치와 역사적인 이유로 와인도 독일 와인에 가까우면서도 독특하다. 와인명은 마을이나 포도밭의 이름을 사용하지 않고 포도 품종의 이름을 사용하므로 A.O.C는 Appellation Alsace Controlee로 단일하게 사용한다. 알자스와인은 대부분 화이트와인으로 향취와 향미가 좋고, 깨끗하고 드라이한 것이 특징이다. 대표적인 와인은 리슬링(Riesling), 트라미너(Traminer), 게부르츠트라미너(Gewurztraminer) 등이다.

4. 전통과 다양성의 이탈리아 와인

이탈리아는 양질의 포도 재배에 적합한 이상적인 지중해성 기후와 풍부한 수분을 함유한 토양을 갖고 있어서 와인 생산에서는 최적지이다. 이탈리아는 프랑스와 더불어 와인 대량 생산국으로 프랑스와 와인 생산량 1위권에 있다. 역사적으로 로마시대 이전부터 와인을 만들기 시작한 이탈리아는 로마시대에는 유럽 전역에 포도를 전파하였다. 이탈리아는 기후가 온난하기 때문에 국토의 전 지역에서 포도가 재배된다.

https://winefolly.com/

1930년대 후반기 전쟁으로 와인의 생산량이 반감하게 되었다. 그 후 60년대 전반에는 설비의 근대화를 꾸준히 이룩한 결과로 현재의 생산량을 상회할 정도로 성장하였다. 이탈리아 와인은 급속히 부활하고 있으나 긴 역사와 더불어 품질 측면에서도 세계 최고의 수준이나 프랑스 와인보다 낮은 가격에 판매되는 것이 현실이다. 이탈리아 와인에 대한 국제 마케팅 활동이 늦었고, 이로 인하여 국제적으로 저평가 받고 있다. 이탈리아는 와인 생산에 있어 경영과 관리의 시스템화가 늦게 시작하였는데, 프랑스의 AOC제도를 모방하여 1963년에서야 DOC제도를 시행하였다. DOC제도가 AOC제도와 비교하여 다른 점은 숙성시간에 대해 통제를 한다는 것이다.

와인을 생산하는 예술적인 기술은 수세기 동안 발전되어 와인의 향기와 맛의 다양성으로 광범위하게 포도가 재배된다. 이탈리아 화이트 와인이 생산되는 지역으로는 트리베네또(Triveneto), 플로렌스(Florence) 지방은 레드 와인으로 유명한 끼안띠(Chianti)가 있다. 로마지방은 화이트 와인 까스뗄리 로마니 등이 대표적으로 생산된다. 남부지역은 강한 레드와인과 디저트 와인들로 유명한데 마르살라(Marsala), 그레코(Greco) 등이다.

달콤하면서도 탄산이 있는 사람들이 폭넓게 좋아하는 피에몬테(Piedmont) 지역

이탈리아의 북서쪽에 위치한 피에몬테 지역은 레드와인인 바롤로(Barolo)와 바르바레스코(Barbaresco) 등이 유명하다. 피에몬테 지역의 최고의 와인은 화이트 와인으로 달콤하면서도 탄산이 있어 여성을 비롯하여 폭 넓게 좋아하는 아스띠(Asti)는 풍부한 향과 맛으로 매우 귀족적인 와인이다. 바롤로는 강렬한 도수와 거친 탄닌의 풀바디와인은 바르바레스코는 바롤로에 비해 여성적이며 부드러운 과일향을 담았다. 이 지역은 3년 이상 오크통에서 숙성시켜야 출시할 수 있도록 법으로 엄격하게 규제하고 스푸만테 역시 인공적으로 이산화탄소를 투입할 수 없게 규제받는다. 아스티(Asti Spumante e Moscato D'Asti), 바르바레스코(Barbaresco), 바롤로(Barolo), 가티나라(Gattinara) 유명한 생산지이다.

르네상스시대를 시작한 토스카나(Toscana/Tuscany) 지역

토스카나는 피렌체를 중심으로 시에나, 피사를 연결하는 구릉지역으로 이탈리아 심장부에 위치한 전통적 고급와인 산지이다. 체리와 산딸기류, 자두의 잘 익은 향을 가진 끼안티(Chianti)의 본고장이다. 피에몬테 지역의 와인들은 단일품종으로만 생산해 묵직한 맛이 와인의 왕이라는 프랑스 부르고뉴에 견준다. 대표적인 생산지는 부루넬로 디 몬탈치노(Brunello di Montalcino), 까르미그나노(Carmignano), 끼안띠 클라시코(Chianti Classico), 꼴리 피오렌티니(Colli Fiorentini),

루피나 몬탈바노(Rufina, Montalbano), 꼴리세네시(Colli Senesi) 등이다.

개운한 느낌을 주는 드라이한 맛의 화이트와인, 라찌오(Lazio) 지역

2,000년 전부터 와인을 만들어 온 이탈리아의 로마를 감싸는 지역이 라찌오이다. 화이트 와인이 많이 생산되는 지역으로 개운한 느낌을 주는 드라이한 맛이 특징이다. 대표적인 와인은 가볍고 신선한 프라스카티(Frascati), 마리노(Marino), 카스텔리 로마니(Castelli Romani)이다. 이 와인들은 영하고, 프레쉬한 상태에서 마시는 것이 좋다.

테이블와인에서부터 알코올 함유량이 많은 디저트와인 생산 시칠리아(Sicilia) 지역

시칠리아는 이탈리아반도 남서쪽에 위치한 큰 섬으로, 모든 유형의 와인이 이곳에서 생산되는데 평범한 테이블 와인에서부터 알코올 함유량의 많은 디저트 와인에 이르기까지 150여 종류에 이르니 감탄할 만하다. 대표적인 마살라 와인은 카타라토(Catarrato), 그릴로(Grillo), 인졸리아(Inzolia) 품종으로 만든 와인으로 알코올 강화와인이다. 마살라는 드라이, 세미-드라이, 스위트, 매우 스위트하게 생산하는데 트라파니(Trapani), 팔레르모(Palermo), 아그리젠토(Agrigento) 지역에서 주로 생산된다.

5. 독자적인 포도품종이 많아 200여 종 품종을 재배하는 스페인 와인

스페인의 포도 재배는 역사가 깊어 로마시대 이전부터 시작되었다. 포도밭의 면적은 세계 1위이고 생산량은 이탈리아와 프랑스의 약 60% 수준이다. 스페인은 포도 재배가 다른 작물과 혼합 재배되고 있기 때문이다. 8세기경 이슬람이 스페인을 지배할 때, 소아시아의 다양한 포도품종이 유입된 계기로 스페인은 독자적인 포도품종이 많기 때문에 200종 이상의 포도품종이 재배되고 있지만, 아이렌(Airen) 외에 7개 품종이 넓은 지역에서 재배되고 있다. 테이블와인에서 주정강화와인, 스파클링와인인 에스프모소(Espumoso)까지 다양한 와인을 생산하고 있다.

최근에는 포도 재배 방법과 양조방법을 개선하여 가격 대비 품질이 우수한 와인의 체계를 잡아가고 있다. 베가 시실리아(Vega Sicilia), 뻬스께라(Pesquera), 토레스(Torres) 등 세계적인 명성의 와인이 있다.

https://winefolly.com/

보르도를 대체할 만한 지역을 물색할 때 발견된 지역 리오하(Rioja)

리오하의 기후는 해양성으로 포도 재배에 이상적인 적포도주 생산지로 자라고자(Zaragoza)의 에브로(Ebro)강 유역에 위치하고 있다. 인접 지역인 프랑스 보르도에 필록세라가 만연하여 상인들이 보르도를 대체할 만한 지역을 물색할 때 발견된 지역이 리오하이다. 리오하의 레드 와인은 스페인의 보르도 와인이라 불린다. 대표적인 품종은 템프라닐로(Tempranillo)이지만 가르나차(Garnacha)포도 등과 섞어 만든다. 리오하 와인은 지역에 따라 특성이 많이 달라 리오하 바하(Rioja Baja) 지역은 알코올 함량이 높고, 리오하 알라베사(Rioja Alavese) 지역은 숙성이 짧아 금방 마실 수 있고, 과일 맛이 풍부하다. 리오하 알타(Rioja Alta) 지역은 고급와인 생산의 중심지역이다

최고의 발포성 와인, 샴페인 까바(Cava)가 생산되는 뻬네데스(Penedes)

바르셀로나 근처 카달로니아(Catalonia) 지방에 위치한 뻬네데스는 바다와 산을 끼고 있어 포도생산에 이상적인 기후지대에 걸쳐 있다. 뻬네데스는 세계 최고의 발포성 와인으로 불리는 샴페인 까바(Cava)가 생산되는 지역이다. 대표적인 와인은 미구엘 토레스(Miguel Torres)의 그랑 코로나스(Gran Coronas)가 유명하다.

스페인을 대표하는 와인 셰리(Sherry)의 고장 헤레즈 델 라 프론떼라(Jerez de la Frontera)

헤레즈 델 라 프론떼라는 스페인의 안달루시아(Andalucia) 지방에 위치하고 있는 삼각주 지역이다. 백암토 토질로 포도주 생산에 적합한 곳이다. 프론떼라는 3000여 년 동안 무역 거점 도시였고, 수세기 동안 이곳에서 생산되는 와인은 유명하였다. 400여 년 전부터 이 지역 와인을 영국에 수출하며, 상표를 사용하였다. 이 지역은 스페인을 대표하는 와인인 셰리(Sherry)의 본고장이다. 셰리는 헤레즈의 영어식 표현이다. 셰리는 와인을 증류하여 만든 브랜디를 첨가하여 알코올 도수를 18~20% 정도로 높이고 산화시켜서 만든 강화 와인이다. 식전주와 디저트 와인으로 음용되며, 포르투갈의 포트 와인과 함께 디저트 와인이다. 셰리(Sherry)의 제조공정은 발효가 끝난 와인을 나무통에 저장할 때 꽉 채우지 않아 숙성과정에서 산화가 되도록 한다. 산화과정에 따라 휘노, 아몬티아도, 올로로쏘, 크림셰리가 된다. 브랜디를 첨가하여 알코올 도수를 높인다. 쏠레라 시스템을 거쳐 병입되어 판매하는 강화와인이다.

돈키호테로 유명한 곳이기도 한 라만차(La Mancha)

스페인의 중부, 마드리드의 남쪽에 위치한다. 포도 재배 면적이 가장 넓어 많은 와인이 생산된다.

6. 자연의 한계를 극복한 독일 와인

독일 와인의 역사는 로마시대로 거슬러 올라가며, 중세시대 수도원에서 포도원들이 설립되어 포도나무와 와인들 제조 노하우가 발달하면서 독일 포도 재배학의 기준이 되었다. 나폴레옹이 라인지역을 정복으로 교회에서 소유하던 포도원들은 개인 소유주들과 각 주의 소유로 팔리면서 나누어졌다. 이러한 포도원들과 와인들은 각자의 특성을 살려 지속적인 발전과 명성을 유지하고 있다.

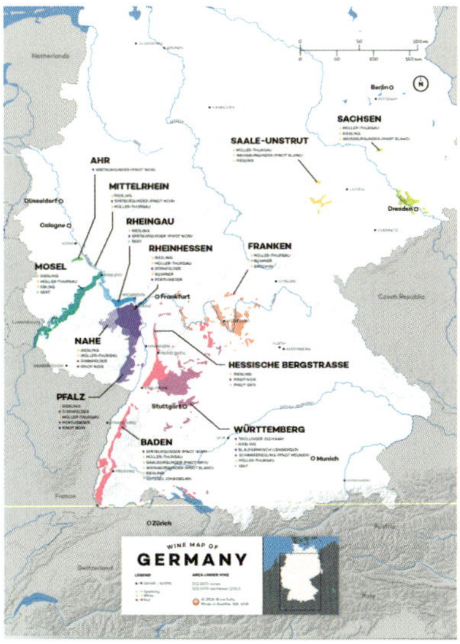

https://winefolly.com/

와인 생산국으로는 가장 북쪽에 위치한 기후 열세를 극복하고, 화이트 와인을 중심으로 알코올 도수는 낮으면서 절묘하게 밸런스를 이루고 산도가 높고 싱그러운 과일 향이 매력적인 와인이다. 독일 와인의 유일하고도 독특한 성격을 이루는 다른 중요한 요소들이 있다면 이것은 토양의 구조와 기후가 될 것이다. 독일에서 생산된 와인들은 계열의 유사성을 가지고 있으면서도 아주 다양하다.

프랑스, 이탈리아, 스페인 등 지중해 국가에 비해 기후가 한랭하고 음습하여 포도의 질이나 수확이 좋지 않았다. 이에 독일은 특별한 포도 재배 기술과 수확 방법을 연구하여 좋은 결과를 만들었다. 독일의 라인 계곡에 가면 겨울철인데도 주렁주렁 열린 포도송이가 하얀 눈으로 뒤덮여 있는 풍경을 흔히 볼 수 있다. 이것이 포도의 늦따기(Spatle-se)기법으로 최고급 스위트와인을 만드는 고전적인 포도 수확 방법으로 자리 잡았다. 늦따기 기법은 과학적으로 포도송이가 자연 상태에서 얼고 녹으면서 바람으로 인한 수분의 증발이 일어나 냉동건조 효과로 인해 당도가 높아진다는 것이고, 포도 맛이 미묘하게 변화되고 발효에 참여하는 미생물 집단이 다양해진다는 것이다. 이 결과로 미생물들은 와인에 섬세한 맛과 향을 만들어 낸다고 한다.

늦따기 포도로 제조한 와인은 당도가 높으면서도 곰팡이로부터 유래된 향긋한 신맛이 그대로 남아 있었다. 또한 잘 익은 포도송이만을 골라 따서 와인과 건포도 상태로 만든 와인, 그리고 포도송이가 얼어버린 다음에 수확하여 만든 와인 등이 연구의 결과이다. 라인가우(Rheingau) 지역과 모젤 자르 루버(Mosel-Sarr-Ruwer) 지역의 특수 와인이 세계의 고급와인이 되었다. 대표적인 와인은 일조량 부족으로 포도 수확이 좋지 않을 때는 설탕을 첨가한 개량된 포도주(페어베서테바인), 포 도수확이 좋을 때 설탕을 첨가하지 않은 천연포도주(나투어바인), 늦가을 영하의 기온에서 얼어버린 포도로 만든 포도주 아이스와인(ice wine)이다. 아이스와인은 제조법이 엄격하게 규제되어 있는데, 기온이 섭씨 영하 10도 이하로 내려간 날이 3일 이상 지속하였을 때 포도를 수확해야 한다. 한겨울에 수확한 포도는 냉동 건조되어 당도가 보통 포도의 2~3배나 높고 향이 아주 풍부하다. 아이스와인은 인기가 높아 가격도 다른 와인의 3~5배 이상 비싸도 품질이 좋아 공급이 부족하다.

7. 와인 제조기술을 받아들여 최근 괄목할 만한 성장하는 한국 와인

한국의 와인은 기후적인 면이나 기술적인 면 그리고 문화적 차이로 와인의 문화는 짧다. 한국 와인이 본격적으로 등장한 것은 70년대이다. 해태 주조, OB 등에서 적극적으로 만들었다. 당시 대통령이 독일에서 화이트와인(리슬링)을 맛보고, 한국에서도 와인을 생산할 것을 지시하여 영천, 포항, 경산 등지에는 포도밭이 조성이 되었고, OB에서 마주앙 등을 출시한다. 80년대 한국의 와인은 호황 길을 걷지만, 90년대 와인의 수입자유화와 맞물려 경쟁이 심해지자 국산 와인은 점점 그 자취를 감추게 된다. 한국은 최근 30여 년간 독일, 프랑스의 노하우와 기술을 전수하여 새로운 포도나무 재배, 와인 제조기술로 괄목할 만한 성장을 보이는 신생 와인 생산국이다. 영동, 파주, 예산 등지에서 자란 포도를 적합하게 수확시기를 조절하고 당도를 높이고 풍미를 향상하여 차별화된 맛과 향의 와인으로 빚어내고 있다.

8. 와인의 트랜드

The Drinks Business(음식전문매체)지에서 발표한 COVID-19 시대의 와인 소비 트랜드를 살펴보면 와인 소비자의 행태 변화를 알 수 있다.
가정 내에서의 와인 소비의 양 특히, 빈도가 증가하는 '와인의 일상화'

코로나의 영향으로 집에서 지내는 시간의 증가로 가정 내에서의 와인 소비가 증가하였는데 가정 내에서의 와인 소비의 양 특히, 빈도가 증가했다. 이는 코로나19 이후 줄어든 업소 내에서의 와인 손실을 넘어서는 수준으로 대폭 증가하였다. 가정에서의 와인 소비자의 증가 주체는 여성, 신세대 그리고 이미 와인을 접해 즐기던 사람들이다. 생활방식의 변화로 외출을 자제하고 안전한 집이나 안전한 장소에서 즐기는 작은 파티의 증가도 한몫하였다. 한 대형마트의 자체 집계에 따르면 2020년 와인 판매액이 1,100억 원이 상회한다. 전년도 900억 원대였던 연간 판매액의 앞자리 숫자를 바꿔버린 것이다.

와인을 접하는 문화도 변화

와인을 유럽의 문화처럼 식전주, 식중주, 식후주가 아닌 음식과 무관하게 와인만을 마시는 문화가 증가했다. 이는 일반적으로 마시던 주류와 음료 대신 대체하는 것으로 와인이 보편화 추세임을 보여 주고 있다. 혼술의 증가로 소확행을 위해 우아하고 세련된 알코올 도수가 낮은 주류로 와인을 선택한 것이다. 최근 전자상거래로 주류의 구매가 가능하고 와인의 가격도 낮아진 것이 직접적인 원인이라고 추정할 수 있다. 미디어의 영향도 크다. 와인이 술이 아닌 음료처럼 자연스럽게 들고나오는 드라마와 영화로 너무도 친숙한 분위기가 형성되었다. 최근에 한국의 와인이 성장하면서 다양하고 저렴한 국산 와인에 대한 관심도 커져 소비가 증가하였다.

1인 가구의 증가, 안전한 곳에 있고자 하는 성향, 외출의 자제 경향, 혼술의 증가, 작은 파티 문화의 변화 등으로 이는 당분간 지속할 것이다.

유로모니터 인터내셔널 리서치에 따르면 한국인들의 일상생활에 중요한 부분을 차지하는 것이 알코올음료

한국은 세계에서 1인당 알코올 소비량이 가장 높은 국가 중 하나이다. 이는 러시아인을 포함한 다른 지역보다 더 많은 술을 소비하는 것이다. 한국은 아시아의 다른 큰 주류 시장과 비교할 때 지속해서 발전하고 있는 와인 비즈니스 환경을 지니고 있는 것으로 분석된다.

진정한 와인 애호가는 드물지만, 인기는 높아지는 추세

한국인이 선호하는 알코올음료는 소주로 곡물로 만든 증류주이다. 한국인들은 술에 관한 엄격하고 다양한 관습을 가지고 있으며, 그중 와인과 음식 페어링에 관한 엄격한 규칙을 매우 중요시하며 미래의 와인 판매량 또한 점점 증가할 것으로 예상된다. 진정한 와인 애호가는 여전히 드물지만, 대규모 유통 데이터에 따르면 그 인기는 높아지고 있으며 2018년에는 매출이 20% 증가했다.

2019년 레드와인 55%, 화이트와인 18%, 스파클링와인 27% 수입

한국인의 선호도는 레드와인 높은 이유는 건강상의 이유와 육류의 소비 증가도 영향이 있다. 2019년 이후 강화와인 수익은 증가하고 있다. 젊은 와인 소비자들은 와인을 맛보러 해외로 여행을 떠났을 가능성이 높으며 화이트와인, 스파클링와인 및 디저트 와인을 포함한 새로운 와인을 맛보는 것을 좋아한다. 한국 와인 시장에서 소비자의 수요가 더욱 다양화되고 있는 것으로 추정된다.

젊은 세대, 여성, 화이트와인 소비증가 추세

레드 와인을 마시는 데에 따른 건강상의 이점으로 인해 와인 수입 비중의 63.1%가 레드 와인이었지만, 최근의 한국 와인 시장은 젊은 세대이며, 높은 비율이 여성이다. 와인 구매는 130% 증가했으며 특히, 화이트 와인이 크게 증가했다. 한국 와인 소비자들은 음식-와인 페어링(안전한 황금률, 음식과의 궁합) 개념을 적용하여 즐기는데 그에 따라 특이하게 화이트 와인과 스파클링 와인이 크게 성장했다. 식전주이며, 식후주인 스파클링 와인은 빠르게 성장하고 있다.

구세계 와인(프랑스와 이탈리아)이 새로운 세계 와인보다 우월하다고 생각

한국의 와인 수입국 순위는 칠레가 1위, 프랑스, 스페인, 이탈리아, 미국 순이다. 그러나 한국인들은 구세계 와인(프랑스와 이탈리아)을 신세계 와인보다 우월하다고 생각하여 비싸지만 구매한다. 프랑스 와인의 구매추이는 계속 증가세이다. 최근 변화도 보이는데 미국, 호주, 아르헨티나, 뉴질랜드 와인이 성장하고 있다.

와인은 어떻게 어디서 구매하는가?

한국에서 와인은 사치품으로 여겨 바 또는 레스토랑에서 여유가 있는 소비도 하지만, 대부분의 한국인은 고급와인보다는 대형마트에서 가성비 좋은 와인을 사는 것을 선호한다. 주류 소비자들의 와인 지식이 증가함에 따라 전자상거래의 판매가 증가할 것이다. 온라인 판매는 와인의 가격이 저렴하지 않으면, 소비자들은 마트 구매로 돌아설 것이다. 해외여행으로 국제 가격보다 온라인 가격이 높은 것을 알게 되면, 가격에 정통한 소비자들은 항상 온라인에서 더 나은 가격을 찾을 것이다.

9. 와인 매너

와인 상식 조금만 알면 더 즐길 수 있다.

와인을 선택할 때는 식사 메뉴를 주문한 후에 선택한다. 취향과 금액 등은 소믈리에나 와인 스튜어드에게 추천을 받는 것이 좋고 가격은 1인분 요리에 맞추는 것이 일반적이다.

와인을 따를 때는 소믈리에나 남성이 따른다. 상대방에게 라벨이 보이도록 병의 뒤쪽을 잡고 글라스의 테두리에 병이 닿지 않도록 주의하면서 잔의 가장 볼록한 곳까지 따른다(잔의 1/2 이상 따르지 않도록 한다)

– 와인잔은 얇고 투명하며 포도주의 특성에 잘 맞는 것으로 준비해야 한다. 와인을 받을 때는 잔을 들지 않는다. 예의를 표하고 싶은 경우 와인잔의 베이스(잔 밑부분)에 가볍게 손을 올리거나 목례를 한다. 건배할 때는 잔의 볼록하게 나온 부분을 살짝만 부딪히거나 잔을 얼굴 높이로 들고, 주위 사람과 눈으로 건배를 한다.

– 와인잔을 잡는 법은 스템(stem: 와인잔의 길고 가는 부분)을 잡아야 한다. 와인잔에 지문이 묻어 더러워지거나 체온이 와인에 영향을 주는 것을 방지할 수 있기 때문이다.

내 남자를 튜닝하라 / 황금부엉이 / 황정선

와인을 음미할 때는 눈으로 와인의 색상, 점도, 투명도를 확인하고 코로 와인의 향을 맡은 후 마신다. 이때 와인잔을 가볍게 돌려주어 와인이 공기와 접촉하게 하면 향기가 풍부해지고 한층 깊은 맛을 느낄 수 있다. 풍미가 높아진다. 입안에 와인을 조금 머금고 이리저리 굴리며 요란한 소리를 내는 것은 자칫 경망스러워 보일 수 있으니 때와 장소에 맞춰 와인을 음미하는 것이 좋다.

와인을 거절할 때는 글라스의 위에 가볍게 손을 얹으며 거절의 표시를 한다. 손으로 글라스 전체를 뚜껑 덮듯이 하는 행동은 아름답지 못하므로 삼간다.

여러 종류의 와인을 함께 마실 때는 반드시 가벼운 와인부터 시작해 맛이 강한 와인 순으로 마신다. 식전주는 셰리주 또는 드라이 화이트 와인, 베르무스, 샴페인 또는 가벼운 화이트 와인이 좋다. 화이트 와인은 레드 와인보다 먼저 마신다. 짙고 무거운 와인보다 가벼운 와인을 먼저 마시고, 오래된 와인보다 햇와인을 먼저 마시면 된다.

- 빈티지(Vintage)는 포도의 생산연도를 지칭하는 것이다. 기후적인 영향으로 생산연도에 따라 와인의 맛과 상태는 다르다. 빈티지 차트란 빈티지의 좋고 나쁨을 점수로 나타낸 것이다. 점수는 소믈리에(와인 전문가) 또는 네고시앙(판매상)이 참여한 평가위원회에서 테스트하여 정한다.

- 소믈리에(Sommelier)는 손님이 주문한 요리와 어울리는 와인을 손님에게 추천하는 일을 전문으로 하며 와인을 판매, 보관, 관리, 연구하는 사람이다.

와인 이렇게 준비하면 2배로 맛나게 즐길 수 있다.

와인은 온도에 민감한 술이다. 마실 때마다 품종이나 음식의 특성에 맞게 적당한 온도로 준비해야 한다. 레드 와인의 최적 서비스 온도는 실내 온도로 15~20℃가 좋다. 너무 차가우면 레드와인의 맛과 향을 느낄 수 없고, 강한 탄닌이 도드라져 와인의 맛을 해칠 수 있다. 화이트 와인은 8~10℃가 좋다. 화이트와인의 신선한 과일향이 이 온도에서 가장 잘 드러나고 도드라지는 신맛이 균형 있게 묶어주기 때문이다. 샴페인(Champagne)과 같은 스파클링 와인은 4~6℃로서 차게 해서 마신다. 물과 탄산의 융해도와 청량감 때문에 온도를 조금 더 낮추는 것이 좋고, 낮은 온도가 기포를 잘 느끼게 해준다. 식사 1시간 전에 미리 냉장고에 넣어 두거나 와인 쿨러(Wine Cooler)에 병을 넣어 차가운 온도로 준비해야 한다.

와인종류	적정온도	와인종류	적정온도
스파클링와인	4~6℃	로제와인	10~12℃
감미 화이트와인	6~8℃	영한(햇) 레드와인	14~18℃
감미 없는 화이트와인	10~12℃	숙성된 레드와인	18~20℃

Manner

4장

증류주의 이해

더욱 더 강한 알코올음료나 순도 높은 주정을 얻기 위해서 증류한 증류주(Distilled Liquor)

양조주보다 짙은 알코올음료나 순도 높은 주정을 얻기 위해서 양조주에 포함되어 있는 알코올의 비등점의 차이를 이용해 분리해 내는 방법을 사용하므로 양조주보다 알코올 함유량이 높은 술이 증류주이다. 곡물이나 과실 또는 당분을 포함한 원료를 발효시켜서 약한 주정분(양조주)을 만들고 그것을 다시 증류하는 것이다. 밀폐된 솥과 관으로 아루어진 포트스틸(pot-still) 단식 증류는 구조가 매우 간단하지만, 증류가 끝날 때마다 다시 채워야 하는 불편함이 있었다. 페이턴트 스틸(patent-still) 연속식 증류기는 1830년 아일랜드의 아니스 코페이(Aeneas Coffey)에 의해 발명된 신식 증류기로 2개의 Column still을 구성하여 연속적인 작업으로 알코올도수가 높은 증류주를 만들어 낸다. 양조주는 효모의 성질이나 당분의 함유량에 의해 약 8%~14% 내외의 알코올을 함유한 음료를 산출하는데 이를 보다 더 강한 알코올음료나 순도 높은 주정을 얻기 위해서 증류의 과정이 필요하며, 대표적인 증류주는 당질을 원료로 하는 브랜디(brandy)와 럼(rum), 전분질을 원료로 하는 위스키(whisky), 보드카(vodka), 진(gin) 그리고 용설란을 원료로 하는 테킬라 등이 있다. 곡물을 원료로 전분을 당화시켜 발효·증류하여 얻어지는 술은 위스키, 진 보드카 등이다.

구분	종류	알코올 함유량	원료
증류주(蒸溜酒) Spirits Distilled	소주, 백주 Whisky Brandy Gin Vodka Rum Tequila	25~60% 평균 40%	쌀, 보리, 수수, 고구마 등 Malt & Barley, Corn, Rye Fruit Pure Alc. & Botanicals Grains, Potato Sugar Cane Agave

1. 증류주의 원리

증류란 순수한 물질이 일정한 압력 하에서는 일정한 끓는점을 갖고 있기 때문에 액체를 일단 기화시키고 이것을 다시 액체로 모으는 과정이다. 액체를 정제하고자 할 때 많이 사용한다.

원료 공급(feeding) 방식에 따른 증류 방법은 단식 증류법(Pot Still)과 연속식 증류법(Patent Still)이 있다. 단식 증류법은 솥과 같은 것으로 구성된 단식 증류기에서 원료 액을 농축시켜 알코올을 얻는 방법으로 매번 재료를 넣고 반복해서 증류를 해야 하지만 재료에 함유된 독특한 향미(香味)를 느낄 수 있는 장점이 있다. 연속식 증류법은 탑 모양의 증류기를 이용하여 연속적으로 알코올을 분리해 낼 수 있고 시간과 인력을 절감하여 대량생산을 할 수 있는 장점이 있으나, 단식 증류법보다 향미는 떨어지는 단점이 있다. 가열(heating) 방식에 따른 증류법은 직화 방식과 간접 방식이 있다.

증류의 원리는 간단하다. 알코올과 물의 끓는점의 차이를 이용하는 방법인데, 알코올, 즉 에탄올은 78℃에서 끓고 물은 100℃에 끓는 성질을 이용하여 증류를 한다.

소주(燒酒)는 곡주나 고구마주를 끓여서 얻는 무색투명한 증류주이다. 흔히 마시는 소주는 추출한 증류주에 물과 향료를 섞어서 얻는 희석된 술로 소주라고 부른다. 소주는 옛날에는 화주(火酒), 주로(酒露), 노주(露酒), 백주(白酒)라고도 불렸다.

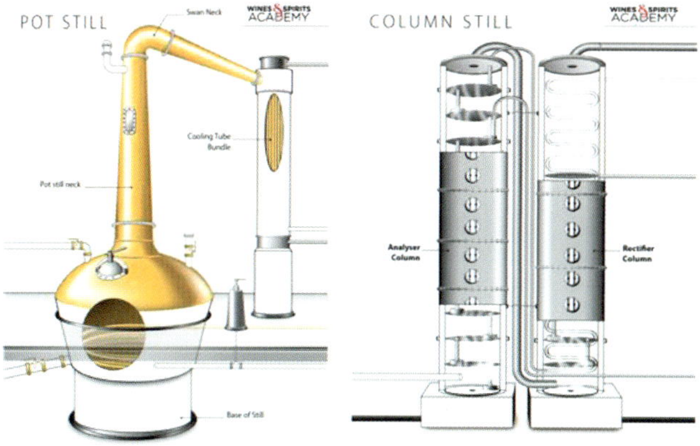

https://www.winesandspiritsacademy.com/blog

희석식 소주 제조공정

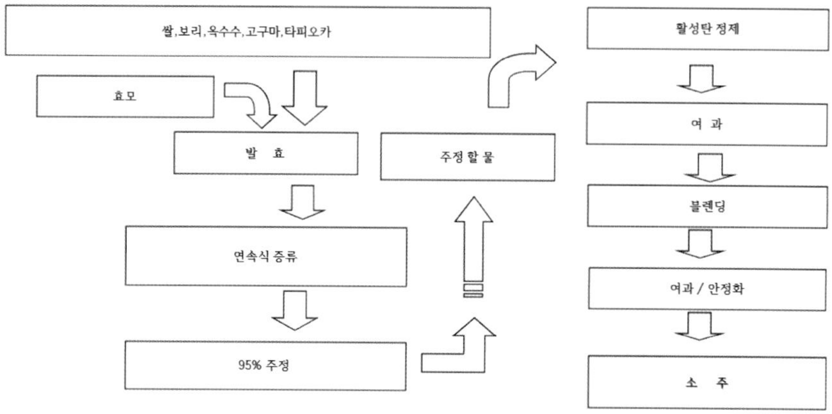

증류식 소주 제조 공정

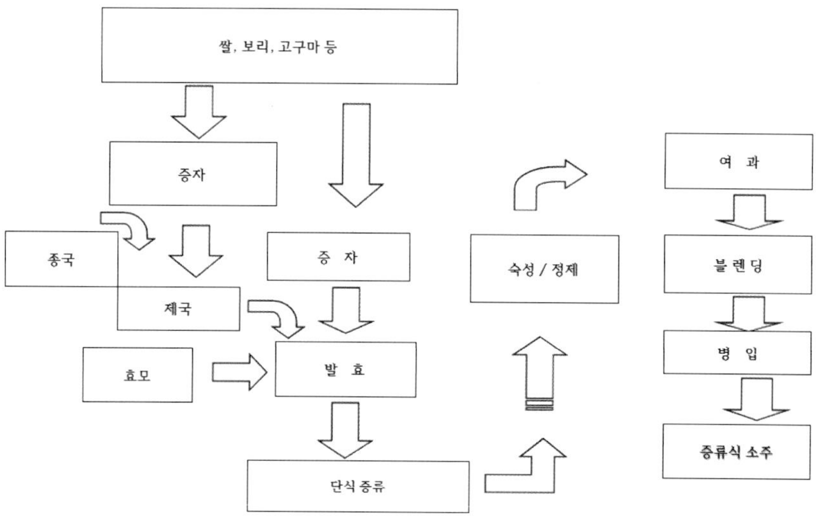

국내 소주의 기원 및 전래는 고려 후기, 원나라로부터 도입하였고 한다. 몽고의 주둔지인 개성, 안동, 제주도 등지를 중심으로 발전하였다. 국내의 소주의 시대적 변천을 살펴보면 다음과 같다.

시대	특징
고려 후기 ~ 조선 시대	**소주 도입 및 정착** 증류기 및 제조법에 대한 뚜렷한 변천 없었음 관습에 따라 순수한 재래식 방법으로 소주 제조함
일제 시대	1916년 주세령 제정: 가양 소주 제조 금지 (이전, 소주 제조장 수: 28,404개) 1920년대: 입국으로 제조된 곡자 사용 1930년대: 주류 생산 전반 제약, 소주 업계 위축됨
해방 후 ~ 1970	**연속식 증류장치 사용 시작한 시대** 1961년 주세법: 증류식 소주와 희석식 소주 구분 1964년 증류식 소주에 곡물 사용 금지 1965년 양곡 관리법 실시로 증류식 제조 중단, 희석식으로 전환

고려 후기에 소주가 도입되고 정착되었다. 1965년을 기점으로 희석식으로 전환되었다. 2000년 이후 각종 규제의 완화 및 발전 정책이 시행되어, 증류식 소주 제품 생산을 제기하는 희망적인 변화로 전통주인 안동소주, 문배술, 고소리술, 옥로주 등이 생산되고 있다.

시대	특징
1970년 ~ 현재	1970년대: 공동 판매제 실시 1973년: 1도 1사 원칙 1976년: 지방 회사, 도별 시장점유율 50% 보호 규정 1996년: 시장점유율 규정 위헌으로 1998년 소주 시장 전면 개방 1998년: 88 서울 올림픽 개최 계기, 국내 전통주 관심 증가 **각종 규제의 완화 및 발전 정책 시행** **증류식 소주 제품 생산 제기: 안동소주, 문배술, 고소리술, 옥로주 등**

국내 주세법에 따른 증류주 기준 및 규격에 따르면, 소주, 위스키, 브랜디, 일반증류주, 리큐르, 주정 등을 다음과 같이 규정하고 있다.

구 분	Methanol (mg/mL)	Aldehyde (mg/100mL)	비 고
소주	0.5 이하	70.0 이하	전분질 원료, 국을 원료로 하여 발효시켜 증류 제성한 것. 또는 주정을 물로 희석하거나 이에 주류나 곡물주정을 첨가한 것을 말한다.
위스키	0.5 이하	70.0 이하	발아된 곡류 또는 이에 곡류를 넣어 발효시킨 술덧(주요)을 증류하여 나무통에 넣어 저장한 것 또는 이에 주류 등을 첨가한 것을 말한다.
브랜디	1.0 이하	70.0 이하	과실(과즙 포함) 또는 이에 당질을 넣어 발효시킨 술덧(주요)이나 과실주를 증류하여 나무통에 넣어 저장한 것 또는 이에 주류 등을 첨가한 것을 말한다.
일반 증류주	0.5 이하 1.0 이하 (용설란)	70.0 이하	전분질 또는 당분질을 주원료로 하여 발효, 증류한 것 또는 증류주를 혼합한 것으로서, 주정, 소주, 위스키, 브랜디 이외의 주류로서 주세법에서 규정한 것을 말한다.
리큐르	1.0이하		전분질 또는 당분질을 주원료로 하여 발효시켜 증류한 주류에 인삼, 과실(포도 등 발효시킬 수 있는 과실 제외) 등을 침출시킨 것이거나, 발효 증류 제성과정에 인삼, 과실(포도 등 발효시킬 수 있는 과실 제외)의 추출액을 첨가한 것, 또는 주정, 소주, 일반증류주의 발효, 증류, 제성과정에 주세법에서 정한 물료를 첨가한 것을 말한다.
주정			녹말 또는 당분이 포함된 재료를 발효시켜 알코올 도수 85도 이상으로 증류한 것. 알코올분이 포함된 재료를 알코올분 85도 이상으로 증류한 것.

2. 위스키의 이해

보리, 밀, 호밀, 옥수수 등을 발효한 것을 증류하여 만든 위스키(whisky)

위스키는 12세기에 아일랜드에서 시작하여 수도사들이 제조하여 보급되었다고 한다.

17세기에 스코틀랜드로 전래하였고, 18세기 말에 위스키라는 명칭으로 시장에 등장하게 된다. 잉글랜드의 왕 헨리 2세가 아일랜드에 침입하여 보리를 발효시켜 증류한 술을 마셨다는 설이 있는데, 보리를 발효와 증류시켜 얻어낸 술로 켈트(Celt)어의 Uisgebeatha(생명의 물-Visquebeatha)가 Usquebaugh로 다시 Uisky로 불리다 오늘날의 Whisky로 변화된 것이다. 위스키는 동방의 증류기술이 십자군전쟁을 통하여 서양으로 전파되어 만들어진 술이다. 12세기경 아일랜드에서 제조되었으나 기술적인 한계로 대량 생산이 불가능하였고, 연속식 증류법(Patent Still)의 개발로 대량 생산이 가능하게 되었다. 위스키는 옥수수, 밀, 호밀로 만든 그레인위스키와 맥아로 만든 몰트위스키, 몰트위스키에 그레인위스키를 혼합한 블렌디드 위스키로 구분한다.

위스키의 발효 과정은 맥주를 발효시키는 과정과 거의 비슷하지만 효모를 첨가하지 않고, 보리, 밀, 호밀, 옥수수 등을 원료로 하여 발효된 것을 증류하여 만든다. 신선한 물을 사용하며 다양한 미네랄이 첨가되는 위스키는 종류가 가장 많으며, 애주가들로부터 인기 있는 술이다. 세계적으로 수많은 종류의 위스키가 생산되고 있으며 각 나라의 제조법에 따라 다르다. 위스키는 나라별, 지방별, 원료, 증류법 또는 저장법 등에 따라 각종의 위스키로 만들어내는데, 증류한 주정을 큰 참나무통에 넣어서 오랫동안 숙성시킨 후에 판매한다. 위스키가 처음에 증류될 때에는 무색이지만 통에서 숙성되는 동안에 착색이 되고 향미가 생긴다. 스코틀랜드산의 스카치위스키가 세계적인 명주로 알려져 있다. 위스키는 생산지에 따라 스카치위스키, 아이리시 위스키, 아메리칸 위스키, 캐나디안 위스키 등으로 분류되며 제조 원료에 따라 구분된다.

장인의 손길로 만들어지는 생명수, 스카치위스키(Scotch Whisky)

스코틀랜드 지역에서 생산되는 위스키의 총칭이 위스키의 대명사 스카치위스키이다. 영국의 위스키에 대한 관세법에 의하면, 곡물을 갈아서 이스트(효모균)의 작용으로 발효시켜 스코틀랜드 지역에서 증류되어야 하고, 3년 이상 숙성시킨 알코올 도수 40% 이상의 위스키만 스카치위스키라고 규정하고 있다. 스코틀랜드 지역에서는 현재도 세계의 위스키의 약 60%를 생산한다. 보리의 몰트를 주원료로 스코틀랜드의 맑은 샘이나 시냇물을 이용해서 만든다. 스코틀랜드의 이탄은 제품의 구운 냄새를 강하게 하여 향기를 강화시켜 준다. 순수한 몰트위스키는 적절한 비율로 혼합하여 만든다. 위스키의 맛은 혼합의 기술이 핵심인데 이 지역이 최고의 장인을 보유한 지역이다.

조니 워커(Johnny Walker)는 스카치위스키의 대표 위스키이다. 유럽 대륙과는 달리 이 지역은 술을 만들 만한 포도가 나지 않는다. 스코틀랜드에는 보리가 풍부하였는데, 평원, 계곡까지 뒤덮은 보리를 주식 이외의 목적으로 이용할 방법을 찾다가 나온 곡물을 증류시켜 술을 만들어내는 방법으로 위스키를 생산했다. 1820년대 스코틀랜드 길마노크마을의 농민이 조그마한 가게에서 제조 판매한 오늘날의 조니 워커는 스카치위스키 중 가장 많이 팔리는 브랜드로 숙성 연도에 따라 레드라벨, 블랙(12년), 골드(18년) 블루(NAS, No Age Statement 무연산 블렌딩) 4개 라벨이 있다.

발렌타인(Ballantine)

1827년 농부 조지 발렌타인이 개발한 술이다. 스탠더드급에서부터 30년까지 다양한 제품이 나오고 있다. 저장 연수에 따라 맛과 향의 차이가 두드러진 것이 특징으로 캐나다의 거대 주류기업 하이렘 워커사의 자회사인 조지 밸런타인사 제품이다.

로열살루트(Royal Salute)

국왕에게 21발의 예포를 쏘아 경의를 표하는데 이 행사를 로열살루트라고 부른다. 이 위스키는 현재의 영국여왕 엘리자베스 2세 즉위식 때 발사된 21발의 예포를 따서 21년 숙성으로만 생산되고 있다.

시바스리갈(Chivas Regal)

1801년 창립된 시바스 브라더스사 제품이다. 13세기 말엽 잉글랜드 국왕 에드워드 1세의 침공에 맞서 스코틀랜드를 지킨 알렉산더 3세의 용맹한 심복 기사(Chivalry,로버트)의 얘기와 시바스 가문의 이니셜을 합성시켜 상표명을 지었으며 프리미엄급 위스키 중 세계 1위의 판매량을 자랑한다.

글렌피딕(Glenfiddich)

글렌피딕이란 사슴이 있는 골짜기라는 뜻이다. 산뜻한 맛의 드라이 타입으로 남성적인 풍미가 강하다. 몰트 스카치 중 세계적인 베스트셀러 브랜드는 영국 윌리엄 그랜트 & 산스사 제품이다.

달모어(DALMORE)

달모어 증류소는 1839년에 알렉산더 메드슨에 의해 설립되었으며 인버네스 북쪽의 강을 따라서 위치하고 때문에, 제1차 대전 중에는 해군의 연구소로 이용되었다. 달모어라는 이름은 노르웨이 북유럽어로 “넓은 목초지 라는 의미로 현재는 8기의 증류기를 소유하고 있다. 셰리통 숙성에 의한 깊은 맛이 이 위스키의 특징이다.

맥켈란

맥켈란은 중세시대 스코틀랜드의 크링겔라치라는 지역에서 처음 탄생하였다. 몰트위스키의 주산지인 스페이강 지류에 1824년에 세워진 이 증류소가 있는 성 콜럼버스 언덕을 뜻하는 마콜람이 맥캘란으로 불리웠다고 한다. 민스트롤보리, 스페이강의 암반수, 구리 증류기, 쉐리통의 합작으로 완성된다.

제일의 전통을 자랑하는 아이리쉬 위스키(Irish Whisky)

아이리쉬 위스키는 영국의 아일랜드에서 생산되는 위스키를 총칭하며 세계에서 가장 먼저 위스키를 만들었다는 자부심으로 위스키(Whisky)의 철자에 e를 하나 첨가(Whiskey)하여 쓴다고 한다. 아이리쉬 위스키는 두 가지 타입의 위스키가 생산이 되는데, 독한 맛이 나는 걸쭉한 감촉의 남성적인 아이리쉬 위스키로 아일랜드 현지인이 마시는 술이다. 블렌디드 타입의 위스키는 옥수수를 주원료로 경쾌한 맛을 나는데 이를 대량 생산하여 수출한다. 아일랜드의 풍부한 보리, 귀리, 밀, 옥수수로 몰트위스키와 그레인위스키가 혼합된 위스키이다. 다른 스카치의 맛보다 조금 무거운 느낌이 드는 것이 특징이다. 대표적인 위스키는 Old Bushmill's Wishky, John Jameson, John Power 등이다.

https://www.townandcountrymag.com

올드 부쉬밀(Old Bushmils)

부쉬밀스는 숲속의 물레방앗간이라는 뜻이다. 영국령 북아일랜드주의 유일한 브랜드며 현존하는 아이리쉬 위스키 중에 가장 오랜 역사를 가지고 있다. 12세기에 헨리 2세의 잉글랜드 군대가 아일랜드를 침공했을 당시에 아일랜드에는 이미 증류한 술을 마시고 있었다고 한다.

존 제임슨(John Jameson)

제임슨 사는 1780년, 더블린에 설립된 아이리쉬 위스키의 베스트셀러 브랜드이다. 미들톤 증류소에서 오랫동안 단식 증류기에 의한 중후한 위스키만을 생산했는데, 1974년, 업계 선구로 그레인 위스키를 혼합한 경쾌한 방향과 매끄러운 맛이 특징이다.

튤러모어 듀(Tullamore Dew)

튤러모어 듀는 아일랜드 중앙부에서 번영해 온 아름다운 거리 튤러모어의 이슬이라는 뜻이다. 가볍고 매끄러운 맛이 특징이다.

옥수수를 주원료로 만든 버번위스키(Bourbon Whisky), 아메리칸 위스키

미국의 이민자들은 과일을 원료로 한 브랜디 또는 당밀을 원료로 하는 럼을 증류하여 마셨다. 노예제도 폐지 이후 과잉 생산된 호밀 등의 곡물을 원료로 사용한 증류주가 만들어지게 된다. 버번 지역의 증류업자들이 옥수수를 주원료로 하는 버번위스키를 만들었다. 아메리칸 위스키는 미국의 버번(Bourbon) 지방에서 생산되는 것으로 참나무통 안에서 착색된 것이다. 미국 위스키의 총칭으로 아메리칸 위스키라고 하면 보통 라이 위스키이다. 라이 위스키는 라이 보리를 주원료로 하며 라이 블렌디드(Rye Blended)라고 표기한다. 켄터키 버번(Bourbon) 지역에서 자라는 옥수수를 주원료로 만든 버번위스키가 유명하다. 버번위스키와 비슷한 것으로 테네시주에서 생산되는 테네시 위스키(Tennessee Whisky)로 테네시주의 단풍나무 숯으로 한번 더 여과시켜 만든 것으로 부드러우면서도 향이 독특한 위스키이다. 현재 미국의 위스키는 미국 연방 알코올법에 의해 곡물을 원료로 해서 알코올 도수 95% 미만으로 증류하여 Oak Cask로 숙성, 알코올 도수 40% 이상으로 병에 넣은 것으로 규정한다. 일반적으로 스트레이트 위스키와 블렌디드 위스키로 분류하고 있다. I.W. Harper, Imperial. Old Craw, Old Tayor, P.M. de Luxe, Seagram V.O., Seagram Seven Crown 등이 있다.

버번(Bourbon Whisky)

51% 이상의 옥수수, 원액 80% 미만으로 그을린 참나무통에서 2년 정도 숙성 원액을 혼합하지 않은 스트레이트 맛과 향이 강렬하므로 콜라, 사이다 등과 믹스하여 마시는 것이 적당하다. I.W.Harper, Old Grand Dad 등이 있다. Jim Beam은 맛이 부드러워 소프트버번의 대명사로 인정, 블랙 라벨은 고급품 라벨에 110개월(8년 5개월)이라 적혀있듯이 장기 숙성에서 얻어진 마일드한 풍미가 일품이다.

테네시(Tennesse Whisky)

버번위스키와 동일한 방법으로 제조하여 활성탄으로 여과한다. 그 때문에 매끄럽고 부드러운 맛이 뛰어나 버번보다 고급으로 취급한다. 대표적인 유명 상표로서는 잭 다니엘(Jack Daniel's)이 있다.

콘(Corn Whisky)

옥수수를 80% 이상 사용한다. 또 이미 사용된 오크통에서 숙성시킨다. 그리하여 버번위스키보다 옥수수의 풍미가 더 많이 느껴져 풍미가 부드러운 위스키가 된다.

라이(Rye Whisky)

라이 위스키는 원료의 51% 이상 호밀을 사용하며, 원액은 80% 미만으로 증류한다. 숙성할 때는 내부를 태운 새 오크통을 사용한다. 색상은 버번과 비슷하고 맛이 약간 다르고 더 짙은 편이다. Four Rose, Imperial, Golden Wedding 등이다.

캐나디안 위스키(Canadian Wisky)

캐나디안 위스키는 캐나다에서 라이(Rye) 위스키와 콘(Corn) 위스키를 블렌딩하여 맛이 부드러운 위스키로 씨그램사와 워커사의 등장이 캐나다의 본격적인 위스키 사업의 시작이다. 1920년 미국의 금주법 시행이 캐나다의 위스키 사업에 더욱 활기를 불어넣게 되는데, 이때 미국으로 밀반출되면서 유명해진 위스키이다. 스트레이트 위스키는 법으로 금지하고 블렌디드 위스키만 생산하며, 4년 이상의 저장기간을 해야 한다.

캐나디안 위스키의 유명한 상품으로는 Canadian Club, Lord Calvert, Mac Naughton, Seagram's V.O. 등이 있고, 라이 · 위스키(rye whisky)로는 Canadian Rye, Four Rye, Four Rose, Golden Wedding, Imperial, Three Feather, Old Forester, Old Overhalt 등이 있다.

캐나디안 클럽(Canadian Club)

1858년 창업한 하이렘 워커사가 창업 이래 내놓고 있는 주력 제품이다. CC라는 애칭으로 전 세계에 알려져 있다.

블랙 벨벳(BLACK VELVET)

옥수수와 라이보리를 주원료로 만든 술로 보드카와 비슷한 맛이 난다.

1970년 미국에 첫 수출 되자마자 인기 브랜드 대열에 올랐다.

88 서울올림픽 개최로 필요성을 위해 개발되기 시작한 한국의 위스키

대한제국 시대에 문호를 개방하면서 서구의 문물이 들어올 때 위스키도 함께 도입되었다. 해방과 함께 미군이 주둔하면서 군매점을 통해 위스키가 시중으로 유출되어, 위스키를 찾는 사람이 생겼고, 수요를 맞추기 위해 60년대에는 소주에 색소를 섞은 가짜 위스키가 유행했다. 70년대 경제가 급속하게 발전하면서 접대용으로 국산 위스키가 발매되었다. 1976년 백화양조에서 개발한 조지 드레이크가 최초이다. 이 술은 위스키 원액을 수입하여, 주정을 섞은 유사 위스키로 국내 주제법상으로는 기타 재제주로 분류되는 아이러니한 술이었다. 1978년에 기타 재제주인 베리나인이 개발되면서 1984년까지 위스키 시장을 장악했다. 세계적인 기준에 맞는 원액 함량 100% 위스키는 88 서울올림픽을 대비하여 위스키의 수질을 향상할 필요성을 느낀 정부에서 1984년에 원액 함량 100% 위스키 개발을 승인해 주어 개발이 시작되었다. 베리나인, 진로 위스키, 오비씨그램 3개사가 스코틀랜드의 스카치위스키 메이커들과 제휴, 몰트위스키와 그레인위스키를 수입하여 독자적으로 블렌딩한 원액 함량 100% 위스키를 개발하였다. 이것이 패스포트, 비아이피(VIP), 썸싱스페셜이다. 1991년 주류의 수입이 개방되면서 세계 각국의 양주가 대량으로 수입되자, 기존 위스키와의 차별화를 위해 원액의 주령이 12년인 신제품을 개발하였다. 1994년에 진로의 임페리얼과 1996년에 생산되기 시작한 두산씨그램의 원저이다.

3. 독특한 방향과 감미가 있는 45~50%의 강한 알코올성의 증류주, 브랜디(Brandy)

브랜디는 다양한 과실을 발효시켜 증류한 술이다. 좁은 의미는 와인을 다시 증류하여 만든 술로, 독특한 방향과 감미가 있는 45~50%의 강한 알코올성의 증류주이다. 브랜디 중 프랑스의 Cognac 지역에서만 생산되는 브랜디를 코냑(cognac)이라 하고 조금 아래 지방인 아르마냑 지역에서 생산한 브랜디를 아르마냑(amagnac)이라 특별히 칭한다.

브랜디 제조공정

브랜디는 4단계의 공정을 통해 만들어진다. 브랜디 제조에는 주로 백포도를 사용하여 포도를 압착하고 과즙을 짜낸 후 발효를 거쳐 원료가 될 와인을 만든다. 브랜디를 만드는 포도주는 떫고 신 백포도주다. 그러나 숙성과정에서 향기가 높고 맛이 좋은 술로 변화한다. 만들어진 와인은 1차 증류와 2차 증류를 거친다. 재증류가 끝난 증류원주의 용량은 증류 전의 40% 내외이고 완성된 원주는 오크통에 저장한다. 포도주는 병에 저장하는데 비해, 브랜디는 통속에서 맛이 들게 되고 숙성 기간이 길수록 품질이 좋아진다.

브랜디 제조의 1단계는 양조작업으로 와인을 제조하는 과정이다. 2단계는 증류의 과정으로 와인을 2~3회 단식 증류기로 증류한다. 3단계는 저장 및 숙성으로 오크통에서 저장한다. 마지막으로 혼합을 한다. 브랜디도 위스키처럼 마스터들이 자사의 브랜드의 독특함을 살려 블렌딩하여 다시 숙성시킨 후 병에 담는 작업이다. 브랜디는 포도주와 마찬가지로, 수확연도의 날씨에 따라 품질의 차이가 극심하기 때문에 같은 상표의 동일 품질을 유지하기 위해서도 블렌딩은 필수적인 제조과정에 속한다.

브랜디 제조공정

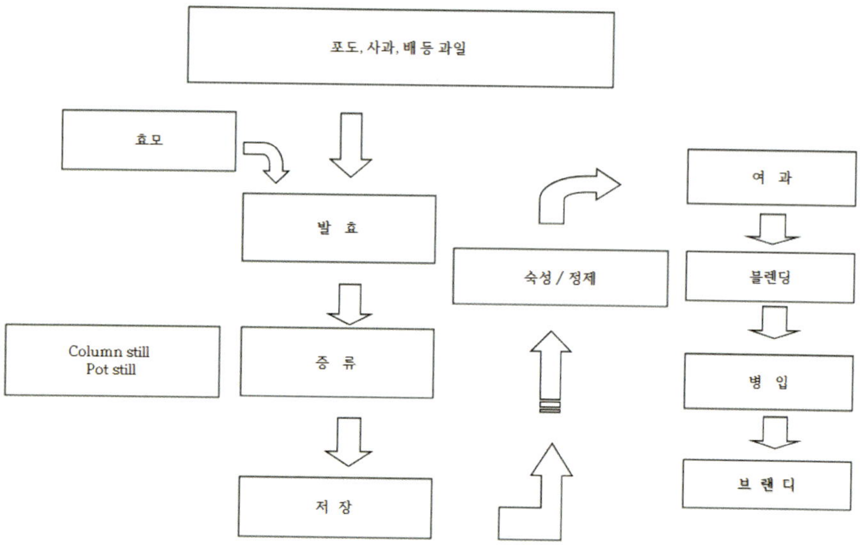

향기로운 냄새와 맛에도 품위를 가진 술, 브랜디(Brandy)

브랜디는 포도를 발효하여 증류한 술의 명칭이나, 현재는 사과, 살구, 체리, 자두 등 과일을 주원료로 하는 증류주 전체를 브랜디로 부른다. 포도가 아닌 다른 과실을 원료로 한 브랜디를 Flavored Brandy 하는데 브랜디 이름 앞에 재료명을 붙여, Apple Brandy, Peach Brandy, Cherry Brandy, Ginger Brandy라고 부른다. 프랑스 외에 독일, 그리스, 스페인, 포르투갈, 미국, 호주 등 여러 나라에서 다양한 브랜디를 생산하고 있다. 술 중에서도 고귀한 술은 브랜디라고 할 정도로 향기로운 냄새와 맛에도 품위를 가진 술이 브랜디이다. 칵테일에 많이 쓰이는데, 향기로운 냄새와 맛을 느끼려면 그대로의 맛을 보아야만 하는 술이 브랜디이다. 과실의 발효액을 증류하여 알코올 도수가 강하게 제조된 술의 총칭이나 포도를 원료로 한 것이 유명하고 많다. 포도로부터 포도주

(Wine)를 만들어 낸 것은 오래되었으나, 브랜디 생산은 13세기부터 포도주를 증류하여 스피리트(spirit)를 얻게 된 것이 시작이다.

하늘이 내려주는 것으로 여기는 깊은 황금색 코냑

프랑스의 코냑 지역에서 생산되는 브랜디만이 코냑이다. 모든 것이 기계화되고 획일화된 현대에도 코냑 지방에서는 지금도 18세기와 조금도 변함없이 손으로 직접 코냑을 만든다. 자연과 날씨에 좌우되는 여러 가지 어려움을 극복하고 풍성하게 열린 포도가 압착 과정을 거쳐 와인이 되고, 이 와인이 증류되어 명품 코냑이 된다. 생산된다고 모두 코냑이 아니며, 생산방식과 품질까지 인정받아야 한다. 깊은 황금색 액체의 코냑은 하늘이 내려주는 것으로 생각하여 엄격하고 경건한 마음으로 모든 정성을 들여 만든다고 한다. 프랑스는 1909년에 코냑 제조 법령을 선포, 엄격한 품질 관리를 한다. 코냑의 제조에 필요한 포도는 코냑 지방에서만 재배해야 하고, 코냑을 저장하여 숙성시키는 오크통도 이 지방의 숲에서 자란 리무진 오크(Limousin oak)통만을 쓰도록 규제하고 있다. 코냑의 주원료인 생테밀리옹 포도는 두 번에 걸친 증류과정을 통해 오드비라는 코냑 원액을 추출하고 품질 및 숙성기간이 서로 다른 오드비들을 잘 조화시켜 정성을 다하여 블랜딩한다. 블랜딩 기법이 핵심으로 각각의 기법에 따라 서로 다른 개성과 향취를 지닌 신비로운 맛과 향을 지닌 다양한 코냑이 생산된다.

그랑 샹파뉴(Grande Champagne), 쁘띠 샹파뉴(Pettie Champagne), 보르드리(Borderies), 부아 오디네르(Bois Ordinaires), 봉 부아(Bons Bois), 팡 부아(Fins Bois) 등의 지역이 대표적이다. 코냑의 유명 브랜드는 엑스트라 등급까지도 생산하는 까뮤(Camus)부터, 헤네시(Hennessy), 마르텔(Martell), 레미 마르땡(Remy Martin), 비스퀴(Bisguit), 꾸르브아지에(Courvoisier), 오타드(OTARD), 프라팡(FRAPIN) 등이 있다.

프랑스 국립 코냑 사무국(BNC)에서 관리하는 브랜디의 등급

브랜디는 숙성기간이 길수록 품질이 향상이 되는 술이다. 생산회사들이 브랜디를 등급별로 품질보증을 하기 위해서 별표를 표시하고 라벨을 사용하면서부터 시작되었다. 처음에는 법적인 근거도 없이 경쟁의식에서 자유자재로 마크와 기호를 사용하였다. 현재는 프랑스 국립 코냑 사무국(BNC)에서 1983년 코냑 등급에 관한 기준을 정하여 등급을 관리하고 있다. 나폴레옹 브랜디 제품의 인지도로 인해, 나폴레옹(Napoleon)이란 표시의 등급 브랜디가 최고등급으로 잘못 인식되어 있으나, 최고의 등급은 엑스트라 등급이다. 나폴레옹이라는 이름이 등급에 들어가 있는 것이 흥미롭다.

등급		숙성기간
★★★	별등급	3년 ~ 5년
V.S.	Very Superior	5년
V.S.O.P.	Very Superior Old Pale	10년
Napoleon	나폴레옹	15년
X.O.	Extra Old	20년 ~ 30년
Extra	최고등급	40년 이상

숙성시켜 알코올 함량이 낮고 향기가 강한 브랜디, 아르마냑(Armagnac)

프랑스 아르마냑 지방에서 생산되는 브랜디로 블랙 오크통에서 숙성 시켜 알코올 함량이 낮고 향기가 강한 브랜디이다. 아르마냑은 한 번만 증류하기 때문에 코냑에 비해 향이 더 강하며, 블랙 오크통에서 숙성 시켜 코냑보다 빨리 숙성되는 특징이 있다. Chabot, Janneau, Malliac 등이 대표적이다.

4. 무색, 투명하고 향이 상쾌한 진(Gin)

진(Gin)은 네덜란드의 Leiden 대학의 실비우스(Franciscus Sylvius) 박사에 의해 약용으로 개발되었고, 17세기 영국으로 건너가 발전한 술이다. 진은 맥아를 발효시켜 증류하여 얻은 주정에 노간주 나무의 열매(Juniper Berry)를 비롯한 여러 종의 향료를 혼합하여 재증류시켜 얻은 80% 이상의 증류된 주정을 다시 물과 섞어 40% 정도로 희석하여 여과 후 만든 증류주이다. 진의 특징은 위스키나 브랜디와 같은 증류주이지만, 숙성이 필요 없는 인공적인 술이며, 어느 술과도 잘 어울려 칵테일에 가장 많이 이용되는 술이기도 하다.

청량감과 산뜻한 향기가 있고, 특유한 방향성의 무색투명한 진(Gin)

보리, 옥수수, 호밀 등을 주원료로 하며, 이것을 발효, 증류시킨 후, 노간주나무 열매를 넣고 다시 증류하여 향을 첨가한 술인 진은 무색, 투명하고 향이 상쾌한 드라이 진(dry gin)을 의미한다. 진의 특성은 청량감과 산뜻한 향기가 있고, 특유한 방향성의 무색투명한 술이다. 다른 술이나 Liqueur, Juice와도 잘 어울려 칵테일 재료로 좋으며, 알코올 도수 40% 이상의 독한 술이다.

영국 진(London Dry Gin)은 대맥을 원료로 하여 연속증류기로 정류하고 향을 첨가해서 불순물을 완전히 제거하여 숙성 없이 마시는 술이다. 네덜란드 진(Holland Gin)은 대맥과 호밀을 혼합하여 단식증류로 3회 연속 증류하여 50~55%의 높은 알코올 도수를 가진 맛과 향이 강한 술이다. 올드 탐 진(Old Tom Gin)은 시럽(Sugar Syrup)을 첨가하여 감미한 영국 진이다. 슬로운 진(Sloe Gin)은 연속 증류된 진에다 야생 자두를 배합하여 짙은 적색의 과일 맛이 있는 술로 여성이 좋아하는 리큐르에 가까운 진이다. 진의 종류로는 영국 진(english gin), 네덜란드 진(holland gin), 아메리카 진(american gin), 드라이 진(dry gin), 슬로운 진(sloe gin)이 있으며, 플레이버 진(flavored gin), 골든 진(golden gin)도 있다.

5. 무색, 무미, 무취의 특성으로 칵테일의 베이스로 널리 이용되는 보드카(Vodka)

보드카는 12세기 러시아에서 만들어졌으며, 초기 이름은 생명의 물이라는 뜻이다. 후에 작은 물이라는 의미의 보드카(vodka)로 변화되었다고 한다. 활성탄을 이용하여 여과한 보드카는 가장 순수한 물로 인정받고 있다. 보드카는 오래전부터 러시아의 국민주로 애용되다가 칵테일의 보급과 함께 세계적으로 널리 알려진 술이다. 보드카는 보리, 밀, 호밀, 옥수수 등의 곡물과 감자, 고구마 등을 원료로 하고 있으며, 당화 발효시킨 후, 연속 증류기로 증류해 주정도수를 95%로 맞춘 다음 자작나무 숯 등의 탄소 층으로 여과하여 병에 담을 때는 알코올 도수를 40%~55%로 낮추어서 출고한다. 보드카는 연속 증류로 인하여 대량 생산이 가능하여 가격이 저렴하며, 무색, 무미, 무취의 특성으로 인하여 칵테일의 기초로 널리 이용된다. 러시아와 폴란드 보드카의 주원료로는 감자를 사용하고, 미국에서는 옥수수나 밀 같은 곡물(Grain)을 사용한다. 향미를 가한 것도 있으며, 알코올 도수가 높긴 하지만 마시기에는 부드럽다. 예상외로 보드카는 러시아의 보드카가 아닌 미국의 보드카가 널리 보급되어 있으며, 보드카의 종류는 러시아, 폴란드, 영국, 미국의 보드카가 유명하다.

스미노프 보드카는 알코올 도수 40%의 미국의 보드카이다. 스미노프는 영

광스러운 러시아의 역사를 배경으로 탄생한 세계 최고의 보드카로 러시아의 스미노프 가문에서 처음 생산되었다. 19세기 중반부터 크게 명성을 얻었고 20세에 유럽의 왕궁에서도 찾아볼 수 있을 만큼 유명하게 되었으나 볼셰비키 혁명으로 문을 닫게 되었다. 이후 1930년대에 파리에서 미국으로 건너간 미국계 러시아인에 의해 다시 생산하여 300종 이상의 보드카를 세계에 수출하고 있다. 스미노프 보드카의 특징은 증류할 때 백화로 만든 활성탄으로 10회 이상 되풀이하여 증류하고 여과법이 뛰어나 숙취가 없는 술로 유명하다. 모스코프 보드카는 영국의 제품으로 러시아나 폴란드 보드카에 버금가는 알코올 도수 43%의 보드카이다.

6. 사탕수수가 준 선물, 럼(Rum)

럼은 16세기에 서인도 제도 설탕공장에서 일하던 스페인 정착민들이 설탕이 사탕수수에서 추출되면 부산물로 전분을 함유한 당밀이 남고, 자연적으로 열에 의해 발효된다는 것을 발견했다. 발효된 당밀이 증류된 후 강하고 진한 스피리트 럼이 남았고 이를 술로 만들어 마셨다고 한다. 럼은 의학용으로 사용되기도 했다고 한다. 럼의 주원료는 사탕수수이며, 롤러로 사탕수수를 부순 뒤 여과한 당액을 그대로 사용하거나 제당 공정의 부산물인 당밀을 사용하는 두 가지 방법을 이용한다. 알코올 도수는 70%~80% 정도이며, 다시 증류하여 40%로 고착시킨다.

럼의 대표적인 산지는 사탕수수가 많이 생산되는 자메이카, 쿠바, 푸에르토리코 등이다. 럼을 맛으로 분류하면 라이트 럼(light rum), 미디어 럼(medium rum), 헤비 럼(heavy rum), 플레버드 럼(flavored rum)으로, 색깔에 의하여 분류하면 화이트 럼(White rum), 골드 럼(gold rum), 다크 럼(dark rum)이다. 라이트 럼은 부드러운 향기와 드라이한 맛이고, 헤비 럼은 무색으로 진한 맛과 강한 향기를 가졌으며 숙성하는 동안 진하게 배어든 색깔을 가지는 대표적인 럼이다. 럼은 콜라와 섞은 Rum&Coke, 럼에 라임 또는 오렌지를 넣으면 상쾌하고 시원한 청량 음료가 된다.

7. 멕시코 영혼의 술, 테킬라

테킬라는 선인장의 일종인 용설란의 수액을 발효하여 양조주를 만든다. 단식 증류기로 증류시킨 후 오크통 속에서 숙성시킨다. 럼의 종류는 숙성하지 않은 가볍고 샤프한 무색의 화이트 테킬라(White Tequila)와 오크통에서 숙성한 누런색 또는 갈색을 띠고 있는 골드 테킬라(Gold Tequila)가 있다. 화이트 테킬라는 40%~43% 정도의 알코올 도수의 술로 멕시코에서 소비하고, 골드 테킬라는 미국에서 수입한 참나무통에서 저장하여 숙성시킨다. 통에서 숙성이 되면, 금빛으로 변하며 맛이 좋고 오래가며, 향기가 첨가되어 스트레이트로 사용한다. 멕시코에서는 테킬라를 스트레이트로 마실 때 손등에 레몬이나 라임 즙을 바르고 그 위에 소금을 뿌려서 그것을 핥으면서 술을 마신다. 멕시코가 열대 지방이라 건강을 염려하여 염분을 보충하기 위해서라고 전해진다.

Cuervo
EL TESORO
1800
ESPOLÓN
Don Julio
PATRÓN
ALTOS
Jimador

Manner

5장

혼성주의 이해

1. 액체의 보석 혼성주(Compounded Liquor)

혼성주는 양조주와 증류주를 혼합 또는 양조주와 증류주에 과실이나 각종 약초와 향료를 배합하여 적정량의 감미와 착색하여 만든 술이다. 리큐르가 처음 만들어진 것은 히포크라테스가 그의 실험실에서 액체에다 다른 음료를 용해하여 향과 맛을 내는 음료수를 만든 것에서 비롯되었다고 전해진다.

리큐르(Liqueur)는 과일이나 곡류를 발효시킨 주정을 기초로 하여 증류한 스피리츠(Spirits)에 정제한 설탕으로 감미를 더하고 과실이나 약초류, 향료, 초근목피의 침출물로 향미를 붙인 혼성주이다. 색채, 향기, 감미, 알코올의 조화가 잡힌 것이 리큐어의 특징이다.

식후주로 즐겨 마시며 간장, 위장, 소화불량 등에 효력이 좋은 술이다. 식후에 즐기는 혼성주의 특징은 비교적 강한 알코올 성분을 가지고 있으나 순수해야 하며, 사탕이나 시럽 등의 당분이 함유되어 있고, 향기가 있어야 한다. 혼성주의 종류는 비터와 리큐어가 있다.

구분	종류	원료
혼성주(混成酒) Liqueurs – Compounded	매실주, 인삼주 Fruit Liqueur Herbal Liqueur Other Favorite Liqueur	매실, 인삼 Spirits &Fruits, Berries Spirits &Herbs Spirits &Spice, Milk, coffee

비터(Bitter)류는 베르무트(vermouth)와 마찬가지로 식전주로 이용되는 비터류와 앙고스트라 비터(angostra bitter)처럼 칵테일 등의 부재료로 사용되는 비터류로 나누어진다. 리큐어(liqueur)류는 아름다운 색채가 있는 단술을 의미하며 일반적으로 식후주로 사용된다. 대표적인 리큐어는 샤르트뢰즈(charteuse), 큐라소(curacao), 베네딕틴(benedictine), 페퍼민트(peppermint), 크렘 드 카카오(cream de cacao), 체리 브랜디(cherry brandy), 드람뷰(drambuie), 슬로우 진(sloe gin)이 있다. 국내 혼성주는 쌀을 원료로 하는 합성 청주가 있고, 증류주에 과실, 약제, 향료 등을 첨가한 매실주, 인삼주, 오가피주, 복분자주, 머루주, 약미주 등이 있다.

리큐르의 제조 방법은 가능한 재료와 종류, 특성에 따라 여러 가지 방법을 적용

프랑스는 알코올 도수 15% 이상, 당분 20% 이상을 함유하고 향신료가 첨가된 술이 리큐어이고, 미국은 스피리츠(Spirits)에 당분 2.5% 이상을 함유하며, 여기에 천연향(과실, 과즙, 약초, 향료 등)을 첨가한 술이면 모두 리큐어이다.

리큐르의 제조방법은 가능한 재료와 종류, 특성에 따라 여러 가지 방법을 적용한다. 증류법은 방향성의 물질인 식물의 씨, 뿌리, 잎 껍질 등을 강한 주정에 담가서 부드럽게 한 후 고형물질의 전부 또는 일부의 침출액을 증류하는 방식이다. 이렇게 하여 얻은 주정성 음료에 설탕 또는 시럽의 용액과 무해한 야채 엑기스나 태운 설탕의 형태로 된 염료를 첨가하여 만든다.

독일에서 주로 이 방법을 쓰는데, 에센스법은 주정에 향료를 첨가하는 방식이다. 이는 추출한 향료를 첨가하여 사카린 또는 당분을 가미하여 만든다. 성분 등의 이유로 품질이 떨어지고 가격도 싸다. 침출법(침적법)은 신선한 과실즙에 알코올과 설탕을 첨가하여 만든다. 증류하면 변질할 우려가 있는 과실류에 응용하는 방식이다. 이렇게 만들어진 혼성주가 코디얼(cordia)이다. 리큐르의 알코올 도수는 27% ~ 80%까지 다양하다.

2. 혼성주의 특징과 종류

혼성주는 과실류, 종자류, 약초 및 향초류, 식전주 등으로 분류한다.

1) 풍미의 주재료가 되는 과일을 주재료로 착색료 등을 넣은 과실류

과실류는 풍미의 주재료가 되는 과일의 이름을 술의 이름에 넣어 알기가 쉽다. 그 종류가 다양하다. 큐라소, 그랑 마니에, 만다린 등이 있다.

오렌지 껍질을 브랜디나 기타 증류주에 첨가하여 감미를 낸 큐라소(Curacao)

베네수엘라 큐라소 섬에서 생산되는 쓴맛이 강한 오렌지 껍질을 브랜디나 기타 증류주에 첨가하여 감미한 리큐르이다. 알코올 도수는 30%~37%이다.

오크통 속에서 숙성하여 오크향이 나는 그랑 마니에(Grand Marnier)

증류한 코냑에 오렌지 껍질을 가미하여 만든 오렌지 리큐르로 오크통 속에서 숙성하여 오크향이 강하고, 칵테일의 기주와 식후주로 활용한다.

비밀로 전해지는 꼬엥트로(Cointreau)

화이트 큐라소의 불후의 걸작으로 오늘날까지 제조 방법이 비밀로 전해지고 있는 오렌지 껍질의 추출물로 제조되는 부드러운 맛과 향의 리큐르이다.

제과용과 칵테일에 많이 활용하는 체리브랜디 (Cherry Brandy)

체리를 원료로 빚은 24%~30%의 리큐르 혼성주로 제과용과 칵테일에 많이 쓰인다.

복숭아 향이 감미로운 피치 브랜디(Peach Brandy)

신선한 복숭아(Peach)를 질이 좋은 브랜디에 담가서 서서히 향기를 옮긴 과일 리큐르가 리큐르이다. 부드러운 맛과 과일향으로 여성들에게 인기가 있다.

레드 와인보다 더 붉은 술이라는 슬로우 진(Sloe Gin)

영국이나 프랑스에서 야생하는 오얏나무 열매를 진에 넣어 만든 것 으로 알코올 도수 30% 정도의 레드와인보다 더 붉은 술이다.

달콤한 맛과 향의 멜론 리큐르 미도리(Midori)

허니듀 멜론을 이용해 만들어 풍부한 맛과 과즙을 가지고 있는 리큐르이다. 다양한 과즙과 레모네이드 등과 혼합되면 그 과즙맛을 더욱 풍부하게 해주어 신맛과 달콤한 맛이 조화된 칵테일에 사용된다.

2) 과실의 씨에 함유된 방향성분이나 감미를 추출하여 만든 종자류 혼성주

종자류(Beans & Kernels) 리큐르는 과실의 씨에 함유된 방향성분이나 감미를 추출하여 만든 리큐르 혼성주로 소화 촉진 등의 효과가 있어 식후주로 주로 활용한다. 대표적인 것은 깔루아, 티아 마리아, 아마레토 등이 있다.

커피 칵테일의 대명사, 깔루아(Kahlua)

멕시코산 커피를 원료로 코코아와 바닐라향을 넣어 만든 리큐르이다.

커피리큐어 티아 마리아(Tia maria)

자메이카산 럼을 기주로 한 커피 리큐르로 식후에 즐겨 마신다.

이탈리아의 증류주에 살구향, 아몬드 향이 강한 아마레토(Amaretto Di Saronno)

아몬드, 살구씨를 물과 함께 증류하여 향초 성분과 혼합 후 시럽을 첨가해서 만든 향이 강한 종자류 리큐어이다. 다크 초콜릿의 풍부한 풍미와 오렌지와 바닐라의 향이 가득한 리큐어이다.

크렘드 카카오

아몬드, 살구 씨를 물과 함께 증류하여 향초 성분과 혼합 후 시럽을 첨가해서 만든 향이 강한 종자류 리큐어이다.

3) 소화불량이나 자양강장에 효능이 있어 즐기는 약초 및 향초류(Herb & Spices) 혼성주

최상급에 속하는 리큐르인 이렉실은 수많은 약초나 향초의 추출물이다. 소화불량이나 자양강장에 효능이 있다고 하여 즐기는 혼성주이다. 향초류의 리큐르에는 앱상트, 베네딕틴, 샤르트르즈, 갈리아노, 앙고스트라 비터스 등 매우 다양하다.

반 고흐가 사랑한 녹색의 요정, 압생트(Absinthe)

피로회복이나 활력제로 좋은 혼성주이다. 독하여 보통 물에 희석하여 마시는 문인과 예술인의 술이며, 서민들의 주로 마신 서민의 술이다. 향쑥 외에 여러 종의 약초와 향료를 배합하여 만든 술로서 알코올 도수는 45%~90%에 이르는 강한 술이다. 헤밍웨이가 찬양한 술이다.

식사 전, 후 소화 작용에 도움을 주는 아니세트(Anisette)

지중해의 아니스(Anise)열매 외에 회향풀 등을 알코올에 담가서 그 침출액을 증류한 것에 설탕·네롤리(Neroli) 등을 넣어서 만든 리큐르이다.

강장주로 사용한 향기가 좋은 베네딕틴(Benedictine)

1510년 베네딕틴 교단의 술이었으며, 강장주로 사용한 향기가 좋은 술이다. 프랑스 노르망디 지방의 가장 오래된 리큐르이다. 안젤리카(Angelica) 뿌리를 주 향료로 하여 박하(Mint)나 아니카(Arnica) 등을 첨가한 것으로 황록색을 띠고 알코올 도수는 43%이며, 수년 동안 숙성하여 마신다. 독특한 병 모양, D.O.M 이라는 Deo Optimo Maximo(최고, 최선의 신에게) 문자와 서명이 된 상표가 특징이다.

풍미가 좋아 리큐르의 여왕으로 불리며, 생명 연장의 영약, 샤르트뢰즈(Chartresuse)

샤르트르즈 수도원에서 만들어졌고, 짙은 약초 향에 달콤하며, 풍미가 좋아 리큐르의 여왕으로 불리는 레몬껍질, 이소프화, 박하 잎 등의 향료에 제네가초 등의 향료를 배합한 술이다. 황색, 녹색, 무색의 3가지가 종류가 있으며 알코올 도수는 황색은 43%, 녹색은 55%, 무색은 70~80% 등으로 생명 연장의 영약이라 불리는 독한 술이다.

밝은 노란색으로 상쾌한 향과 박하의 풍미가 강한 갈리아노(Galliano)

알프스와 지중해에서 생산된 40여 종의 향초를 배합하여 만든 노란색의 이탈리아 리큐르이다. 밝은 노란색으로 상쾌한 향과 박하의 풍미가 특징이다. 알코올 도수는 35%이다.

페르노

프랑스가 원산지이며, 아니스(Anise) 외에 약 15종류의 향료를 사용하여 만든 리큐르(Liqueur)로 압생트가 제조 금지된 후 대용으로 사용되고 있다 알프스와 지중해에서 생산된 40여 종의 향초를 배합하여 만든 노란색의 이탈리아 리큐르이다.

적색의 프랑스 식전주, 듀보네(Dobonnet)

와인에 약한 키니네를 첨가해서 만든 감미와 향이 있는 적색의 강장성 식전주이다. 보통 언더락으로 즐

긴다.

빛의 붉은색의 쓴맛이 강한 식전주, 캄파리(Compari)

이탈리아의 캄파리가 만든 붉은색의 쓴맛이 강한 리큐르이다. 식전주로 활용하며, 소다수와 오렌지 주스와 잘 배합되어 칵테일에 쓴다. 알코올 도수는 25% 정도이다.

사냥꾼의 술 예거마이스터(Jagermeister)

'사냥의 대가'라는 뜻으로, 1934년 빌헬름의 아들 쿨트 마스트(Cult Mast)가 허브, 과일, 뿌리 등 56가지의 재료로 만든 리큐이다. 오래 된 천식, 위장병 등을 치료할 약용 리큐어로 개발되어 비터스(Bitters)와 비슷하지만 쓴맛의 비터스와는 달리 달콤한 맛을 가졌다.

원기회복과 열을 내리는 효능을 지닌 앙고스트라 비터(Angostura Bitters)

남미에서 자라는 용담속 나무껍질의 쓴맛이 나는 액을 베이스로 만든 리큐르이다. 베네수엘라 앙고스트라 마을에서 육군부대 한 외과의사가 열대기후를 견뎌 내기 위해 처음 조제한 방향성의 알코올음료이다. 적갈색으로 알코올 도수는 45%로 칵테일에 몇 방울을 넣어 쌉싸름한 향을 내는 데 쓰인다.

와인 베이스의 아페리티프 베르무트(VER-MOUTH)

독일의 베르무트(Werrmut, 향쑥)에서 온 것으로 화이트 와인에 약초를 배합한 것으로 알코올 도수는 약 17%~20%로 만든 식전에 마시는 와인 리큐르이다.

향신료, 시럽 등이 주로 쓰이는데, 기본 주와 부재료를 어떻게 혼합하여 조화를 이루게 하느냐에 칵테일의 맛은 수백, 수천 가지로 표현할 수 있다.

향신료, 시럽 등이 주로 쓰이는데, 기본 주와 부재료를 어떻게 혼합하여 조화를 이루게 하느냐에 칵테일의 맛은 수백, 수천 가지로 표현 할 수 있다.

3. 칵테일을 만드는 기본적인 기법은 5가지가 있다.

잘 섞이지 않는 재료나 아주 차게 할 때 쓰는 세이크 법(Shake Method)

세이크 방법은 잘 섞이지 않는 재료나 아주 차게 할 때 쓰는 것으로, 세이커에 얼음과 재료를 넣고 혼합하여 만드는 방법이다. 리큐르, 계란, 크림 등의 비교적 비중이 무거운 재료를 사용한 칵테일을 만들 때 사용한다. 재료를 넣는 순서는 맨 처음 얼음을 60% 정도 넣고, 다음으로 기본 베이스, 계란, 크림 등의 부재료를 넣어 흔든다.

전자 믹서 기구를 이용하는 블렌드 법(Blend Method)

믹서 기구를 이용하는 방법으로, 프로즌 스타일의 칵테일이나 과일을 사용하는 트로피칼 칵테일류를 만들 때 주로 사용한다. 셔벗 형태의 칵테일을 만들 때 많이 쓴다.

바 스푼으로 저어서 혼합하여 만드는 스터 법(Stir Method)

믹싱 글라스에 얼음 60% 정도를 넣고 기본 베이스와 부재료를 넣어, 바 스푼으로 저어서 만드는 간단한 방법이다. 재료의 비중이 가벼운 대부분의 칵테일이 해당한다.

글라스에 직접 얼음과 재료를 넣는 빌드 법(Build Method)

세이크나 스터 방법을 사용하지 않고 글라스에 직접 얼음과 재료를 놓아, 바 스푼으로 저어서 만드는 방법이다. 하이볼(high ball)류를 이용한 칵테일이 이 방법에 의해 조주된다.

바 스푼을 이용하여 레이어링하는 플로트 법(Float Method)

술이나 재료의 비중을 이용하여 서로 섞이지 않도록 띄우는 방법으로, 다양한 색상의 리큐르를 사용하여 레인보우도 만들 수 있다. 바 스푼을 뒤집어 글라스 안쪽에 대고 조심스럽게 따르는 방법이다.

1) 칵테일 분류

수백 종의 다양한 칵테일 종류는 크게 롱 드링크(Long Drinks)와 쇼트 드링크(Short Drinks)의 2가지로 나눈다. 롱 드링크는 장시간에 걸쳐 마시는 칵테일로 텀블러 같은 큰 잔을 사용하며, 탄산수, 물, 얼음 등을 섞어서 만든다. 하이볼, 진피즈 등이 롱 드링크 등이 속한다. 쇼트 드링크는 단시간에 마시는 적은 양의 칵테일로 작은 잔을 사용한다. 맨하탄, 드라이 마티니 등이 쇼트 드링크에 속한다. 이 외에도 용도에 따라 칵테일을 분류할 수 있다.

Aperitif cocktail

식욕 증진을 위한 용도로 식사 전에 한두 잔 마시는 칵테일이다. 쓴맛이 나는 종류의 재료들로 만드는데, 식전에 알코올의 자극으로 타액 분비를 촉진시켜 입맛을 돋우는 역할을 한다.

Before Dinner Cocktail

식사 전의 칵테일로 상쾌한 맛을 내는데, 마티니 미디엄 칵테일, 맨해튼 미디엄 칵테일 등이 있다.

After Dinner Cocktail

식후의 칵테일로 먹은 음식물의 소화를 촉진할 수 있는 리큐어를 쓴다. 브랜디 칵테일, 알렉산더 칵테일 등 단맛 나는 것이 많다.

All Day Cocktail

식사와 상관없이 하루 중 어느 때에나 마셔도 무방한 칵테일로 주스가 들어가는 트로피컬 칵테일, 핑크 레이디, 밀리언 달러가 여기에 속한다.

칵테일은 만드는 형태에 첨가하는 재료에 따라 매우 다양하게 구분되며, 하이볼, 피즈, 사워, 슬링, 쿨러, 콜린스, 쥴렙, 스매쉬 등이 있다

하이볼(High Ball)

증류주를 Base로 하이볼 글라스에 얼음을 넣고 청량음료를 넣어 혼합한 것

피즈(Fizz)

피즈라는 이름이 붙게 된 이유는 탄산음료를 개봉할 때 또는 따를 때 픽~ 하는 소리가 난 데서 비롯된다.

슬링(Sling)

피즈와 비슷하나 약간 용량이 많고 리큐르를 첨가하여 과일을 장식한다(싱가폴 슬링).

사워(Sour)

증류주에 레몬주스를 넣은 시큼한 맛의 칵테일로 얼음을 제외하고 장식한다.

프라페(Frappe)

프랑스어로 잘 냉각된 뜻이다. 가루 얼음을 글라스에 가득 채우고 술을 붓고 빨대를 꽂는다.

프로스팅(Frosting)

칵테일 잔의 림 부분에 레몬이나 라임 과즙을 바른 뒤 설탕 또는 소금을 묻혀 장식하는 기법이다. 리밍(rimming) 혹은 스노우 스타일(snow style)이라고도 한다.

콜린스(Collins)

콜린스 가족에 의해 만들어졌기 때문에 이렇게 이름이 붙여졌다. 술에 레몬이나 라임즙과 설탕을 넣고 소다수로 채운다.

줄렙(Julep)

설탕 · 민트 줄기를 청량음료와 함께 넣은 칵테일이다.

트로피컬 칵테일(Tropical Cocktail)

열대성 칵테일을 의미하며 과일주스, 시럽 등을 이용하여 달고 시원하며 과일을 장식한 양이 많은 칵테일이다.

온더락스(On the Rocks)

얼음만 넣고 그 위에 술을 넣은 상태로 마시는 것

플로트(Flot)

술이나 재료의 비중의 차이를 이용하여 섞이지 않게 띄워서 완성한다.

Manner

6장

식생활과 음주문화의 이해

1. 한국 식생활과 식사 예절

한국의 식생활은 세계적으로도 독특한 식생활 문화를 만들어 가며, 주변국에도 영향을 주었다. 오랜 역사, 기후와 풍토, 지형이 다양하고, 해양 및 산악의 특징과 영향, 지역의 경계가 뚜렷하여 오랜 역사의 시대적 변화에 따라 발달하였고, 유교문화의 영향으로 격식과 예의를 중시하는 독특한 식생활문화가 발전하였다. 한식은 정성과 노력이 많이 들어가는 음식으로 만드는 사람의 마음가짐과 태도를 중요하게 여긴다. 이런 마음을 존중하여 음식문화에도 예의를 중시하였다. 한국의 음식은 곡물을 활용한 음식이 다양하고, 주식과 부식의 구분이 명확하다. 주식인 밥과 찬을 부식으로 하여 발달한 식품배합이 합리적이며 음식의 영양, 색상, 간의 농담, 온도의 조화를 추구한다. 주식은 쌀이나 보리 등 다양한 곡물류를, 찬물로는 채소, 육류, 어류 등의 다양한 식재료를 이용한다. 조리법이 매우 다양하며, 양념과 발효된 장에 영양학적 과

학이 담겨 있으며, 동물성 식품과 식물성 식품이 균형 있게 배합하여 구성하는 특징이 있다. 계절에 맞추어 김장, 장, 젓갈 담기, 채소 말리기 등 저장발효식품과 건조저장식품을 만들어 기본 찬이나 양념으로 이용한다. 음양오행에 이치를 두고 오방색을 사용하여 편안해지고 보기도 좋은 음식이다. 전통의 일상 식단의 주식은 곡류 중심이지만, 채소류, 육류, 어패류 등 다양한 종류의 부식을 고루 섭취하게 하여 영양상의 균형을 맞춘 식단으로 최근에 해외에서는 가장 문제가 되는 비만을 예방할 수 있는 최고의 다이어트 식단으로 각광을 받는다. 각종 성인병이 높아지고 있는 상황에서 한국의 전통적인 식생활은 좋은 해결 방안이다.

구분	내용
한국 음식의 특성	주식이 밥으로 곡물을 이용한 음식 발달 독특하고 뚜렷한 주식과 부식이 구별되는 음식 국물 음식이 많은 탕반 문화 발달 지역별로 발효식품과 조리법이 다양함 여러 식재료를 사용하여 복합적인 맛을 즐기는 조리법 음식의 맛과 외양을 중시하는 문화
음식 문화의 특징	어른을 중심으로 한 독상의 유교 문화 의례를 중시하는 유교 문화 통과의례 행사 시에 찬품의 종류가 정해지는 엄격한 문화 아침과 저녁 식사를 중시하는 문화
생활 풍속상의 음식 특징	명절식, 시식과 절식 풍습마다 다양한 음식을 즐김 음식의 겉모양보다는 조화된 맛을 더욱 중요시 여김 저장발효식품, 건조저장식품이 발달 공동의 풍습 발달, 예절 중시, 주체성이 뛰어남

1) 자연의 영향 받아 절기와 계절에 따라 자연스럽게 형성되어 온 전통적인 식생활

4계절 자연의 영향을 받고 역사의 변천에 따라 자연스럽게 형성되어 온 전통적인 식생활 문화인 한국의 식생활이다. 한국의 식생활은 춘하추동 계절에 따라 나는 식품으로 만드는 음식인 시식과 월마다 있는 명절에 차려 먹는 절식으로 나누어진다. 시식과 절식의 관행은 한국인의 정신적, 신체적 건강을 조절하는 데 도움이 된다고 한다.

한 해의 시작인 정월

설날에는 세찬이라는 차례 상과 세배 손님 대접을 위해 여러 가지 음식을 준비한다. 세찬은 떡국, 세주, 족편, 각종 전유어, 각종 전류, 식혜, 나박김치, 수정과, 햇김치 등으로 준비는 가풍과 지역에 따라 가짓수와 양이 다르게 만든다. 특히, 공통적인 음식은 흰 떡국이다. 입춘에는 다섯 가지 매운 음식을 만들어 먹었다. 대보름은 오곡밥과 약식, 복쌈, 묵은 나물, 귀밝이술, 백가반 등을 챙겨서 먹었고, 귀가 밝아지는 귀밝이술과 부스럼이 없도록 부럼을 챙겼다. 아마도 입춘과 대보름 음식은 겨울 동안 부족한 영양소 비타민 등을 섭취하기 위한 음식이다.

농사철의 시작, 중화절

음력 2월 초하루를 일컫던 이름인 중화절은 농사철의 시작을 기념하는 날이다. 노비들을 위한 노비 송편을 만들어 먹고, 주머니에 볶은 콩을 가지고 다니면서 먹었다.

들판에 나가 꽃놀이를 하며 봄을 즐긴 삼짇날

음력 3월이면, 산과 들에 새싹이 돋고 개나리, 진달래가 피는 봄철로 풍류를 즐기던 선인들은 들과 산으로 나가 자연을 먹고 즐겼다. 삼짇날은 들판에 나가 꽃놀이를 하고 새 풀을 밟으며 봄을 즐기기 때문에 붙여진 이름이다. 봄철의 시작을 장식하는 명절로 지역마다 많은 봄맞이 풍속들이 있다. 진달래 화전과 진달래 화채 등을 즐겼다.

종묘, 능원에 제향을 지내고 민간에서도 성묘하는 한식

한식은 음력으로 2월 하순이나 3월 초에 드는데 청명과 겹치거나 하루 늦추어서 든다. 한식은 동지 후 105일째 되는 날이다. 한식에는 종묘, 능원에 제향을 지내고 민간에서도 성묘를 한다. 한식은 불을 쓰지 않으므로 찬 음식을 먹고 술, 과일, 포, 식혜, 떡, 국수, 탕, 적 등의 음식으로 제사를 지내는 날이다. 음력 4월 초파일은 부처님이 오신 날이다. 법정공휴일로 이날은 느티떡, 볶은 콩, 미나리나물을 즐겼다.

모내기를 끝내고 풍년을 기원하는 단오

한 해 중 가장 양기가 왕성한 날로 큰 명절로 여겼던 단오는 더운 여름 전 초하의 계절이다. 모내기를 끝내고 풍년을 기원하는 기풍 계절로 여러 가지 행사가 전국적으로 행해졌다. 수리취 절편(단오병), 제호탕, 앵두편, 앵두화채 등을 즐겼다.

맑은 개울물에 나가 목욕하고 머리를 감으며 하루를 보내는 유두날과 삼복

음력 6월 보름날은 유두날로 유두란 말은 동류두목욕의 준말이다. 유두날에는 맑은 개울물에 나가 목욕하고 머리를 감으며 술자리를 만들어 하루를 보냈다. 유두면, 수단, 건단, 보리수단, 상화병, 연병, 수교의, 구절판 등을 즐겼다. 삼복은 하지 후 셋째 경일을 초복, 넷째 경일을 중복, 입추 후 첫 경일은 말복이다. 복날에는 육개장, 개장국, 삼계탕을 즐겼다.

견우와 직녀가 1년 만에 만나는 날 칠월 칠석

칠월 칠석은 음력 7월 7일로 견우와 직녀가 1년 만에 만나는 날로 육개장, 편, 밀전병과 밀국수, 오이김치를 즐겼다. 7월 보름을 백중이라 한다. 백중에는 과일류와 오이김치, 산채나물, 각종 부각, 묵은 사찰음식을 즐겼다고 한다.

만월 날을 맞이하니 즐겁고 마음이 풍족한 한가위

추석은 음력 8월 보름으로 우리나라 큰 명절로 중추절, 한가위라고 한다. 농경민족이던 우리 선인들은 봄부터 여름 동안 가꾼 곡식과 과일들을 가을에 수확하였다. 가장 큰 만월 날을 맞이하여 즐겁고 마음이 풍족한 시기이다. 송편을 비롯하여 여러 가지 제물을 만들어 차례를 지내고 산소에 가서 성묘를 하며 지낸다. 송편, 토란국, 양적, 닭찜, 과일을 즐겼다.

가을이 깊어 가는 계절의 중양절

음력 9월 9일을 중양절로 양수가 겹치는 날이다. 가을이 깊어 가는 계절로 서울 풍속에 남산과 북악산에 올라가 국화주를 마시고 국화전을 먹으며 즐기는 풍습이 있었고, 국화주, 국화전, 유자화채, 송이산적, 배 등을 즐겼다.

한 해 농사를 추수하고 햇곡식으로 제상을 차려 감사하는 상달

한 해 농사를 추수하고 햇곡식으로 제상을 차려 감사를 올리는 10월 상달이 되면 어느 가정에서든지 말날이나 길일을 택해서 성주에게 제사를 지냈다. 성주 신에게 정성을 들여 햇곡식으로 술과 떡을 하고 갖가지 과일을 준비하여 성주제를 통해 가족의 평안을 기원했다. 겨울 준비로 김장을 하는 시기이고, 백설기와 팥 시루떡 등을 즐겼다.

작은 설로 불리는 동지는 낮이 가장 짧은 날, 동지부터 낮이 길어져 부활의 날

하지로부터 짧아진 낮이 동지에는 낮이 가장 짧은 날이다. 동지부터 낮이 길어지기 때문에 고대인들은 태양이 죽음으로부터 부활한다고 여겨 태양신에 대한 제사를 올렸다. 작은 설 동짓날에는 새알 모양의 떡을 넣어 팥죽을 쑤어 먹었다. 자기의 나이에 맞추어 새알심을 먹었다고 한다. 팥죽을 문짝과 집 주변에 뿌려서 귀신을 쫓고 안녕을 빌었다. 팥죽, 전약, 냉면, 비빔국수, 수정과, 동치미 등을 즐겼다.

다음 날 새해 준비와 지난 한 해의 끝맺음을 하는 분주한 날, 섣달

섣달 그믐은 1년을 보내는 마지막 날로 다음 날 새해 준비와 지난 한 해의 끝맺음을 하는 분주한 날로서 조상의 산소에 성묘하였다. 집안 어른과 일가를 찾아 묵은 세배를 하고 밤까지 호롱불을 들고 다녔다. 산돼지와 산토끼 요리, 비빔밥을 즐겼다.

2) 기후와 풍토, 지형이 다양하고, 해양 및 산악 특징의 영향, 지역의 경계가 뚜렷하고 오랜 역사의 시대적 변화에 따라 발달한 향토음식

조선시대에 농법이 개혁되고, 농촌사회의 부농층이 확대되어 향토문화가 성장하였다. 사회적 환경의 변화에 따라 향토음식도 발달하였다. 향토음식은 각각 지역의 특산재료를 사용하여 지역적 색채로 조리하여 발전시킨 음식으로, 기후와 풍토 등 지역적 특성이 반영된 특유의 조리법이나, 차별적으로 발전한 가공기술을 이용하여 발전한 음식이다. 지역적 특성에 따라 중부와 남부지방은 쌀농사로 쌀밥과 보리밥을 주식으로, 북쪽지방은 산이 많아 밭농사를 주로 하여 잡곡의 생산이 많아 잡곡밥을 주식으로 먹었다. 맛과 간에서도 지역에 따라 다른데, 남부지방은 다양한 식재료의 생산과 기후의 영향으로 음식의 간이 세고 매운맛도 강하며, 조미료와 젓갈의 재료를 많이 사용한다. 북부지방은 여름이 짧고 겨울이 길어서 음식의 간이 남쪽에 비하여 싱겁고 매운맛도 덜하다. 음식의 크기는 큼직하고 양도 푸짐한 것이 북부지방의 특징이다.

해산물이 풍부하고, 산간지대는 산채가 많고, 밭농사와 벼농사가 활발하여 다양한 식재료가 생산되어 발전한 경기 음식

경기지역의 음식은 소박하며 양이 많은 편의 문화로 간은 세지도 약하지도 않으며, 양념도 많이 쓰는 편이 아니다. 고려시대 수도 개성의 영향으로 이 지역의 음식솜씨가 남아 서울, 전주와 함께 음식이 가장 호화롭고 다양하다. 개성음식은 사치스럽고, 공이 많이 들고 재료도 여러 가지가 필요한 음식이 많다. 개성편수, 조랭이 떡국, 오곡밥, 수제비, 냉콩국수, 팥죽, 삼계탕, 갈비탕, 곰탕, 아욱토장국, 개성보쌈김치, 개성경단, 수수부꾸미, 개떡, 여주산병, 개성약과, 모과청화채, 오미자화채를 즐겼다.

각지에서 생산된 다양한 재료를 활용하여 사치스러운 음식으로 발전한 서울 음식

서울지방의 음식은 개성, 전주의 음식과 함께 화려하고 다양하다. 서울은 조선시대 500년 이상 도읍지의 영향으로 서울음식은 조선시대의 음식풍이 많이 남아 있다. 서울지방 음식의 간은 짜지도 맵지도 않은 적당한 맛을 지니고 있다. 왕족과 양반이 많아 음식에도 격식이 까다로우며 맵시와 의례도 중요시 여겼다. 설렁탕, 잣죽, 떡국, 장국밥, 메밀만두, 국수장국, 떡찜, 갈비찜, 전류, 편육, 어채, 구절판, 추어탕, 꿩으로 만든 만두, 흑임자죽, 비빔국수, 편수, 육개장, 신선로, 장김치, 갑회, 육포, 어포, 족편, 전복초, 홍합초, 너비아니, 선짓국, 각색전골, 도미찜, 약과, 각색다식, 각색엿강정, 각색전과, 다양한 화채와 달여서 뜨겁게 마시는 한방차 등을 즐겼다.

기름진 호남평야의 풍부한 곡식과 각종 해산물, 산채 등 생산물이 많아, 음식의 종류가 다양하며, 음식에 대한 정성이 유별나고 사치스러운 전주와 전라 음식

전라지방의 전주는 마한과 신라, 후백제 왕조, 조선 전주 이씨의 지역으로 역사의 도시이다. 타 지역 광주, 해남 등 각 고을마다 부유한 토박이와 유지들이 좋은 음식을 가정에서 대대로 전수하여 풍류와 맛이 개성과 견줄 수 있는 지역이다. 전라지방의 상차림은 음식의 가짓수가 전국에서 제일로 상 위에 가득 차리므로 외지 사람들은 놀란다고 한다. 남해와 서해에 접하여 있어 특이한 해산물과 젓갈이 많으며, 고추장 등의 장류와 다양한 김치 등의 맛이 좋기로 유명한 지방이다. 전주비빔밥, 콩나물국밥, 냉국수, 두루치기, 꼬막무침, 꼴

뚜기젓, 무생채, 추탕, 광주애저, 토란국, 장어구이, 죽순찜, 수리취떡, 호박고지시루떡, 감인절미, 전주경단, 유과, 연근정과, 고구마엿을 즐겼다.

소박하며, 양념으로는 된장을 즐겨 쓰는 음식의 양이 많은 편의 충청 음식

충청지방은 쌀, 보리 등의 곡식과 무, 배추, 고구마 등의 채소가 많이 생산되고, 해안지역은 해산물이 풍부하며, 내륙 산간지방에서는 산채와 버섯들이 많이 생산된다. 충청지방 음식은 사치스럽지 않고 양념도 많이 쓰지 않는다. 국물을 내는 데는 닭 또는 굴, 조개 같은 것을 많이 쓰며, 양념으로는 된장을 즐겨 쓴다. 콩나물밥, 보리밥, 찰밥, 칼국수, 호박범벅, 녹두죽, 팥죽, 보리죽, 굴냉국, 넙치아욱국, 청포묵국, 가지김치, 참죽나물, 어리굴젓, 햇보리떡, 약편, 찹쌀미수, 복숭아화채, 호박꿀단지 등을 즐겼다.

음식의 간은 세고 전라도 음식보다 더 매운 경상 음식

음식에 멋을 내거나 사치스럽지 않고 소담하게 만드는 경상지방은 남해와 동해의 해산물이 풍부하고, 낙동강 주위의 기름진 농토에서 농산물도 풍족하게 생산된다. 해산물 회를 제일로 치고, 싱싱한 바닷고기에 소금 간을 하여 말려서 굽는 것을 즐기고 특히, 바닷물고기로 국을 끓이는 향토음식을 즐긴다. 진주비빔밥, 무밥, 건진 국수, 조개국수, 닭 칼국수, 재첩국, 추어탕, 대구탕, 아귀찜, 미더덕찜, 동태구이, 동래파전, 해파리 회, 대합구이, 상어구이, 우엉김치, 풍장어국, 모시잎송편, 진주유과, 안동식혜, 수정과, 유자화채, 유자차, 잡곡미숫가루를 즐겼다.

감자, 옥수수, 메밀을 이용한 음식이 발달한 소박하지만 먹음직스러운 강원 음식

강원지방은 영서지방과 영동지방에서 나는 산물과 산악지방과 해안지방에서 나는 산물 등이 많이 다르다. 산악이나 고원지대는 밭농사가 발달하여 감자나 옥수수, 메밀 등의 잡곡이 많이 난다. 음식은 소박하며 먹음직스럽다. 많이 생산되는 산물이기에 이 지역에는 감자, 옥수수, 메밀을 이용한 음식이 발달하였다. 강냉이밥, 감자밥, 수수밥, 메밀막국수, 팥국수, 감자수제비, 어죽, 강릉방풍죽, 쏘가리탕, 오징어순대, 동태순대, 도토리묵무침, 북어식해, 감자송편, 메밀총떡, 감자경단, 오미자화채, 당귀차, 강냉이차를 즐겼다.

각각의 재료가 가지고 있는 자연의 맛을 그대로 살리는 제주 음식은 많이 차리거나 양념을 많이 넣거나 또는 여러 가지 재료를 섞지 않고 만드는 음식

제주지방은 섬에 특성임에도 의외로 어촌, 농촌, 산촌의 생활방식이 차이가 있다. 농촌에서는 농업을 중심으로 생활하였고, 어촌에서는 해안에서 고기를 잡거나 잠수어업을 하였고, 산촌에서는 산을 개간하여 농사를 짓거나 한라산에서 버섯, 산나물을 채취하였다. 농산물은 콩, 보리, 조, 메밀, 밭벼 같은 잡곡을 주로 생산한다. 바닷고기, 채소, 해초가 주된 재료이며, 된장으로 맛을 내고, 바닷고기로 국을 끓이고 죽을 쑨다. 음식의 간은 짠 편인데 더운 지방의 특성이다. 기후가 따뜻하여 겨울에도 배추가 밭에 남아 있을 정도여서 김장을 담글 필요가 없으나, 담가도 종류 그리고 양도 적다.

전복죽, 옥돔죽, 생선국수, 메밀만두, 메밀국수, 돼지고기 육개장, 고사리국, 자리물회, 톳냉국, 옥돔국, 상어지짐, 옥돔구이, 오메기떡, 빙떡, 차좁쌀떡, 밀감화채, 차굴차, 소엽차를 즐겼다.

인심이 좋고 생활이 윤택하여 음식도 양이 풍부하고 요리에 기교를 부리지 않아 구수하면서도 소박한 황해 음식

황해지방은 북부지방의 곡창지대로 연백평야와 재령평야에서 쌀과 질 좋은 잡곡의 생산이 많고, 보리밥보다 조밥을 많이 먹는다. 곡식의 질이 좋아 가축들이 살찌는 지방이다. 송편이나 만두로 유명한 황해는 큼직하게 빚고 밀국수를 즐겨 먹었다. 밀국수나 만두에는 꿩과 닭고기를 쓴다. 간은 짜지도 싱겁지도 않은 충청지방 음식과 비슷하다. 김치밥, 잡곡밥, 비지밥, 김치말이, 수수죽, 밀범벅, 호박만두, 냉콩국, 김칫국, 조깃국, 조기매운탕, 호박김치찌개, 행적, 고기전, 녹두고물시루떡, 오쟁이떡, 큰송편, 우메기 등을 즐겼다.

음식의 간은 대체로 싱겁고 맵지 않으며, 모양을 신경 쓰지 않고 소담스럽게 많이 담는 평안 음식과 고추와 마늘 등 양념을 강하게 써서 야성적인 맛을 즐기는 함경 음식

평안지방은 동쪽으로 산이 높고 험하나 서쪽은 서해안과 접하고 있어 해산물이 풍부하고 평야가 넓어 곡식도 풍부하다. 중국과 교류가 많은 지역으로 음식도 먹음직스럽게 큼직하고 푸짐하게 만든다. 음식의 크기가 작고 기교가 많이 들어가는 서울 음식과는 대조적인 지방 음식이다. 추운 지역이기에 기름진 육류음식을 즐겼고, 콩과 녹두음식이 다양하다. 평양냉면, 쟁반, 온반을 즐겼다.

함경지방은 험한 산골이 많고 동해바다에 면하고 있어 음식이 독특하게 발달하였다. 곡식은 밭곡식을 주식으로 하였는데, 기장밥, 조밥 등 잡곡밥이었다. 고구마와 감자도 품질이 좋아서 녹말을 가라앉혀서 반죽하여 국수틀에 눌러 먹는 냉면이 발달하였다. 음식의 간은 세지 않고 맵지도 않으며 담백한 맛을 즐기나, 함경도 회 냉면은 홍어, 가자미 등 생선을 맵게 무친 회를 냉면에 얹어 비벼 먹는 독특한 음식이다. 다대기는 함경말로 고춧가루에 갖은 양념을 넣어 만든다.

3) 격식과 예의를 중시하는 전통적인 한국의 식사 예절

식사 예절로 사람의 됨됨이를 평가하고 먹기 전에 마음가짐도 중요시했다.

한 집안에서 함께 밥을 먹는 사람을 식구라고 하며, 가족이 함께 밥을 먹으면서 예절, 공손, 나눔, 절제, 배려를 배우도록 노력해야 했다. 식사 예절만으로도 그 사람의 됨됨이를 평가할 수 있기 때문이다. 한국의 식사 예절은 먹기 전에 마음가짐도 중요시 여긴다. 그 과정부터 중요하게 여긴 조선시대 가정의 례서인 규합총서를 살펴보면, 밥을 먹기 전에 음식에 들어간 정성을 헤아리며, 과연 음식을 먹을 자격이 있는지 성찰하며, 입이 즐겁고 배부른 것만으로 일삼지 않으며, 음식이 약이 되도록 골고루 먹으며, 인성을 갖춘 후에야 음식을 먹는다는 식시오관(食時五觀)으로 밥을 먹을 때도 마음가짐을 바르게 할 것을 강조하였다.

식사하기 전에 반드시 알아야 할 수저의 사용법

전쟁터에서 무기의 사용법이 중요하듯 식사 중 수저의 사용법 또한 중요하다. 숟가락은 펜을 쥐듯이 검지와 중지 사이에 놓고 엄지로 눌러 잡으며, 손바닥 전체로 숟가락 윗부분을 잡지 않으며, 특히 주의할 사항은 숟가락과 젓가락을 한 번에 같이 잡지 않는 것이다. 젓가락 하나는 엄지와 네 번째 손가락 사이에 닿게 잡고, 또 다른 젓가락 하나는 검지와 중지 사이에 끼고 엄지로 눌러 잡으며, 엄지에 가볍게 댄 채로 검지와 중지만을 사용해서 자유롭게 움직이면 된다. 연습을 통해 반드시 숙지할 수 있고, 수저의 사용법이 서툴러 결혼에 실패한 사례와 사업에 악영향을 미치는 사례는 많다. 그만큼 우리 사회는 식사 예절을 중요시한다.

전통적으로 이어온 일반적인 식사 예절을 숙지하자.

식사 전에는 위생을 고려하여 손을 씻고, 바른 복장과 마음가짐으로 식사에 참여해야 한다. 먼저 와 의젓하고 자연스러운 자세로 앉아 기다려야 하며, 어른이 식사를 시작하면 다음과 같이 시작한다.

① 밥을 먹기 전에 국의 국물이나 찌개국물을 먼저 먹는다.
- 입안을 부드럽게 하고 목 막힘을 방지하여 재채기나 사레가 들지 않도록 예방하기 위함이다.
- 국에다 밥을 말아서 먹지 말아야 한다.

② 밥그릇이나 국그릇을 손에 들고 먹지 않고 밥상 위에 놓은 채로 먹는다.
- 자기와 철성분으로 만들어진 특성상 뜨겁기에 주의해야 한다.
- 가볍게 보임과 속도 조절을 하기 위함이다.

③ 수저로 음식을 뒤적거리지 않고 밥이나 반찬은 한쪽부터 먹는다.
- 보여짐, 청결함과 배려를 위함이다.
- 앞에 접시에 먹을 만큼 덜어서 먹어야 한다.

④ 손으로 음식을 집어먹지 않는다.
- 미개인이 아니니, 위생과 청결은 기본이다. 상대는 놀란다.

⑤ 수저가 그릇에 부딪혀서 소리가 나지 않게 한다.
- 정숙을 유지하며, 차분하게 식사 속도를 조절하기 위함이다.

⑥ 양념을 털어 내거나 먹지 않는 음식이라고 골라내지 않는다.
- 건강함을 보여 주고 편식하지 않음의 중요성을 위함이다.
- 음식을 흘리지 않도록 주의해야 한다.

⑦ 음식을 씹을 때는 입을 다물고 씹으며, 소리를 내지 않는다.
- 쩝쩝 소리 등을 유의한다. 급하게 먹지 않도록 한다.
- 음식의 이물질을 뱉을 때는 휴지를 이용하여 상 밑에 놓는다.

⑧ 기침이나 재채기가 나올 때는 고개를 옆으로 돌려 가려서 한다.
트림은 조용히 안 보이게 가려서 한다.
- 생리현상이지만 바로 사과한다.

- 손과 얼굴에 묻었으면 휴지를 이용하고 휴지로 해결이 되지, 안되면 양해를 구하고 자리를 옮겨 거울을 보는 것이 좋다.
- 화장실에서 손을 씻는 것이 좋다.

마지막으로 어른과 상대의 속도를 보며 맞추는 것이 좋고, 만약 어른보다 먼저 식사가 끝났을 때는 수저를 밥그릇이나 숭늉그릇에 얹고 기다렸다가 어른이 식사가 끝났을 때 상 위에 내려놓는 것이 좋다. 후식 시간이 되면, 환담을 나누고, 즐거운 분위기를 위해 함께 참여해야 한다.

2. 세계의 식생활문화

1) 서양의 식생활문화

유럽의 음식은 부의 상징이며, 권력

그리스 로마 시대부터 경작지는 중요한 공간으로 이상적인 생산 공간은 도시 주변에 질서 정연하게 조직되어 있는 시골 지역으로 아게르(경작된 땅의 집합)이다. 농업은 음식의 확보에서 가장 중요한 산업으로 중요한 작물은 밀, 포도, 올리브였다. 식단은 곡물을 재료로 한 빵과 죽, 포도주, 기름, 채소, 육류, 치즈를 곁들이는 방식이다. 로마가 멸망하면서 게르만족이 유럽 지배를 시작으로 고기는 음식 가운데 가장 높은 가치가 되었다. 고기는 권력의 상징이며, 기력, 육체적 에너지, 전쟁을 수행할 능력 등을 만들어내는 최고의 힘이 되었다. 기독교의 성장으로 빵, 포도주, 올리브유는 상징적인 음식이 되었다. 교회와 수도원은 포도와 밀 재배의 확대에 중요한 역할을 했다. 게르만족이 선호하던 맥주는 포도주 문화와 융합되어 발전하였다. 9세기 이후 인구의 증가로 농업 생산에 삼림이 급속도로 개간되었다.

향신료는 유럽인들에게 유토피아의 상징이자 욕망을 충족시켜 주는 대상

11세기는 역사상 가장 많은 기근으로 기아, 영양부족, 질병, 전염병 등이 나돌았다. 유럽 경제는 곡물 경작 중심이 되어 밀 경작에 몰두하게 된다. 13세기 초반, 경제 성장으로 농촌의 생산성 향상은 부의 증대를 밑받침 했다. 우아하고 화려한 음식은 양보다는 모양에 치중하는 귀족적인 연회가 탄생하였다. 십자군 원정으로 향신료의 유입이 확대되어, 향신료를 가미하는 요리들이 발달하기 시작하였다. 향신료는 유럽인들에게 유토피아의 상징이자 욕망을 충족시켜 주는 대상이었다.

페스트로 인한 인구 감소로 농민들도 고기를 자주 먹을 수 있었다

13세기 전염병 페스트로 인한 인구 감소 덕에 살아남은 사람들은 생산물을 상대적으로 풍부하게 향유했다. 인구 감소가 실질 임금을 상승시키면서 육류는 넓은 층의 소비자들에게 보급되었다. 농민들도 고기를 자주 구해서 먹을 수 있었다. 14~16세기에는 음식을 엄청나게 먹는 능력을 통해 남과 다른 모습을 드러내려는 의식에서 벗어나, 조화롭게 조직된 주방과 식탁을 통해서, 주방장이나 의전하는 하인들의 정선된 요리들을 즐겼다. 16세기 엄청난 인구 증가로 식량 자원이 다시 부족해진다. 스페인 등지에서는 쌀이 생산되고 메밀도 보다 광범위한 지역으로 퍼진다. 카스티야, 안달루시아 등지에서 재배되던 옥수수도 프랑스 남서부와 이탈리아 북부로 영역이 확장되었다. 이탈리아의 인구 과잉으로 인해 감자도 빠르게 퍼져 생산되었다. 16세기 중엽부터 육류 소비도 감소하였고, 빵과 곡물에 의존하면서 식사는 단조롭고 질적으로 나빠졌다.

종교개혁으로 축산업이 발달하고 우유를 생산하는 가축 증가

종교개혁으로 개신교는 고기를 고집했고, 가톨릭은 고기를 못 먹게 했다. 버터가 많이 사용되기 시작하여, 축산업이 발달하고 우유를 생산하는 가축이 늘어나게 되었다. 향신료는 수입량이 늘면서 많은 사람이 즐길 수 있게 되었다. 포도주와 맥주는 충분한 칼로리를 제공하는 역할을 했다. 위생적인 물을 구하기 어려웠기에 약용 효과도 인정받았다. 17세기 이래 유럽에는 증류주, 커피, 차, 초콜릿 음료 등 다른 음료수들이 보급되었다. 좋은 맛과 사교성이 연결, 다른 음료들도 포도주처럼 건강에 좋다는 인식이 높았다.

옥수수와 감자로 농민들은 저렴한 비용으로 음식을 확보

18세기에는 대기근에도 인구는 늘어났다. 프랑스 대혁명 이후 전통적으로 분리되어 있던 목축과 곡물농업이 통합되고, 채소 수확과 동물성 비료의 대량 생산으로 곡물 생산은 늘었다. 벼와 메밀 같은 작물들의 보급도 이어졌다. 옥수수와 감자는 대단히 중요한 작물이 된다. 식량 위기의 결과로 옥수수와 감자 같은 작물을 받아들여, 농민들은 옥수수를 통해 저렴한 비용으로 음식을 확보할 수 있었다. 짐승들의 사료였던 감자는 장점이 알려지면서, 농민의 음식이 되었다. 이탈리아 중남부에서는 파스타가 옥수수와 감자를 대신했다. 나폴리에서는 반죽 기계 등의 기술적 혁명이 일어나서 과거보다 싼 가격으로 마른 파스타를 생산하게 되었다. 마른 파스타는 영양학적으로 안전하고 보관에도 장점이 있어 크게 성장하였다.

2) 동양의 식생활문화

중화인의 사상, 생활방식, 신앙과 예절이 어우러져 있어 음식문화를 중시하는 중국

5000년의 역사 속에서 중국의 음식문화는 국가가 설립되고 왕조가 구축되면서 다채로운 풍습과 음식 문화를 형성하였다. 중국 사람들은 하늘을 나는 것 중에는 비행기, 네 발 가진 것으로 책상만 빼고는 다 먹는다는 말이 있을 정도이니 그만큼 다채로운 음식 문화이다. 중국인의 음식 섭취 목적은 단순히 맛있는 음식을 탐하는 것이 아니고 건강과 장수에 초점을 두고 있다고 한다. 의약과 음식은 본래 그 뿌리가 하나라고 여기는 중국에서는 음식으로 몸을 보신하고 병을 예방하여 치료하고 장수한다는 인식을 가지고 있다.

독특한 재료를 사용하는 중국요리는 불로장생의 사상으로 발전했다. 광대한 영토, 다양한 민족구성은 중국요리가 다채로운 형태와 독특한 맛을 갖게 한 중요한 배경이 되었다. 광대한 영토로 지역색이 강해 제각기 두드러진 특색을 가진 중국요리는 크게 산동요리, 절강요리, 사천요리, 광동요리로 분류한다. 보편적으로 살펴보면, 중국 음식 맛의 특징은 동쪽음식은 맵고, 서쪽은 시고, 남쪽은 달고, 북쪽은 짜다고 구분한다.

베이징 요리는 추운 기후 영향으로 고칼로리의 음식이 발달하였다. 강한 화력으로 짧은 시간에 조리하여, 맛은 중후하고 생선요리보다 육류요리가 많다. 베이징 오리구이가 유명하다. 상하이 요리는 해산물 재료가 풍부하여 해물요리가 발달하였다. 기름기가 많고, 맛이 진하며, 푸짐하다. 장유를 이용하여 풍부한 농산물과 해산물이 결합한 형태의 다채로운 음식이다. 쓰촨 요리는 내륙지역으로 해산물 요리가 적고, 향신료, 육류, 야채요리가 발달하였다. 험한 계곡, 많은 오지로 건조되고 절인 음식이 발달하였고, 마파두부와 사천식 매운 새우볶음 등이 유명하다. 광둥요리는 아열대 기후로 생산물이 풍부하며, 교통의 요지로 각국의 요리가 혼합되었다. 싱거운 간, 적은 기름기와 향신료, 조미료를 적게 사용하여 신성하고 담백한 맛이 특징이다. 구운 돼지고기, 광둥식 탕수육, 상어지느러미 요리가 유명하다.

중국 음식은 조금 남겨야 미덕이고 예의

중국 음식은 보통 회전식탁에서 먹는데, 일명 수잔 테이블이라고 부른다. 회전식탁에서의 상석은 출입문을 정면으로 보는 자리이고, 출입문을 등지고 앉는 자리가 가장 낮은 자리이다. 테이블은 시계 방향으로 돌리면 되며, 음식이 나오면 자리에 있는 사람 수를 고려하여 공동 젓가락, 큰 수저로 먹을 양을 적당히 가지고 간다. 다른 사람을 배려하여 가져가야 한다. 그릇을 잡고 먹는 것은 예의에 어긋나니 주의하고, 젓가락을 사용한 후에는 접시에 걸치지 말고 테이블에 가지런히 놓는 것이 예의이다. 음식이 맛있다고 그릇을 깨끗하게 비우기보다는 음식을 조금 남기는 것이 배불리 잘 먹었다는 주인에 대한 예의이니 옆의 사람을 보면서 상황을 보고 지키면 된다. 음식을 먹을 때, 간장이나 식초를 넣어 먹기도 하는데, 일단 먹기 시작한 요리에는 간장이나 식초를 넣지 않는다.

다양한 조리법을 통해 음식의 조화를 중요시 하는 일본 음식

일본 음식은 중국과 특히, 한국 음식의 영향을 많이 받아 유사한 점이 많이 있으나, 모방을 통해 그들만의 음식 문화를 발전시켰다. 음식과 그 음식을 담는 그릇과의 조화를 중요시해 요리를 아름답게 만든다. 한국과 같이 쌀을 주식으로 하고, 야채와 해조를 많이 사용하는데, 한국과 중국의 음식과 다른 점은, 일본에서는 육식문화가 발달하지 못한 점이다. 일본이 동물의 고기를 먹기 시작한 것은 지금으로부터 100여 년 전이다. 일본은 육식문화가 발달하지 못한 대신 콩 소비 중심의 독특한 식생활문화가 정착되었다. 최근의 일본 음식은 전통 요리의 조리법과 외국 음식의 조리법을 병용하여 역시 모방을 통해 그들만의 조리법을 발전시키고 있다.

일본은 거의 모든 요리가 쌀밥과 일본 술에 조화되도록 만들어졌고, 재료 본래의 맛을 살려 조리하기 때문에 향신료를 강하게 쓰지 않는다. 식기는 기본적으로 한 사람분씩 따로 쓴다. 젓가락은 몸과 수평이 되도록 가로로 놓는 것이 원칙이라, 세로로 놓는 우리나라나 중국과 비교된다.

음식을 입으로 향하게 하고 입이 음식으로 향하면 안 되는 일본 식사 예절

일본의 미소시루는 국을 숟가락으로 떠먹는 것이 아니라 건더기를 젓가락으로 건져 먹은 후에 그릇째 들고 마셔야 한다. 일본에서는 음식을 바닥에 놓고 먹는 것은 짐승밖에 없다고 생각하는 문화이다. 음식을 입으로 향하도록 해야지 입이 음식으로 향하면 안 되게 하는 것도 여기에 이유가 있다. 섬나라의 특성상 신선한 생선회와 어패류가 풍부하여 유명하다. 일본에서는 생선회에 와사비를 바른 후 다른 면에 간장을 찍어 먹으며, 초밥을 먹을 때는 젓가락으로 먹거나 물수건에 손을 닦은 후 손으로 집어먹어도 무방하다.

여러 인종의 국가이며, 중동 및 서양 문화의 영향으로 지역과 종교에 따라 다양한 인도 음식

인도의 음식문화는 모든 음식이 한꺼번에 개인별로 제공되고, 기후의 영향으로 향신료가 사용한다. 음식은 가열하여 만들며, 장시간 은근하게 찜을 하여 향신료가 잘 스며들어 깊은 맛이 있다. 채식이 많기로 유명하고, 인도의 북부지역은 빵이 주식, 채식주의자가 많으며, 이슬람교도가 많아 돼지고기를 이용하지 않고, 약하게 조미한 음식이 많다. 요구르트와 기이(맑게 녹인 버터)를 많이 사용한다. 남부지역은 쌀이 주식, 튀긴 음식이 많으며, 바나나 잎을 식기로 사용하며, 방바닥에 앉아 먹는다. 힌두교도가 많아 쇠고기를 잘 이용하지 않고 음식이 맵다. 코코넛 밀크와 크림을 많이 사용한다.

밥은 향신료를 알맞게 섞어서 지은 밥인 풀라우, 양고기 비리야니와 닭고기 비리야니, 빵은 정제한 하얀 밀가루를 발효시켜 만든 것이어서 조금 부풀려 구운 난, 밀가루를 물로 개어 얇게 만들어 구운 빵인 차파티, 기이(정제한 버터)를 발라서 토막 내어 구운 빵인 파라타, 반죽을 기름에 튀겨서 부풀린 인도식 스낵인 푸리이다. 커리는 약한 불에서 은근하게 가열하여 향신료가 잘 스며들어 깊은 맛이 나는 음식이다. 인도에서는 채소와 고기에 향신료를 넣고 걸쭉하게 끓인 음식을 모두 커리라고 한다. 커리의 기본이 되는 향신료는 강황과 매운 고추인데, 강황 때문에 인도의 음식은 노란색을 띤다. 북부지역에서는 큰항아리처럼 생긴 진흙화덕 탄두르(tandoor)를 이용하여 요리하는 데 이것이 탄두리 치킨이다.

손으로 먹을 경우 반드시 오른손으로 비벼서 먹는다.

음식의 형태가 마른 고형이고, 밥과 반찬을 한 접시에 담는 것이 일반적이며, 주식인 밥의 양이 반찬의 양보다 많다. 중·상류층에서는 스푼과 포크를 사용하나 아직도 많은 사람이 손으로 음식을 먹는다. 손으로 먹을 경우 음식을 오른손으로 비벼서 먹는데, 오른손 손가락으로 음식을 비빌 때 특별한 맛이 난다고 믿는다. 왼손은 용변 후 사용하는 용도로 여겨, 왼손으로 음식을 만지는 것은 실례이고 부정한 것으로 여긴다. 항상 상차림에는 별도로 손 씻는 그릇이 함께 준비되어 있는데, 주의할 것은 마시지 않도록 해야 한다.

음식 맛이 강하며, 시각적인 면을 중요시하는 태국 음식

단맛과 신맛, 톡 쏘는 매운맛이 복합적으로 조화를 이루는 단맛이 강한 음식이다. 중국과 인도의 영향으로 향신료를 많이 사용한다. 주식은 쌀이며 생선, 닭고기, 채소 등을 많이 사용하며, 불교 음식문화가 발달하였다. 전통 요리와 외국 음식이 잘 어울려 독특한 식문화가 형성되었고, 코코넛밀크를 사용한 요리가 많으며, 기름을 적게 넣는다. 태국의 지역별 음식 문화의 특징은 다음과 같다.

지역	특성
북부	치앙마이가 중심으로 토양은 척박함 찹쌀이 유명하여 찰밥을 조금씩 떼어내서 소스에 찍어 먹음 민물고기로 담근 젓갈을 사용한 조미료로 요리 칸토크와 매운 돼지고기 소시지가 유명
북동부	북부와 비슷한 특성 찹쌀이 주식, 민물고기로 담근 젓갈 조미료로 요리 라오스의 영향을 많이 받음 차놈부, 양, 램, 카이양
중부	태국의 정치 · 경제 · 문화의 중심지 멥쌀이 주식, 고추 · 박하 · 고수 · 라임 · 레몬그라스 등 향신료 사용 남플라는 조미료 사용, 화려하고 자극적인 태국 특유의 음식 톰얌
남부	신선한 해산물과 코코넛밀크를 사용 말레이시아의 영향으로 특이한 음식문화가 발달

태국의 식사법은 음식을 한 상에 차려놓고 둘러앉아 접시에 덜어서 먹는다. 음식 예절은 먹을 때 빨리 먹지 않고, 소리를 내지 않는다. 국물이 있는 음식은 숟가락을 사용하고 그릇을 들어서 마시지 않는다. 음식이 입안에 있을 때 말하지 않는다. 식재료를 잘게 썰어서 조리하기 때문에 나이프를 많이 사용하지 않는다.

3) 서양의 식생활문화

가. 프랑스 식생활문화

지중해성 기후는 그리스로마 문명 발달에 영향을 주었다. 맑은 날이 많고 기후 변화가 심하지 않아, 겨울에 약간의 비가 내릴 뿐 건조한 날씨가 계속되므로, 밭농사보다

과수농업과 원예업이 발달하였다. 올리브, 포도, 오렌지 재배에 적합하여 풍부하게 생산된다.

이탈리아의 고급 식문화로 전파된 이후 식도락 식문화로 발전한 프랑스 음식

로마의 지배 등의 영향으로 다양한 음식 문화가 접하며 발전하게 되었지만, 다른 유럽의 요리와 차이가 없었다. 프랑스의 식문화가 발전한 시점은 르네상스 시대 이탈리아의 고급 식문화가 프랑스의 상류사회로 전파되면서, 식탁문화의 혁신적인 발전이 시작되었다. 고기류 등 묵직한 음식으로 배를 채운 시기에서 과일과 야채를 이용한 가벼운 메뉴부터 옥수수와 토마토 같은 곡물을 맛보게 되었다. 배를 채우는 식사에서 음식을 먹는 즐거움을 느끼는 식도락으로 발전하며 미식이라는 개념이 생긴 것이다. 궁중과 귀족이 요리에 대한 관심이 높아지면서 새로운 조리법을 개발하는 등 프랑스 식문화 발전의 시작이 되었다. 프랑스 식문화의 기원은 고급 요리의 대명사 프랑스 요리인 화려한 왕정 시대와 귀족 문화에서 탄생했다.

프랑스 대혁명 이후 귀족만이 즐기던 고급 요리가 대중화

물을 넣고 끓인 식자재는 하급 요리로 여겨 국물 요리가 많은 동양과 다르게 발전하였다. 고급 요리는 귀족들만의 전유물이기에 지방의 식문화는 투박했고, 그런 이유로 고급 요리는 사람들에게 인기를 얻었다. 귀족들만이 즐기던 고급 요리들이 대중화된 것은 프랑스 대혁명 이후이다. 높은 신분을 나타

내는 척도로 성장한 사치스러운 음식 문화를 부르주아와 일반인이 이어받아 명품 요리의 대중화가 시작되었다.

경력과 자본을 쌓은 요리사들이 독립하여 식당을 개업

프랑스 대혁명을 거치면서 왕족과 귀족들의 몰락으로 일자리가 없어진 요리사들은 부르주아들에게 고용되어 식당에서 일하게 되었다. 시대의 변화로 경력과 자본을 쌓은 요리사들은 독립하여 식당을 개업하여 누구나 고급 요리를 즐길 수 있게 되었다. 프랑스는 러시아의 식문화를 통해 고급 요리를 새롭게 하여 코스 요리라는 개념이 탄생되었다. 러시아의 추운 날씨에 식을 수 있는 음식의 온도를 유지하기 위해 한 번에 한 가지씩 내오는 방식을 도입하였다. 서양 식문화를 주도하는 프랑스는 이탈리아가 오랜 세월 동안 로마로부터 물려받은 음식 문화를 도입하여 짧은 기간에 발전시켰다.

프랑스의 식사 예절

자리 배치는 상석인 남자 주인의 오른편에 주빈이나 최고 어른이 앉는 것이 예의

프랑스의 가정에 방문하여 식사를 하게 되면 다음과 같이 식사예절을 지키면 된다. 주인이 제공한 아페리티프(와인, 식욕증진용)를 마시고 나면 자리 배치를 하는데 곧바로 앉지 말고, 주인과 주빈이 앉은 후에 앉는다. 자리 배치는 상석인 남자 주인의 오른편에 주빈이나 최고 어른이 앉는 것이 예의이다. 대화의 참여를 고려하여 남녀가 번갈아 앉으며, 가족이 나란히 앉는 것을 피한다. 앉을 때는 식탁을 향해서 섰을 때 의자의 왼쪽으로 들어가 앉는다. 식탁과 너무 멀리 떨어지지 말고, 의자 등받이에 되도록 안 기대도록 한다.

냅킨은 무릎에 두며, 사용한 후에는 접시 왼쪽에 접어 둔다.

냅킨은 요리가 나오기 시작할 때 펴서 무릎에 놓는다. 이등분하여 접은 후

접힌 끝단이 밖을 향하게 놓고 입을 닦을 때는 냅킨의 안쪽을 사용하면 된다. 냅킨은 식사 후 커피를 마실 때까지 무릎에 두며, 다 사용한 후에는 접시 왼쪽에 접어 두면 된다.

항해 유래로 생긴 재미있는 식사 예절

수프는 스푼을 자기 앞쪽에서 반대쪽으로 향하게 해서 떠서 먹는데(항해에서 유래), 요즘은 소리 나지 않고 흘리지 않게 가볍고 편하게 먹으면 된다. 빵은 샐러드나 수프 등과 함께 먹는데, 빵은 꼭 손으로 알맞은 크기로 떼어 먹어야 한다. 남은 빵은 고기 요리나 생선 요리를 먹는 사이에 먹어도 된다. 생선은 뒤집어 먹지 않는다(배가 뒤집어진다는 유래). 윗면의 살을 먹은 후 뼈를 발라내고 나머지 부분을 먹으면 된다.

같이 나온 레몬은 포크로 누른 후 나이프의 넓은 면으로 살짝 눌러 즙을 내어 먹는다.

프랑스의 식사 순서는 코스 요리로 장시간 즐기게 된다.

프랑스의 식사 순서	
아페리티프	와인으로 한두 잔으로 가볍게 마신다.
오르되브르	보통 낮에 올라온다. 토마토나 상추 버무린 샐러드, 혹은 얇게 저민 햄 조각, 삶은 달걀 위에 조그마한 엔초비 등이 올라온다.
앙트레	진귀한 해산물을 사용(큰새우, 바닷가재, 굴, 버섯 파이 등)
메인	생선 요리이면 백포도주 소고기, 돼지고기, 양고기 적포도주 일요일은 닭고기가 나오기도 함. 적포도주
샐러드	신선한 야채
프로마주	우유를 특수 처리해 만든 식품

데세르	과일을 얹고 구운 타르트 (파이), 아이스크림 또는 가토(케이크)
샹파뉴(샴페인)	거품이 나는 포도주
과일과 커피	다양한 과일과 따듯한 커피
코냑	식사의 끝으로 한두 잔 즐긴다.

나. 독일 식생활문화

빵만 먹고 살 수 없으니, 반드시 소시지와 햄이 있어야 하는 독일 음식

독일의 음식문화는 이탈리아, 프랑스 등의 화려한 음식문화에 비교하면 소박하나, 영국보다는 맛있는 음식이 많이 있다고 한다. 돼지고기, 빵, 소시지, 감자 등을 주식으로 먹는 검소하고, 전통적인 향토음식이다. 소고기보다 돼지고기를 선호하니 소시지를 이용한 요리가 발달하여 있고, 주식인 감자는 빵만큼이나 중요한 독일인들의 탄수화물 공급원이다. 음료는 맥주를 즐긴다. 강한 향신료를 사용하여 파프리카, 캐러웨이 등을 사용한 요리를 하는 동부지역, 와인이 많이 발달한 서부, 전형적 독일요리인 소시지, 맥주, 감자를 많이 먹는 남부, 스칸디나비아와 바다의 영향에 의해 청어와 같은 생선, 어류를 많이 사용하는 북부 등 지역적 특징을 지닌다.

저녁보다 점심 식사에 비중을 두는 특징의 독일 일상

독일의 조식은 무가당 빵에 버터, 마가린을 바르고 꿀, 과일 잼을 바르거나 햄 혹은 슬라이스 치즈를 올려서 먹는다. 커피, 홍차, 우유, 코코아, 주스 등을 함께 마신다. 삶은 계란은 빠지지 않는데, 살짝 삶은 계란을 계란형 용기에 세워 놓고, 티스푼으로 계란의 윗부분을 쳐서 분리한 뒤 소금을 뿌려가면서 티스푼으로 파서 먹는다. 독일인은 하루의 식사 중 점심을 가장 중시하는데, 점심 식사보다 저녁에 큰 비중을 두는 주변 국가들과는 다른 특징이다. 산업화와 도시화가 되면서 독일인들은 아침 6시부터 10시간 이상 노동을 해야만 했다. 장시간과 강도 높은 노동에 견디기 위해서라도 점심을 따뜻하게 만든 요리로 제대로 먹어야 했고, 저녁에는 간단한 식사 후 휴식하고자 이런 관습이 생겼다는 설이 있다.

식사 중에는 가급적 말을 하지 않고, 가능한 한 빨리 남김없이 먹는 게 예의

독일인들은 고기를 식탁에서 잘라서 먹는다. 감자와 생선을 자를 때 나이프를 이용해서는 안 되고, 식사 중에는 가급적 말을 하지 않고, 먹을 땐 가능한 빨리, 남김없이 먹어야 한다. 현대는 시대의 변화로 남김없이 먹는 것이 중요하다. 식사 때 절대로 팔꿈치를 식탁에 괴지 말아야 한다. 꽃을 선물할 경우, 포장하지 않고, 홀수송이(13송이는 피함)로 선물한다. 고맙다는 말을 사용하는데 인색해서는 안 된다. 물 한잔을 갖다주어도 감사 인사하는 것이 예의이다.

검소함, 환경을 보호하는 식생활문화, 독일

독일인은 근면성과 검소함 그리고 환경을 보호하는 데 앞장서는 녹색 국민이다. 이러한 특성은 독일인들의 일상적인 음식문화에서 나타나는데, 독일에서는 플라스틱 용기나 예쁘게 포장된 상품도 적고, 그런 상품이 시장에 깔린다 하더라도 환영받지 못한다. 환경을 보존하고자 하는 의식이 생활 전반에 깔려 있기 때문에, 보기 좋게 포장된 음식을 보면 화를 내고, 환경 파괴를 하지 못하도록 시정 조치를 건의한다. 식사 때 가능한 1인당 하나의 접시를 사용하여 설거지하면서 발생하는 환경오염을 줄이고, 남기는 음식 없이 깨끗이 접시를 비우는 습성도 음식물 쓰레기를 되도록 없애려는 녹색의식이 식생활에 녹아 있다.

다. 이탈리아 식생활문화

지방마다 특징을 가진 다양한 이탈리아 요리에도 공통되는 전체적인 특색은 올리브유와 토마토소스 그리고 와인

생선 튀김이나 토마스소스를 곁들인 생선 요리에 다양하게 사용하고, 육류 요리가 발달하여 가공한 고기와 소시지로 유명하다. 파스타(pasta)로 수프를 대신해서 먹고 피자를 즐겼다. 각 도시, 각 지방마다 특징을 가진 다양한 이탈리아 요리에 공통되는 전체적인 특색은 올리브유와 토마토소스를 사용한다. 포모도로(토마토소스)는 이탈리아 요리 전반에 걸쳐서 빼놓을 수 없는 요리재료이다. 신대륙 발견 뒤 이탈리아에 들어온 토마토는 나폴리를 중심으로 재배되었다. 이탈리아 요리의 맛을 내는 데 있어 올리브유는 빼놓을 수 없는 조미료로 해산물샐러드나 야채샐러드 드레싱에 사용된다. 구운 생선에도 올리브유를 첨가한다. 재료가 지니고 있는 맛을 되도록 살려서 먹는 것이 이탈리아 요리의 특색인데, 이를 위해서도 그 자체의 맛은 약하고, 색다른 맛을 끌어내는 힘이 있는 올리브유가 중요한 역할을 한다.

오랜 역사 속에서 지역의 요리와 융합되어 와인은 그 지역에 적합하게 발전하였다.

이탈리아에서 와인은 식사의 기본 요소이다. 베네토 지역의 소아베, 피에몬테 지역의 바롤로나 바르벨라, 리구리아 지역의 보르체벨라가 유명하며, 토스카나 지역의 키안티, 라치오 지역의 프라스카티나 에스토, 캄파냐 지역의 라크리마 크리스티, 시칠리아 지역의 마르사라나 코르보, 에밀리아로마냐 지역의 람부르스코 등 지역마다 맛과 향이 다양하고 독특하며, 풍부하다. 오랜 역사 속에서 지역의 요리와 융합되어 그 지역에 적합하게 발전하였다.

음식을 어떻게 먹을 것인가라는 새로운 중요한 주제로 접근

르네상스 시대의 이탈리아는 음식을 단순히 먹는다는 생존에 근거한 개념에서 음식을 어떻게 먹을 것인가라는 새로운 중요한 주제로 접근한다. 이러한 경향은 음식에 관한 주제, 식탁에서의 예의 등 품위에 어울리는 식사의 형태로 발전하였다. 르네상스의 영향으로 각 지역의 고유한 식습관과 종교 축제에도 보편적인 국민 의식이 싹트게 되었다. 산업혁명의 파급 효과로 계절적인 제한성이 극복되어 시간과 공간을 초월한 새로운 음식문화가 형성되었다. 근대화의 과정을 경험한 이탈리아는 도시에서뿐만 아니라, 농업지역에도 확산되었다.

토마토가 수입되면서 이탈리아에서는 토마토소스의 파스타가 성장

중세 말에 이탈리아에서 파스타의 대표는 마카로니이다. 물에 익힌 파스타, 기름에 튀긴 파스타, 소금에 절인 파스타, 단맛의 파스타, 단순하거나 여러 가지 음식 재료(밀가루에 섞거나 기름에 튀긴 고기와 채소)를 첨가하여 요리한 파스타를 구분 없이 파스타라고 불렀다. 토마토가 수입되면서 이탈리아에서는 토마토소스의 파스타가 성장한다. 버터나 치즈 같은 백색의 재료로만 양념하는 파스타는 비안코라고 부른다.

1830년경에 요리사가 길거리 노점에서 요리하는 노점 형태에서 전문 피자점이 등장

피자는 밀가루 반죽을 넓게 펴고 이를 둥근 막대기나 손바닥으로 눌러서 둥글게 펴서, 그 위에 재료들을 올려놓고 기름을 바르고 불 위에 올려놓고 요리한 것이 피자이다. 초기의 피자는 토마토소스 피자가 중심이었다. 피자에는 올리브유와 마늘 이 외에도 오리가노(향신료)와 소금을 첨가하고, 가루로 된 치즈, 돼지기름, 바실리코(바질), 또는 작게 자른 생선, 모차렐라, 프로슈토 등을 첨가하지만 제일 중요한 것은 토마토이다.

가족 전원이 함께 모여서 식사를 하고 생활 속에서 식사를 중요하게 여기는 이탈리아 음식 문화

이탈리아인의 하루는 커피로 시작하여 커피로 끝난다. 아침에는 에스프레소, 오후에는 라떼, 저녁에는 칵테일 커피를 즐긴다. 이탈리아인의 조식은 커피, 빵이나 케이크 등으로 간단하게 먹는다. 중식은 긴 식사시간을 이용하여 수프나 파스타, 고기나 생선, 야채샐러드, 과일, 치즈, 쿠키, 커피 등 많은 양의 식사를 한다. 석식은 낮에 잘 먹었으면 조금 가볍게 먹기도 하지만, 석식도 중식과 비슷하게 많이 풍족하게 먹는다. 이탈리아인은 중식, 석식도 가족 전원이 함께 모여서 식사하기를 좋아한다. 생활 속에서 식사를 얼마나 중요하게 여기는 이탈리아인의 습관과 성향을 알 수 있다.

손님을 초대하거나 특별한 날에는 코스로 식사를 즐긴다. 식사 전에 식전주로 위를 적당하게 자극하고 나면 첫 번째 요리로 안티파스토(수프), 프리모 피아토(파스타 또는 리조토)가 나온다. 두 번째 요리는 세콘도 피아토(고기나 생선 등의 주된 요리)이다. 메인 요리 후에 야채샐러드 및 치즈, 과자, 과일, 커피(칵테일 종류), 식후주가 제공된다. 와인과 빵은 식사 중에도 계속 제공된다.

3. 동서양의 음주문화와 음주 예절

1) 동양의 음주문화

술을 마시는 사람의 마음씨이며, 지켜나가야 할 예의범절이 주법이다.

건전하게 적정량의 술을 마시면 대뇌피질을 자극해 정신적 긴장에서 해방되고, 스트레스가 없어져 활력소가 될 수 있다. 술은 적정하게 잘 마시면 약이요, 잘못 마시면 독이 된다고 한다. 많이 마시면 위나 간에 좋지 못한 영향을 주고, 장기적으로 이어지면 알코올중독이 되기 쉽다. 술과 건강을 생각할 때 음주생활에 필요한 것이 음주예법이다. 술을 마실 때, 음주생활에도 예의를 지켜야 하는데 음주예법을 주법 또는 주례(酒禮)라고 한다. 술을 마시는 사람의 마음씨이며, 지켜 나가야 할 예의범절이다. 주도는 일본식 용어로 사용하지 않는 것이 좋다.

술을 어떻게 따르고 마시는 차이에 따라 주법은 다르다.

서구의 사람들과 일본인들은 술잔에 스스로 혼자 마시는 독작(獨酌)이 주법이다. 러시아인과 중국인은 술을 따라 놓고 같이 마시고 건배를 하는 대작(對酌)이 주법이다. 러시아인은 마시기 전에 건배하고 중국인들은 마신 후에 건배한다. 한국인은 마시는 사람끼리 술을 주고받거나, 술잔을 돌려 마시는 수작(酬酌)이 주법이다. 수작문화는 술잔을 주고 받으며 정다운 얘기가 오가는 정다운 주법이나, 타의에 의해 음주 속도가 빠르게 전개되고, 많이 마시게 되는 경우도 생긴다.

독주와 폭주의 음주문화이지만, 술 취해 실수하는 것을 싫어하는 중국의 음주문화

역사의 영웅호걸들은 술을 즐기는 주당으로 묘사되는 음주의 천국은 중국이다. 중국 젊은이들에게 술을 잘 마시는 것은 지금도 큰 자랑거리로 여겨지는 음주문화다. 공적인 일이든, 사적인 일이든, 대부분 일이 술자리에서 결정되는 경향이 강하다. 사업상 영업담당자가 술이 약할 경우 흔히 술상무를 동반하는 것이 자연스러운 문화이기도 하다. 중국의 술자리에서는 첫 잔은 주인이 손님의 잔에 술을 따른 뒤 건배를 제의한다. 중국에서는 술을 마실 때 상대방의 눈을 보며 같이 술잔에 입을 대고, 상대방이 술잔에 입을 뗄 때 같이 떼야 한다. 건배하기 불편한 상황이면 잔을 식탁 유리에 살짝 쳐서 양해 의사를 보내야 한다. 잔에 술을 가득 따르는 것은 상대방에 대한 애정과 존중의 뜻이다. 애정이 넘친다고 생각하고 기쁘게 받아들여야 한다. 술을 계속 따라 주더라도 남아 있는 술을 서둘러 비울 필요는 없다. 술을 거절할 때는 오른손으로 잔을 가볍게 가리면 천천히라는 의사이다.

한국에서는 윗사람과 술자리를 할 때 고개를 돌려 마시곤 하는데, 중국에서는 이런 행동이 실례가 된다. 상대방과 대면하기 싫다는 의미로 해석되어 무례한 인상을 줄 수 있다. 중국에서는 보통은 잔을 다 비우는 것이 예의이며 건배를 자주 한다. 건배는 호탕한 성격을 나타내는 것으로 많이 하면 할수록 친구로 사귈 만하다는 의미가 된다. 상대방이 칭이라고 말하면서 술을 권할 때 거절하면 서로 친해지기 싫다는 의미가 될 수 있다. 한번 해보자는 위험한 의사표시이다.

중국 사람들은 가족 혹은 특별한 비즈니스 상황을 제외하면 술을 모여 마시는 경우가 많지 않다. 술을 마시고 자신의 행위를 통제하지 못하는 사람에 대한 인식이 상당히 좋지 않기 때문이다. 타인과 술자리를 하는 것은 큰 위험이 생긴다는 것으로 생각해 최대한 자제하는 경우가 많다. 술에 취해 외박이라도 하게 된다면 그 자체로 이혼 사유가 될 정도이다. 중국인들은 술에 취해 상대가 실수하는 것을 몹시 싫어하고, 본인의 실수는 자존심에 손상을 입는다고 생각한다. 취하지 않게 주의하고 실수하는 모습을 보여서는 안 된다.

술을 마실 때는 취하지 않을 정도로 마셔야 한다고 경고

논어의 향당편에는 술을 마실 때, 양을 미리 정해 놓고 마시지는 않았지만, 소란을 피울 정도로 많이 마시지는 말라 하였고, 중세 시대 왕의 건강관리를 위해 쓴 살레르노의 양생훈이라는 책은 유럽에서 19세기 말까지 성경 외에 많이 팔린 책이다. 이 책에도 저녁 식사 때 취하지 않게 마시라는 말로 과음에 대하여 경고하고 있다. 동서고금을 막론하고 술을 마실 때는 취하지 않을 정도로 적정하게 마시라고 경고하고 있다. 임어당의 생활의 발견을 살펴보면, 첫째, 공식석상에서 마시는 술은 조용히 한가하게 마신다. 둘째, 마음 놓고 마실 수 있는 술은 품위를 갖추면서도 통쾌하게 마신다. 셋째, 병자의 술은 소량이라야 하며 마음이 슬픈 사람은 취할 정도로만 마신다. 넷째, 계절별로 봄 술은 뜰 앞에서, 여름 술은 들에서, 가을 술을 조각배 위에서, 겨울 술은 집안에서 마시라고 하였다.

달아 달아 밝은 달아 이태백이 놀던 달아

중국의 당대의 문인 이태백(이백)은 술 이야기에 빠지지 않은 인물이다. 하루에 300잔을 마셨다니 대단한 주량의 주신이다. 국내 동요에도 '달아 달아 밝은 달아 이태백이 놀던 달아'라고 전해지고 있다. 주당답게 그의 권주가인 장진주와 월하독작을 살펴보면 다음과 같다.

장진주(술을 권하노니, 獎進酒) by 이백

그대는 보지 못 했는가
황하의 물이 하늘에서 내려와
힘차게 흘러 바다에 이르나 다시 오지 못 하는 것을

그대는 보지 못 했는가
높고 귀한 집 귀부인도 거울에 비친 흰 머리 슬퍼하느니
아침에 검푸른 머리 저녁에 눈같이 희어진 것을
인생이 잘 풀릴 때 즐거움 다 누리고
금 술잔 헛되이 달과 마주보게 하지 말라

하늘이 내게 주신 재주 반드시 쓰일 것이며

돈이란 많이 써 버리더라도 다시 생겨나리니
양고기 삶고 소 잡아 또 즐기리니
모름지기 한 번 마시면 삼백 잔은 마셔야 하리라

그대들에게 내 술 한잔 권하려 하니, 거절하지 말게나
그리고 내 또한 노래 한 곡 불러 주고 싶으니
그대들 나를 위해 귀 좀 기울여 주게나
음악과 귀한 안주 아끼지 말고
부디 오래 취하여, 제발 깨지 말았으면 좋으니

옛날의 성현군자들은 다 잊히고
술 먹는 이만 이름을 남겼다
진왕은 그 옛날 평락궁 잔치 열고서
한 말에 만량이나 하는 술 마음대로 즐겼다
주인이 어찌하여 돈이 없다 쩨쩨하게 굴겠는가?
술을 사다가 그대들에게 권하겠네.

오색 빛나는 말과 천금이나 되는 갑옷도
아이를 불러 나가서 술과 바꾸어 오게 할 것이니
그대와 함께 만고의 근심을 녹여 보세

이 시는 인생이 무상하니, 좋은 술을 풍성하게 즐기자. 사람 한평생 이 세상에 마치 먼 길 나그네같이 순식간이니, 말술로 서로 즐기며 인색하게 말고 후하게 할지라. 좋은 때를 허비하지 말고 즐기자며, 화려한 술잔, 소 잡고 양 잡아 마련한 좋은 안주, 노래를 부르는 주인과 같은 작은 심상(心象)들이 즐겁기만 하다.

월하독작(달 아래에서 홀로 술을 마시며) 2편 by 이백

하늘이 술을 사랑하지 않았다면
하늘에 주성(酒星)이란 별이 없었으리.
땅이 술을 사랑하지 않았다면
땅에 주천(酒泉)이란 샘이 없었으리.

하늘이 술을 사랑하고 땅이 술을 사랑하매
나 이제 술을 사랑함은 무슨 죄(罪)
예로부터 현인은 청주(淸酒)를 즐겨 하고
범인은 탁주(濁酒)를 즐겨 한다 하였으니

나 이제 청주와 탁주를 모두 마심은
현인(賢人)이요 범인(凡人)이 아니랴.
세 잔을 마시면 대도(大道)에 통(通)하고
세 말을 마시면 자연과 합하여진다.

오직 술꾼만이 이 취흥(醉興)을 알지니
아예 맹숭이에게는 권하지도 말지어라

달 아래에서 홀로 술을 마시며, 봄밤에 달과 그림자를 벗 삼아 술을 마시는 시인은 낭만적 정취에 취하여 있으며, 자기를 알아주는 친구를 만나지 못하여 홀로 술을 마실 수밖에 없는 외로움이 깃들어 있다.

술값 계산은 각자 계산하는 것이 기본인 일본의 음주문화

일본 음주문화 중 가장 큰 특징은 잔에 술이 비지 않게 계속 따라 주는 것이다. 이는 상대방 잔이 완전히 비워지지 않도록 하는 것이 일본의 음주문화이기 때문이다. 일본에서는 상대방 술잔이 비어 있으면 큰 결례라고 생각한다. 상대방 술잔에 술이 얼마나 남아 있든 상관없이 항상 찰랑찰랑할 정도로 다시 채워 주는 것이 예의이다. 손님을 초대한 주인은 손님의 잔이 비는지 신경을 쓰며, 잔에 술이 얼마 남지 않았으면 계속 채워 주는 것이 예의이다. 일본에서는 술을 따를 때는 손님이 먼저 받는다. 손님이 주인에게 술을 따라 주는 경우 마다할 필요는 없지만, 따라 주지 않는다고 서운해하거나 따라 줄 때까지 기다리지 않는다. 술을 권하거나 받을 때 잔은 한 손으로 받더라도 실례가 아니지만, 윗사람에게 술을 따를 때는 병을 두 손으로 잡아야 한다. 잔에 술이 가득 찬 상태로 그냥 두면 더 이상 마시지 않겠다는 의사표현이므로 술을 권하지 않는다.

일본인들이 주로 찾는 술집은 이자카야(선술집)로 시끌벅적한 한국 술집과 다르게 조용한 분위기에서 술을 강요하지 않고 편하게 술을 마신다. 맥주를 좋아하는 일본인들은 야끼도리(닭꼬치)나 교자(만두)와 함께 술을 곁들이는 것을 좋아한다. 사석에서 가볍게 술자리를 가질 때는 술잔을 강요하지 않으며 일행끼리도 각자 다른 종류의 술을 놓고 마신다. 각자 계산하기 때문이다. 술값 계산은 회식 등을 제외하고는 각자 계산하는 것이 일본의 음주문화이다. 일본 음주문화 중 한국과 다른 특이한 점은 술과 밥을 먹는 순서가 다르다는 것이다. 한국에서는 밥을 먼저 먹고 술을 마시지만, 일본은 술을 먼저 마시고 마지막에 밥을 먹는다. 일본에서는 밥이 올라왔다는 것은 술자리를 마무리한다는 의미이다.

2) 서양의 음주문화

서양인의 술에 대한 인식은 동양인보다 낙천적이다.

서양인들이 술을 어떻게 대하는지 한눈에 알 수 있게 해 주는 문구를 살펴보면 이렇다. 성공할 것이라고 생각한다면, 걱정할 까닭이 없다. 성공하지 못할 것이라고 생각한다면, 건강을 유지하느냐, 그렇지 않으면 병들 것이냐에 대한 선택이다. 건강할 수 있다면 걱정할 까닭이 없고, 당신이 병들었다면 선택은 두 가지이다. 회생하느냐, 죽느냐의 선택이다. 회생한다면 걱정은 끝이다. 당신이 죽는다면 또 선택이다. 천당에 갈 것인가. 지옥에 떨어질 것이냐가 문제일 것이다. 지옥에 떨어진다고 가정하면, 지옥에 먼저 가 있을 당신의 옛 술친구들과 악수하기 바빠 걱정할 시간적 여유가 없을 것이다. 걱정거리는 있을 수 없다는 생각인데, 술을 마시는 주당들의 낙천적인 태도를 볼 수 있다.

술은 입으로 들어가고 사랑은 눈으로 들어온다.

아일랜드 시인이며 극작가인 윌리엄 예이츠의 술 노래(A Drinking Song)는 서양인들의 술에 대한 예찬을 엿볼 수 있다.

술 노래(A Drinking Song) by 윌리엄 예이츠

'술은 입으로 들어가고
사랑은 눈으로 들어온다.
우리가 늙어 죽기 전에
확실히 알아둘 것은 이것뿐이다.
내 술잔에 내 입술을 적시며
그대를 바라보며 한숨을 짓는다.'

시인은 술과 사랑은 도취이다. 사랑의 도취는 욕망과 기쁨이고, 함께 할 수 없는 괴로움이라고 한다. 이 시에는 또한 인생의 반성과 회한이 있다. 인생이란 누구도 알 수 없는 이러지도 저러지도 못한 한바탕의 꿈과 같다고 말하는 것은 아닐까.

술은 즐기되 취해서는 안 된다고 여기는 프랑스의 음주문화

프랑스의 음주문화는 식문화와 함께 하는 식도락의 음주문화이다. 다양하게 발달한 화려한 식문화와 함께 곁들인 프랑스의 음주문화는 그 자체가 즐거움이다. 그 즐거움을 위해선 프랑스인들은 돈과 시간을 투자한다. 프랑스인들은 매너와 에티켓을 엄격히 따진다. 식사 중에도 에티켓을 중요하게 여긴다. 에티켓이 없으면 무시당하기 일쑤이며, 다음에는 함께 어울릴 수 없다고 한다. 프랑스의 테이블 매너로 식사 중 와인을 마실 때 자기 손으로 와인을 따라 마셔서는 안 되고 기다려야 한다. 주인에게 와인을 달라고 얘기하거나 눈치를 주는 것도 에티켓에 어긋나니 기다려야 한다. 몇 시간의 식사를 하는 그들의 문화에 익숙하려면 기다림에 적응해야 한다. 주인이 따라 줄 때까지 기다려 잔을 받아야 하고, 주인은 손님의 잔이 비면 얼른 포도주를 채워 주어야 하는 것이 에티켓이다. 와인의 잔은 바닥에 놓고 잔에 손을 살짝 얹어서 받아야 하며, 잔을 들어서 받지 말아야 한다. 프랑스인들은 술을 많이 즐기지만, 술에 취한 사람을 좋은 시선으로 보지 않는 문화이다. 절대 취한 모습을 보여서는 안 된다. 술은 즐기지만 과한 음주를 피하는 것이 프랑스의 음주문화이다. 19세기 유럽에서 유행했던 술로 쑥을 원료로 추가되는 것이 특징이다. 알코올 도수는 40~70도 정도로 도수가 높다. 값싼 술이었던 압생트는 프랑스 서민들에게 큰 사랑을 받아 왔던 술이다.

사람이 많이 모인 곳에서는 필수품인 와인을 마시지 않는 것은 상상할 수 없는 일로 여기는 이탈리아 음주문화

이탈리아인에게 와인은 술이기 전에 음료와 음식으로 여긴다. 이탈리아인은 대부분 와인을 마시고 그라파라는 증류한 마르브랜디를 즐겨 마신다. 도수가 높은 술을 잘 마시지 않는다. 와인을 즐기는 이탈리아는 남북으로 길게 뻗은 국토의 영향으로 지역별로 기후가 달라 다양한 종류의 와인을 생산하는 세계 1위의 와인 생산국이다. 이탈리아인들은 결혼, 출산 등 축하할 중요한 일이 있을 때는 빠짐없이 와인을 즐기며, 사람이 많이 모인 곳에서는 빠짐없이 즐기는 술이 와인이다. 이탈리아인들은 가족이 술을 권하여 가족들 앞에서 10대 초반부터 음주를 경험하는데, 이탈리아에서는 일반적인 음주문화라고 한다. 이탈리아인에게 와인을 마시지 않는 것은 상상할 수 없는 일이며, 술을 거절하는 것은 예의에서 벗어나는 일로 여겨진다고 한다.

음주운전을 피하기 위해 순번을 정하여 운전자 한 명을 정하고, 술을 마시는 독일 음주문화

독일은 맥주의 나라로 음주가 생활의 일부인 나라이다. 맥주를 마시는 1000년의 역사를 가진 만큼 성숙한 음주문화를 가진 문화 강국이다. 독일인들에게 음주는 대화를 즐기는 수단으로 늦은 시간까지 술에 취하지만, 고함소리가 들리는 일은 거의 없는 남에게 피해를 주지 않도록 노력하는 음주문화이다. 독일은 사생활 보호를 위해 밤 10시 30분 이후에는 옥외에서 술을 팔지 못하도록 법으로 규제하고 있으며 업주들은 이 법을 철저히 지킨다. 독특한 것은 독일인들은 음주운전을 피하기 위해 술자리가 있는 날이면 순번을 정하여 운전자 한 명을 정하고, 이 운전자는 술자리에서 대화만 즐기고 절대 음주는 하지 않는다. 술집에서 술값을 계산할 때는 각자 계산을 한다. 심지어 요즘은 어플이 있어 한 사람이 계산하고 나머지 사람이 금액을 확인하고 입금한다.

남에게 술을 강요하고 싶으면 자기가 계산해야만 하기에 강요하지 못한다. 자연스럽게 강권하거나 폭음하는 술자리는 거의 없으며, 과음하지 않으므로 해장이나 숙취해소가 없다. 한 가지 더 독일인에게 오늘 한잔 산다고 하면 진짜 한잔만 마시고 대화만 한다. 더 마시라고 해도 안 마신다. 그러니 술 사 주고 싶으면 말 잘해야 한다. 우리 다음에 밥 한번 먹자고 하면, 언제 그리고 바로 정하자고 한다. 빈말하지 말아야 한다. 독일인은 예의를 중시하고 환경보호를 중요시하니 이 점 꼭 알아야 한다.

폭음과 과음을 일삼는 세계 1위의 음주율의 러시아 음주문화

보드카의 나라 러시아는 러시아인이 술을 마시는 것이 아니라 술이 러시아인을 마신다고 하는 세계 1위의 음주 국가이다. 폭음과 과음을 일삼는 음주문화가 있으며, 한국인과 비슷한 음주문화를 갖고 있다. 보드카를 주로 마시는 러시아인에게 보드카는 술이 아니라 삶의 일부이다. 러시아인들은 감기에 걸리면 후추와 함께 보드카를 마시며, 배가 아프면 보드카에 소금을 타서 마시는데, 의료시설이 열악하던 시기에 마취제와 약으로 쓰이던 문화가 지금도 내려온다고 한다. 웃을 일이 아닌 듯하다. 한국도 감기에 걸리면 소주에 고춧가루 타서 마시는 사람 아직도 주변에 있다. 러시아인들은 한자리에서 술자리를 즐긴다. 집에 손님을 초대해서 마시는 것을 즐기며, 분위기를 바꾸고 싶을 때는 집의 야외 공간으로 나가 술을 즐길 정도이다. 러시아에도 변화의 바람으로 중국에 커피 소비가 늘어나듯, 맥주 소비가 늘어나 탄산음료처럼 캔맥주를 들고 공원이나 길거리에서 마시는 수가 늘고 있다.

술을 마셔서 생긴 일이니까 어쩔 수 없다는 것이 인정되지 않는 미국의 음주문화

미국은 실외 공공장소에서의 음주가 제한되는 문화이다. 여행 가서 기분이 좋아졌다고 술을 마시며 길을 걸어 다니는 행동은 경찰에 체포될 수 있으니 절대 금해야 한다. 또한 술자리에서의 실수는 어떤 사과에도 인정되지 않는다.

술을 마셔서 생긴 일이니까 어쩔 수 없다는 것이 인정되지 않는다. 몸을 못 가눌 정도로 술을 마시는 일이 생기면 무서운 상황이 벌어질 수 있다. 음주운전에 대해서도 엄격하고 절대 용서는 없다. 살인행위나 반인륜적인 행위라고 인식한다.

4. 한국의 음주문화와 음주 예절

조상들에게 술이란 제사를 지낼 때 반드시 갖추어야 하는 숭고한 음식이며, 늙고 병든 사람의 혈기를 찾아 주는 소중한 약물이기에 함부로 다루지 않고 소중하게 다루었다. 소중한 술을 환락의 도구로 오용하여 가산을 탕진하고 부모를 섬기지 않고 건강을 해치는 사회 문제가 발생하자 이를 막기 위해 예법을 만들었다. 조상들이 오랜 세월을 통해 터득한 지혜 중 하나가 음주예절이다. 우리 조상들은 음주 예의범절을 중요시 여겼다. 이를 통해 친구들과 술을 배운 사람과 웃어른에게 배워 마신 사람을 보면 기본적인 음주 예절에는 확연히 차이가 보인다. 성장하여 사회생활을 할 때, 상사로부터 인정받는 중요한 자리가 술자리이다. 이때의 첫인상이 사회생활을 좌우한다고 할 수 있다. 술 몇 잔만 들어가면, 주사를 부리는 사람을 좋게 볼 상사가 있겠는가. 술자리에서 지켜야 할 최소한 음주 예절은 알고 있는가.

술은 어른이 허락해 줄 때만 마실 수 있었다던 한국의 음주 예절

술과 담배는 어른 앞에서 마시거나 피우지 말라고 배웠다. 그러나 술은 어른이 허락해 줄 때면, 마실 수 있는데 나이가 어린 사람은 반드시 얼굴을 좌측으로 돌려서 마셔야 한다. 술을 마시는 데도 순서가 있는데, 나이가 많은 사람이, 사회에서는 지위가 높은 사람이 먼저 마시는 것이 기본 음주 예절이다. 어른과의 술자리에서 한국은 나이 어린 사람이 어른에게 술을 올리는 것이 예법이다. 재미있는 것은 일본에서는 윗사람이 아랫사람에게 술잔을 내려 주는 것이 예법이다. 술을 마시는 데도 한국과 일본의 예법은 다르다. 일본인을 초대한 자리에서 한국 사람이 먼저 술을 권하면 일본인들은 상대방이 자신을 낮게 본다고 오해할 수 있으니 주의해야 한다. 일본인들은 술은 본인들이 스스로 따라서 마시니 상황을 보고 판단해야 한다.

어른에게 술을 따르고 마시는 행동에도 예법이 있다.

술을 따를 때에도 예의가 필요한데 어른이나 선배에게는 반드시 두 손으로 따르고 받아야 한다. 어른의 경우 좌식의 자리에서는 무릎을 꿇고 공손하게 따라야 한다. 선배의 경우 편하게 마시라고 허락하기 전까지는 예의를 지켜야 한다. 서구에서는 술을 두 손으로 따르는 예절이 없다. 한국식 예절로 상대를 공경하는 마음이니 처음 자리에서는 동년배나 이성은 공경해 주는 것이 좋다. 술을 따를 때는 양손으로 술병을 받쳐 드는 것이 예법이다. 이때 잔에 닿지 않게 조심스럽게 그리고 넘치지 않게 따라야 한다. 술은 술잔에 차야 맛이라는 말이 있다. 그러나 요즘은 넘치지 않는 90%을 채우는 것이 좋다. 술을 따를 때 주의해야 할 사항은 술병을 잡은 오른손의 바닥이 위로 향하게 해서 따르는 것과 왼손으로 따르는 것(왼손잡이 주의)은 불쾌감을 주는 행동이니 삼가야 한다. 요즘 여성들도 술자리를 함께 하는 경우가 많은데 여성이 술을 따라 주는 것을 강요하지 않아야 한다. 자유롭게 술을 마실 수 있는 술자리라면, 여성이 술을 따라 주고 안 따라 주고는 문제가 되지 않는다. 즐거운 분위기가 중요하지 않을까 생각한다.

신분과 연령, 남녀노소 구분 없이 술을 즐겼기에 주법을 매우 중하게 여겼다.

선비들의 수양서로 집필한 조선 후기 이덕무의 사소절에서는 주법에 대하여 이렇게 정리하였다. 첫째, 남에게 술을 억지로 권하지 말라. 둘째, 어른이 나에게 권하는 경우 사양해도 안 되거든 입술만 적셔라. 셋째, 술이 아무리 독하더라도 눈살을 찌푸리고 못마땅한 기색을 보이지 말라. 넷째, 술은 빨리 마셔도 안 되고, 혀로 입술을 빨지 말라고 하였다. 소학에서는 술이 들어오면 자리에서 일어나 주기가 놓인 상으로 가서 절하고 술을 받았다. 제자리에 앉은 채로 어른에게서 술을 받는 것은 예의에서 벗어나는 일이다. 어른이 이를 만류하면 비로소 제자리에 돌아와서 마신다. 어른이 술잔을 들어서 아직도 마시지 않았으면 젊은이는 마시지 못하였다. 어른이 마시고 난 뒤에 마시는 것이 아랫사람의 예의라고 주법을 알려 주고 있다. 한국은 술을 임금에서부터 천민에 이르기까지 남녀노소 구분 없이 즐겨 마셨기 때문에 주법을 매우 중하게 여겼다고 전한다. 잔치 때 신분이 높은 사람은 식탁에 음식을 차려 놓고 의자에 앉아서 술을 마신다. 그러나 신분이 낮으면 좌상에 음식을 놓고 두 사람이 마주 앉아서 마신다. 잔치에 객이 많으면 좌상을 늘렸다고 한다.

상대방을 배려하는 습관을 가져야 하며, 말을 아끼고 조심해야 한다.

술을 마실 때는 술을 적당히 권하고, 상대방을 배려하며, 특히 말조심을 하며 마셔야 한다. 술을 잘 못하는 사람에게 짓궂게 술을 권하지 말아야 한다. 술 마시던 사람이 안 마실 때에는 그만한 이유가 있기 때문이니 상대를 배려하여 더 권유하지 말아야 한다. 술자리에서는 항상 상대방을 배려하는 습관을 가져야 한다. 술이 몇 잔씩 돌아 취하면, 말이 많아지고 거칠어지기 마련이다. 평소의 불만으로 상사에게 반말이 튀어나오고 그동안 품었던 스트레스가 폭발하는 자리가 술자리인 경우가 많다. 한번 실수로 사회생활이 많이 힘들어질 수 있다. 적당 주량을 마시고 조심에 조심을 해야 한다. 꼰대들도 술만 먹으면 '라떼는 말이야'와 똑같은 얘기를 반복하여 하는데 추하다. 술자리에서는 말을 아끼고 조심하며, 곤란한 답변은 피하는 것이 좋다. 다음 날 후회하지 않도록 말이다.

술자리의 주제는 공통된 이야기와 유쾌한 주제가 좋다.
정치, 종교, 자랑(돈, 자식, 가족 등)은 피해야 한다.

건전한 술자리는 술과 안주의 맛을 즐기고, 대화를 즐기며, 분위기를 즐기는 자리여야 한다. 술자리에서 정치 얘기를 하면, 같은 당을 지지하거나 같은 정치인을 좋아하더라도 불상사가 일어나는 것이 정치 이야기이다. 정치 얘기를 하다 보면 시작도 끝도 없어 중요한 이야기를 놓치게 된다. 자연스럽게 주제를 바꾸도록 유도해야 한다. 잠깐 화장실 핑계로 자리를 피하는 것도 방법이다. 종교 얘기 역시 같은 맥락으로 피하는 것이 좋다. 상대가 믿는 종교에 대해 비판하지 않는 것이 예의다. 종교 얘기는 술자리가 아니더라도 하지 않는 것이 좋다. 동창회에 가면, 출세한 동창들의 돈, 자식, 집 자랑이 꼭 이어진다. 동창회에 가고 싶지 않은 가장 큰 이유라고 한다.

술을 즐겁게 마시려면 술 마시는 요령이 필요하다.

술은 즐겁게 마셔야 건강에도 좋다. 사람마다 자기 체질에 맞는 술이 있다. 다양한 종류의 술을 통해 찾는 것이 좋다. 값이 비싼 술이 좋은 술이라는 공식은 성립되지 않는다. 나의 체질에 맞는 술이 좋은 술이다. 공짜 술이라고 생각 없이 마시면 탈이 난다. 어떤 대가를 바라는 술이나 향응은 반드시 피해야 화를 면한다. 컨디션이 좋지 않은 날은 술을 피하는 것이 좋은데 괜한 주사나 주정을 부릴 수 있으니 술을 시작도 하지 말아야 한다. 주량이 찬 사람에게는 술을 권하는 것은 바람직하지 않다. 회사 또는 상사에 대한 불만을 음주 상태에서 상사에게 말하거나 동료에게 욕하는 것은 위험한 행동이다. 우리가 음주 중에 놓치는 매너가 있는데 너무 떠들어 주위 사람들에게 피해를 주는 것이다. 의도적으로 목소리를 낮추도록 조심하는 것이 좋다.

주당 중에 악인이 없다는 것은 거짓말, 술은 악인을 만든다.

동서양을 막론하고 주당 중에 악인이 없다는 것은 거짓말이다. 지나친 음주는 사람을 파렴치한 악인을 만든다. 점심 식사에 반주로 몇 병의 소주를 비우고 음주 운전하는 사람이 술 냄새 풍기며, 진행하는 비즈니스가 잘되는 시대는 지나가고 있다. 요즘 같은 언택트 시대는 더 그렇다. 내일의 술자리를 위해 음주 운전하는 주당은 살인 행위를 하는 악인이다. 낮과 저녁 접대 술을 마시지 못하는 사람은 비즈니스를 할 수 없는 건가. 이제는 인맥의 시대가 지나 정보화 시대이다. 능력 있는 자의 시대로 변화되고 있다. 주당의 시대는 끝나가고 있다.

인생은 허무한 것이니 후회하지 말고 죽기 전에 술을 마시자

중국에 이태백이 있다면 한국에는 송강 정철이 있다. 조선의 문인으로 사미인곡, 관동별곡 등의 시인이다. 그도 장진주사라는 권주가가 있다.

장진주사(將進酒辭) by 송강 정철

한 잔 먹새 그려, 또 한 잔 먹새 그려
곳 것거 산(算)노코 무진무진 먹새 그려
이 몸 주근 후면 지게 우해 거적 더퍼 주리혀 매여 가나
유소보장(流蘇寶帳)의 만인이 우러 녜나
어욱새, 속새, 덥가나무, 백양 수페 가기곳 가면
누른 해, 흰 달, 가난 비, 굴근 눈, 쇼쇼리바람 불 제
뉘 한 잔 먹쟈 할고.
하믈며 무덤 우해 잔납이 파람 불 제 뉘우찬달 엇디리

인생이란 허무한 것이니 후회하지 말고 죽기 전에 술을 무진장 마셔 그 허무함을 잊어버리고자 하는 시인의 서정성과 낭만성을 엿볼 수 있다.

이 술을 잡수시오면 만수무강한다는 경기민요 권주가

받으시오. 받으시오. 이 술 한 잔을 받으시오.
이 술은 술이 아니라 먹고 노자는 경배주요.
이 술을 마시고 나면 천년만년을 사오리다.

만수산, 만수봉에 만수정이 있더이다.
그 물로 빚은 술을 만년주이라 하더이다.
이 술을 잡수시오면 만수무강(萬壽無疆) 하오리다.

은잔, 금잔 다 그만두고 앵무배에 술을 부어
첫 잔은 불로주요. 둘째 잔은 장생주이라
석 잔을 다시 권하니 만수무강 하오리다.

내가 술을 즐거워먹나 광약인줄을 알면서도
일편단심 먹은 마음 굽이굽이 설움이라
오늘도 술이 아니면 뜻 붙일 곳이 없네.

5. 한국 음주생활의 문제점

1) 한국은 건전 음주문화가 아닌 폭음 음주문화에 익숙한 문화

건전한 음주는 신진대사를 개선해 주고 빈혈, 감기, 소화, 식욕증진, 수면, 심장병 예방에 도움을 준다. 술은 상황에 따라 응급처치나 이뇨제로 쓰이고, 적당한 음주는 즐거운 삶의 촉매제이고 두려울 땐 안정을 주고, 스트레스와 슬픈 땐 위안을 준다. 기쁠 때는 기쁨을 증가시키고, 인간의 삶 속에서 희로애락을 함께 하는 묘약이다.

올바른 음주문화와 습관으로 술을 접하면 술은 좋은 벗이 되고, 인생의 즐거운 윤활유이고, 건강을 유지해 주는 역할을 한다. 그러나 지나친 음주와 폭음은 오히려 해가 되고 좋은 벗이 아니고 악마의 유혹에 빠지게 하는 무서운 존재가 된다.

건전한 음주문화를 위한 준수사항을 살펴보자.

① 신체적, 정신적으로 손상을 가져오는 과음, 폭음을 피하라.

여러 가지 병의 원인이 되는 과음과 폭음은 신체적, 정신적으로 손상을 가져올 뿐만 아니라, 각종 간질환, 위장병, 심장질환이나 뇌세포의 손상을 야기한다. 건강과 자제력을 상실시켜 가족과 대인관계에 피해를 준다. 특히 사회생활에 치명적인 결과를 초래한다. 개인의 차에 따라 일과에 지장을 받지 않을 정도가 좋고 10~12시간 이내에 술이 완전히 깰 수 있을 정도가 적당하다고 하니 각자의 주량을 찾아서 스스로 조절해야 한다.

② 자신의 체질을 파악하여 건전한 적량을 찾아라.

드링크(박카스 등) 음료만 마셔도 취하는 사람이 있는데 술이 받지 않는 체질이다. 술은 반드시 자신의 체질을 확인하고 마셔야 한다. 조금만 마셔도 숨이 가쁘고 얼굴이 붉어지는 사람은 알코올 2차 분해효소인 ALDH와 보효소인 NAD의 선천적 결핍자로 술을 조금이라도 지나치게 마시면 위험하다. 절대 억지로 마시거나 무턱대고 마시지 말아야 한다. 남들과 맞추려다 간을 망가뜨리게 된다. 꼭 알아야 할 것은 술은 절대 늘지 않는다.

③ 첫잔은 따듯한 라떼를 마시듯 천천히 나누어 마셔라.

술을 마실 때 첫 잔은 최대한 천천히 마셔야 한다. 단숨에 들이켜지 말고 천천히 음미하듯 마셔야 한다. 알코올 도수가 높은 술을 특히 첫 잔부터 단숨에 마시면 위염이나 위 점막에 가벼운 출혈을 일으킬 수도 있다. 원샷처럼 급히 마시는 술은 알코올의 혈중농도를 급속히 높여 중추신경과 호흡중추를 빠르게 마비시켜 급성 알코올중독이 될 수 있다. 계속하여 급하게 마시게 되면 뇌의 마비가 진척되어 혼수상태로 사망할 수도 있다.

④ 음주 전에 음식을 먹거나, 건배 뒤에 안주를 충분히 먹자.

공복에 안주 없이 술을 마시면 알코올의 흡수 속도가 빨라지고 혈중 알코올 농도는 급격히 상승하여 위험하다. 술 마신 뒤 컨디션을 나쁘게 하는 원인이다. 알코올은 몸 안에서 분해되면서 열량을 발산하지만, 영양분이 아니므로 안주를 섭취하여 영양을 공급해 주어야 한다. 음주 전에 반드시 음식을 먹거나, 건배 뒤에는 잔을 내려두고 안주를 먹도록 해야 한다. 지방이 많은 음식은 지방간의 원인이 될 수 있으니 고단백질 음식이 좋은데, 고단백질은 알코올 해독에 에너지원 구실을 하기 때문이다.

⑤ 술은 섞거나 혼합하여 마시지 말자.

언제부터인가. 한국사회의 음주문화에서 처음 시작은 맥주, 본격적으로 소주나 폭탄주, 마무리로 양주 또는 생맥주를 마시는 3차에서 4차까지 이어지는 문화가 익숙해졌다. 흥미로운 것은 100년 전 개화기에 혼돈주라는 혼합 술이 있었다. 따끈하게 데운 사발에 막걸리를 넣고 홍소주 한잔을 섞어서 소주가 위로 맑게 떠오르기를 기다렸다가 마셨다고 하니 문화는 이어지는 것 같다.

⑥ 술 마실 때 흡연을 피하라.

담배의 니코틴은 알코올에 잘 용해되어 담배를 피우면 술이 더 빨리 취하게 된다. 알코올로 인해 저항력과 암 발생 억제력이 감소된 몸을 공격하고, 위산 과다는 위벽의 혈류를 나쁘게 하여 심할 경우에는 위궤양을 일으키는 원인이 된다.

⑦ 음주 후 약물 복용은 하지 말라.

간과 위 등에 과중한 부담을 주고 심각한 부작용이 생길 수 있는 음주 시의 약물복용은 절대 피해야 한다. 약물을 복용해야 한다면 음주를 피해야 한다. 알코올이 간에 들어오면 알코올은 우선적으로 분해된다. 자연히 약의 분해가 늦어져서 혈중에 오래 정체하기 때문에 약의 작용이 과하게 나타나 위험해진다.

⑧ 간은 3일간의 휴식이 필요

음주를 하고 난 후 2~3일 정도는 술을 마시지 말고 간장에 쌓인 지방분이 해독되도록 휴식이 필요하다. 간이 분해할 수 없을 정도로 과음을 통해 많은 알코올을 섭취하면, 아세트알데이드가 분해되지 않고 간장에 남는다. 이는 간 조직을 자극하거나 지방분을 쌓이게 하여 간장 질환을 야기한다. 간이 휴식이 없이 쉬지 않고 과음이 이어지면, 지방간에서 알코올성간염, 간경변, 간암으로 발전할 수 있다.

⑨ 충분한 수분 섭취로 숙취는 풀어야

개인의 체질에 따라 다르지만, 술을 마시고 괴로운 것은 알코올이 몸 안에서 완전히 분해되어 빠져나가지 못하여 생기는 숙취 때문이다. 알코올 분해대사의 중간 산물인 알데히드가 혈액 속을 돌아다니면서 내 뇌를 자극하고, 속을 뒤집어지는 현상이다. 이러한 현상을 없애는 방법은 충분한 수분 섭취를 통하여 빠르게 알코올 성분을 빨리 몸 밖으로 빼내는 것이 중요하다.

2) 음주 운전이 만연한 사회적 환경

인식의 변화가 조금씩 있기는 하지만, 한국의 음주문화는 전통적으로 음주에 관대하여 술자리에서의 실수는 큰 문제로 삼지 않고 지나가는 경우가 아직도 많다. 아직도 술좌석에서 무차별적으로 술잔이 돌아가고, 주량이 많은 사람은 통이 크고 리더십이 있는 사람으로 간주하는 경향이 있지만 변화되고 있다. 이제 리더십은 사람됨과 능력으로 결정된다.

음주 후에는 음주운전의 위험성에 대해 인식해야 할 필요가 있다.

음주 후에는 판단능력이 저하되고, 위험 상황에 직면하였을 때 순간적인 판단이 늦어져 적절하게 대처하지 못하게 된다. 음주 후에는 자기 능력을 과대

평가하는 경향이 크다고 한다. 주위의 만류에도 이 정도의 술로는 괜찮다고 하며, 굳이 운전대를 잡고, 자기의 운전기술을 자랑하고 싶어 하는 충동을 느낀다고 한다. 운전이 난폭해지고 조급한 행동이 많아진다. 급 핸들, 급브레이크 등 운전이 난폭해지고 신호를 무시하는 등 행동이 조급해지는 특징이 있다. 눈의 기능이 저하된다. 정상적인 사람도 야간에는 눈의 기능이 20~30% 저하되는데, 음주 후에는 더욱 심하게 저하 되며, 시야가 좁아져 보행자나 옆 자동차 등 주변의 위험물을 보지 못할 수 있다. 또한 졸음운전을 할 수 있다. 알코올을 마시면 잠이 잘 오기 때문에 음주운전 중에는 졸음이 오기 쉽다.

살인 행위이며, 반인륜적인 행동, 음주 운전의 위험성 및 문제점

음주 후에 운전은 주의력 · 판단력 · 운동능력 등이 저하된 상태의 운전으로 다양한 유형의 심각한 사고를 유발한다. 음주로 인해 잘못된 운전 조작이나 운전 조작 생략 등에서 오는 사고가 잦다. 대상의 움직임과는 상관없이 주정차 된 차량이나 도로 상의 정지물체, 운행 중인 다른 차, 보행자 등을 충격할 수 있다. 음주운전과 무면허 운전이 함께 나타나는 경우가 많다. 뺑소니 사고 운전자의 절반이 음주 운전자로 음주사고로 인한 처벌이 두려워 도주하게 된다. 중요한 것은 음주 운전은 살인 행위이며, 반인륜적인 행동임을 명심해야 한다. 그들은 사회와 격리해야 하며, 그로 인한 혹독한 책임을 물어야 근절 될 것이다.

음주 후에는 음주운전의 위험성에 대해 인식해야 할 필요가 있다.

음주 후에는 판단능력이 저하되고, 위험 상황에 직면하였을 때 순간적인 판단이 늦어져 적절하게 대처하지 못하게 된다. 음주 후에는 자기 능력을 과대평가하는 경향이 크다고 한다. 주위의 만류에도 이 정도의 술로는 괜찮다고 하며, 굳이 운전대를 잡고, 자기의 운전기술을 자랑하고 싶어 하는 충동을 느낀다고 한다. 운전이 난폭해지고 조급한 행동이 많아진다. 급 핸들, 급브레이크 등 운전이 난폭해지고 신호를 무시하는 등 행동이 조급해지는 특징이 있다. 눈의 기능이 저하된다. 정상적인 사람도 야간에는 눈의 기능이 20~30% 저하되는데, 음주 후에는 더욱 심하게 저하 되며, 시야가 좁아져 보행자나 옆 자동차 등 주변의 위험물을 보지 못할 수 있다. 또한 졸음운전을 할 수 있다. 알코올을 마시면 잠이 잘 오기 때문에 음주운전 중에는 졸음이 오기 쉽다.

살인 행위이며, 반인륜적인 행동, 음주 운전의 위험성 및 문제점

음주 후에 운전은 주의력 · 판단력 · 운동능력 등이 저하된 상태의 운전으로 다양한 유형의 심각한 사고를 유발한다. 음주로 인해 잘못된 운전 조작이나 운전 조작 생략 등에서 오는 사고가 잦다. 대상의 움직임과는 상관없이 주정차 된 차량이나 도로 상의 정지물체, 운행 중인 다른 차, 보행자 등을 충격할 수 있다. 음주운전과 무면허 운전이 함께 나타나는 경우가 많다. 뺑소니 사고 운전자의 절반이 음주 운전자로 음주사고로 인한 처벌이 두려워 도주하게 된다. 중요한 것은 음주 운전은 살인 행위이며, 반인륜적인 행동임을 인식해야 한다. 그들은 사회와 격리해야 하며, 그로 인한 혹독한 책임을 물어야 근절 될 것이다.

3부
사회생활 생존은 바른 예절과 매너

Manner

1장

사회생활은 잘 지키면 된다. 겁먹지 말자

1. 사회생활은 비즈니스 매너로 승부하자.

사회생활 기본 매너는 이렇게 습득하자.

사회생활은 출신지, 성장 과정, 교육 정도, 나이, 재능, 소질 그리고 가치관이 다른 이질적인 타인들이 집단 속에서 함께하는 생활이다. 이들과 공통의 목표를 성취하기 위해 사회에서 얻어지는 이익으로 각자의 생계를 해결하는 자기성취와 사회 기여를 통해 행복을 추구하는 조직사회이다. 사회 예절은 그 조직구성원들이 각기 지닌 이질성을 조율해 원만한 대인관계를 함께 유지하는 공동목표를 추구하는 유일한 방법이다.

사회인으로서의 자세는 뚜렷하고 자기 관리는 철저해야 함.

자기의 생존과 자기성취를 하며 사회에 기여하는 자신을 위한 목적의식이 뚜렷한 사회생활을 해야 한다. 자신이 선택한 사회생활에 능동적으로 참여하여야 한다. 책임의식을 갖고 직장이 무엇을 요구하는지 적극적으로 파악하고자 하는 자세가 필요하다. 왕성한 책임의식으로 직장을 통해 자기성취를 하고 사회에 기여한다는 참여의식이 필요하다. 사회인에게 철저한 자기 관리가 필요하다. 실력도 중요하지만, 인성이 바탕이 되어야 한다. 항상 정결한 마음가짐과 몸가짐을 갖추어야 한다. 조직원과 어울리는 용모와 복장으로 일치하여야 한다. 항상 공손하고 진지하며, 반듯한 자세를 유지해야 하며, 상급자에게는 공손하고 동료 간에는 성실하며, 하급자에게는 의연한 자세가 필요하다. 교만하거나 건방지지 않아야 하며, 인성교육을 통해 바른 인성을 갖추고 바른 예절을 습득하여야 한다.

사회생활의 근무예절과 인간관계 능력은 입사 전에 갖추고 입사하자.

학교 공중도덕 예절과 가정 예절을 통해 근무예절과 원만한 인간관계 능력은 연습을 통해 배우고 익혀 입사하여야 한다. 또 습관화되어야 자연스럽게 바른 예절로 사회생활에 임해야 한다. 상급자는 가정의 부모와 어른을 모시듯이 마음과 정성을 다하라. 선배와 동료는 형제간을 대하듯이 우애로 친근하게, 말씨와 칭호, 올바른 예절로 미소로 상대한다. 상급자, 동료들과 원만하게 인간관계를 유지하기 위해서 기본 예절에서부터 출발한다. 웃으면서 항상 인사한다. 실수하면 바로 사과하라. '죄송합니다'를 항상 말 앞에 붙여라. 항상 감사하라, 바로 감사함을 표현하라. '감사합니다'를 항상 말 뒤에 붙여라. 기록이 기억을 지배한다. 메모해야 실수를 줄이고 적극적이고 성실해 보인다. 메모하고 기록하고 확인하고 재확인하라. 그리고 웃어라. 웃는 얼굴에 뭐라고 못한다.

▶ 학교 공중도덕 예절과 가정 예절을 통해 근무예절과 원만한 인간관계 능력은 연습을 통해 배우고 익혀 입사하라.

습관화되어야 자연스럽게 바른 예절로 사회생활에 임함.

상급자는 가정의 부모와 어른을 모시듯이 마음과 정성을 다하라.

선배와 동료는 형제간을 대하듯이 우애로 친근하게, 올바른 예절과 미소로 대하라.

사회생활 예절과 원만한 인간관계 요령		
정해진 출근 시간과 퇴근 시간을 준수함. 특히, 지각은 절대 하지 말라	인사	보이고 만나는 사람에게 무조건 인사 청소, 경비, 주차에서 일하는 분에게는 반드시 먼저 인사해야 함
회사의 내규를 이해하고 상급자, 동료들과 원만하게 인간관계 유지함.	대화	적극적으로 대화하라 정중하게 간결하게 존댓말과 경어는 지켜라
자신의 업무에 충실하며, 업무 파악에 노력함. 동료 일을 적극적으로 도와 함께 함.	태도	적극적이고 긍정적인 자세로 임함 무엇이든 할 수 있음. 항상 웃어라, 미친 듯 웃어라
통화는 간단하게 항상 메모 습관을 가지자	식사	동료들과 함께하라 주말에는 인간관계를 위해 활용
사적 방문객은 자제하고, 부득이한 경우 상급자에게 보고 후 근무 외 장소에서 만남.	전화	친절하고 예의 바르게 실수하면 안 됨.
외출 시는 상사하게 보고하고 나감.	퇴근	상급자에게 보고 후 정리함 퇴근 인사 잊지 말라
점심시간, 휴식시간 등 시간 철저히 지키고 상급자와 선배에게 예의를 지키자	질문	질문하고, 모르면 또 질문하라. 그래야 제대로 함.
사석에서도 상급자와 선배에게 예의를 지켜라	사과	바로 사과하라 죄송합니다를 항상 말 앞에 붙이자

사회생활 예절과 원만한 인간관계 요령을 배우고 습득하자.

상급자는 가정의 어른을 모시듯, 선배와 동료는 우애로 친근하게, 말씨와 칭호, 자세를 잘 유지함.	감사	늘 감사하라, 바로 감사하자 항상 말 뒤에 붙이자
고객에게 최선을 다하라. 자신과 회사가 사는 길이다. 고객에게 최선을 다하는 것이 능력임.	메모	기록이 기억을 지배함. 메모해야 실수를 줄임. 적극적이고 성실해 보임.
항상 회사의 대표로서의 자세와 태도로 임함.	회의	회의록 작성을 위해 적극적으로 미리 준비하고 고민하자
고객과 어떤 일이 있어도 언쟁하거나 싸우지 말자	지시사항	메모하고, 미루지 말고 우선순위를 정해 긴급하고 중요한 것부터 하자 모르면 선배의 지시에 따르자
상급자와 선배와의 언쟁도 만들지 말자	회식	무조건 참석하라. 업무의 연장임.
적응할 때까지 몇 년간은 사내커플 하지 말자	스마트폰	진동으로 유지하며, 사적 통화는 퇴근 후에 한다. 급한 경우는 문자로 대신함.
약한 모습, 힘든 모습 보이지 말자 의지가 약해 보임.	호칭	격에 맞게 부름. 사석에서나 친해졌다고 소홀해서는 안 됨.

때와 장소, 상황에 따라 맞는 인사법과 인사말을 익히자.

때와 장소, 상황에 따라 맞는 인사법을 잘 배우고 반복하여 습관화하여야 한다. 습관화하지 않으면 실제 적용 시에 혼동이 온다.

구 분	내 용
서 있을 때	남자: 차렷 자세, 재봉 선에 손을 붙인 듯 가볍게 가져다 둠 여자: 오른손의 엄지를 왼손의 엄지와 인지 사이에 끼워 배에 붙임
걸을 때	3m 앞에 가서 상대를 향해 기본자세로 인사(공간 확보) 인사 받은 상대가 이동 후 움직임
계단	오를 때: 상사나 고객이 내려오면 물러서서 이동 공간 확보해 줌 같은 계단까지 올라오면 가볍게 인사 내려올 때: 상사나 고객이 올라오면 물러서서 이동 공간 확보해 줌 같은 계단까지 올라오면 가볍게 인사
앉아 있을 때	상사나 고객인 경우 일어서서 인사
통화 중	중요한 전화가 아니면 양해를 구한 후 통화 후 인사
인사 후 마주칠 경우	자주 마주칠 때마다 목례로 계속 인사
후배를 만났을 때	못 본 척하지 말고 먼저 인사
어른 만났을 때	정중하게 다가가 반갑게 인사
상대방이 먼저 인사했을 때	바로 답례 인사를 함. 먼저 보는 사람이 인사하는 것이 바람직함
사무실에서 외출 시 외출 후 돌아와서	외출 시 상사와 동료에게 인사하고 외출 돌아와서 다시 인사
퇴근 시	책상 정리, 의자들 책상 밑으로 넣고 상사에게 보고 후 퇴근 "죄송하지만, 먼저 퇴근하겠습니다.", 동료에게 "먼저 퇴근하겠습니다"

상황에 따른 인사말과 대응방법도 잘 배우고 반복하여 습관화하여야 한다. 습관화하지 않으면 실제 적용 시에 혼동이 온다.

상황	인사말, 대응방법
감사할 때	진심을 담아 "감사합니다.", "도움을 주셔서 감사합니다." 의례적인 감사 말에도 익숙해져야 한다. Thank you. 처럼
사과할 때	진심으로 고개 숙여 "진심으로 사과드립니다.", "정말 죄송합니다." 의례적인 사과 말에도 익숙해져야 한다. Sorry. 처럼
실례할 때 부탁할 때	실례를 범할 때는 "죄송하지만, 잠시만 기다려 주세요", "죄송하지만, 지나가겠습니다.", "실례하겠습니다." 부탁할 때 "죄송하지만, 이것 좀 부탁드립니다" 의례적인 실례 말에도 익숙해져야 한다. Excuse me. 처럼
대답할 때	"네, 알겠습니다.", "네, 그렇습니다.", "아니요, 그렇지 않습니다." "네, 열심히 하겠습니다. 감사합니다." "죄송합니다. 열심히 하겠습니다"
반복해서 물을 때	"죄송합니다만, 다시 한 번 말씀해 주시겠습니까." "죄송합니다만, 다시 한 번 알려 주시겠습니까."
거절할 때	"죄송합니다만, 다음에 도와드리겠습니다." "죄송합니다만, 어려울 것 같습니다" "죄송합니다만, 고민을 해 보겠지만 기대는 하지 마세요"
외출할 때	"무슨 용무로 어디에 다녀오도록 하겠습니다. 몇 시쯤 돌아올 예정입니다." 예정보다 늦어지면 전화 또는 문자로 지연 이유를 보고한다.
외출 시 돌아와서	용무 잘 처리하고 왔습니다. 복귀 보고 후 본인 자리로 간다.
퇴근할 때	"죄송하지만, 먼저 퇴근하겠습니다.", "내일 뵙도록 하겠습니다." "주말(연휴) 잘 보내세요"
안내할 때	"이쪽으로 오시겠습니까? 이쪽에서 도와드리겠습니다.
자주 만나는 사람	"그동안 잘 지내셨나요. 얼굴이 좋아 보이십니다."
도움을 줄 때	"무엇을 도와 드릴까요", "누구를 찾아오셨나요.", "어디를 찾으시나요."

인사는 잘하다가도 한 번 실수를 하게 되면 좋은 이미지가 깨진다. 평소에 습관화하여 배우고 익혀 자연스럽게 할 수 있어야 한다.

상황	대처요령
몇 번을 인사해야 하나	과하다고 생각할 만큼 그 순간에도 인사하라. 눈이 마주치면 눈인사
지각했을 때	"늦어서 죄송합니다. 다음부터 주의하도록 하겠습니다." 상사에게 지각한 사유를 정확하게 솔직히 보고한다. 사전에 전화나 문자로 선배를 통해 전달하면 부드럽게 넘어갈 수 있음
악수할 때	"만나서 반갑습니다." "뵙고 싶었습니다." "더운데(추운데) 찾아주셔서 감사합니다"
손님이 오셨을 때	서서 정중하게 인사 먼저 "안녕하세요" "무엇을 도와드릴까요", "누구를 찾아오셨나요.", "어디를 찾으시나요."
학교 복도, 캠퍼스 에서 어른을 보았을 때	몰라도 무조건 인사해라 교수, 교직원, 선생 확률이 높다. 다음 학기에 만나거나 언젠가 만난다. 인사 잘하는 학생을 교수들은 기억한다.
다른 부서, 거래처 사람을 보았을 때	아는 사람에게 무조건 인사 특히, 경비원, 청소하는 아주머니, 식당, 가게에서 물건 사면서도 인사 다른 부서와 거래처는 당연하게 인사해야 함

▶ 가정생활과 학교생활 그리고 사회생활에서 연습하자. 최고의 교육장.

무조건 인사하라. 반드시 돌아옴.

2. 사회생활 비즈니스 복장 매너 이렇게 준비하자.

비즈니스 옷차림은 품격과 매너의 상징, 갖춤은 아름다움이다.

구분	남자 사원	여자 사원
정장	• 유행에 집착하지 말자 • 기능적이고 품위 있는 • 검정색과 감색이 기본 • 체형과 피부에 어울리게 • 화려한 색은 피하며 • 재질이 유난스럽지 않게 • 너무 눈에 띄는 디자인 피함. ※ 매장 직원에게 추천을 부탁하자	• 항상 청결하고, 단정하게 • 유니폼은 더욱 청결에 신경 써야 : 바느질이 터진 곳, 구겨짐 유의 • 지나치게 화려한 색상은 피함 • 지나치게 짧은, 꽉 끼는 바지, 소매 없는 옷, 반바지 착용 자제 • 블라우스 속이 들여다보이지 않게, 속옷이 밖으로 나오지 않게 • 흐린 날은 밝은색 옷을 입어라 ※ 퇴근해서 모임에 맞추어 갈아입자
와이셔츠	• 흰색이 기본 • 디자인과 색상은 화려하지 않은 것 • 목둘레와 소매길이 측정하여 착용 • 목부분과 손목부분이 약간 보이게 ※ 매장 직원에게 측정, 추천을 부탁하자	–
넥타이	• 맨 길이가 벨트의 버클 약간 덮게 • 넥타이 길이는 거울로 확인하라 • 폭은 상의 깃과 폭이 같은 것 • 색깔은 양복과 동일하면 무난 • 청색과 보라계통 추천 • 조끼 밑으로 나오지 않게 • 넥타이 매는 법 2가지 이상 익히자 ※ 매는 법 유튜브 동영상 참조하자	–
구두	• 더러워지지 않게 주의, 수시로 확인 • 광택이 잘 나도록 닦아 신도록 • 발에 부담이 적은 것으로 선택 • 색깔은 양복의 색깔과 동일하게 • 검정색이나 갈색이 일반적 • 슬리퍼는 책상에 앉아서만 착용	• 지나친 굽을 피함 • 5cm가 적정 • 슬리퍼형 구두 자제 • 소리 나는 구두 착용 금물 • 색깔은 의상보다 짙은 색
양말 스타킹	• 바지와 구두의 색보다 동일하거나 어두운 색 • 검정 색이 무난 • 흰색은 절대 금물 • 앉은 자세에서 다리 살이 나오지 않는 목이 있는 것	• 피부색에 가까운 것 • 원색이나 무늬가 있거나, 화려한 것 • 올이 빠지거나 늘어지는 것 주의 • 항상 가방에 여유분을 보관 ※ 퇴근해서 모임에 맞추어 갈아입자

벨트	• 검정색과 갈색이 무난 • 지나치게 폭이 넓거나 버클 모양이 요란한 것은 피함	–
머리스타일 얼굴 손톱	• 깨끗한 면도 • 머리카락:귀, 와이셔츠 깃을 덮지 않게 • 코털이 밖에서 보이지 않게 • 손톱은 깔끔하게 정리	• 너무 요란하거나 지나친 염색 금지 • 근무 중에도 단정하게 정리 • 청결 유지(모자금물), 요란한 장식 • 화장은 너무 진하게 하거나 향취가 진한 것은 피함 • 액세서리는 간결하고 돋보이게 • 손톱은 깔끔하게, 네일 아트 직무와 맞게 단정하게 또는 자제 ※ 퇴근해서 화장을 모임에 맞추어 고치자

3. 스마트폰 예절을 지켜야 대인관계의 오해에서 벗어날 수 있음.

스마트폰과 전화 예절 이렇게 지키자.

예의를 갖추고 상대방을 배려하며 친절하게 전화를 받아야 하며 상대방의 입장에서 신속하게 응대하며, 용건은 간단하게 하여야 한다. 적극적으로 경청하여 정확한 정보 전달을 해야 한다. 전화벨 소리가 3번 이상 울리기 전에 신속하게 받아야 하며, 수화기를 들면 회사명 또는 소속과 이름을 먼저 밝힌다. 용건은 간단명료하게 메모한다.

공통 예절/에티켓	
스마트폰	전화기
소중하게 취급	소중하게 취급
가까운 곳에 두고 바로 받을 수 있게 직장생활 시 바로 받고 확인해 주어야 신뢰가 쌓임. 부재중이 오래가면 오해가 생김	사용이 편리한 곳에 설치. 책상의 왼쪽(왼손으로 수화기 받는 것이 원칙)
이어폰을 이용하여 통화하며 메모장에 메모 녹음도 필요에 따라 활용	필기도구와 메모지 준비. 오른손으로 메모 오른쪽에 준비 요즘은 컴퓨터 메모장에 적기도 함
절대 누워서 또는 삐딱한 자세에서 받지 않도록 함. 통화하기 어려운 상황이나 곳에서는 양해를 구하고 통화하도록 함.	바른 자세로 받아야 목소리도 바르게 나옴
거는 예절/에티켓	받는 예절/에티켓
이름 또는 전화번호를 재차 확인 후 통화	울리면 평온한 마음으로 바른 자세에서 받음
용건을 미리 정리해 짧게 통화	받으면 반갑게 인사부터
감정을 안정시키고 표정을 부드럽게	다른 사람을 찾으면 친절하게 기다리라고 말하고 연결
통화 중이거나 5회 이상 신호가 가도 받지 않으면 3분 후에 다시 걸도록 함 또는 문자로 보내 양해를 구하고 통화를 요청	찾는 사람이 없으면 친절하게 메모를 남길 것을 권유함
먼저 인사를 하고 상대를 확인하면 자신을 소개	메모 시는 소속, 이름, 연락처, 사유, 긴급도를 파악하여 메모 긴급한 경우면 찾는 사람을 찾아 즉시 전달
먼저 인사를 하고 다른 사람이 받으면 정중하게 요청	통화가 끝나면 정중하게 인사
상대 확인 후 용건 전달	전화를 먼저 건 사람이 끊은 후에 전화를 끊음
상대가 없으면 정중하게 메모 요청	통화 시 짧게 용건만 전달
잘못 걸었다면 정중하게 반드시 사과 번호가 남아 있으니 우기지 말자. 무조건 사과	잘못 온 전화라도 친절하게 응대 미래의 잠재고객일 수 있음

상황에 따라 지킬 스마트폰 예절 생각보다 쉬움.

스마트폰 예절은 상황과 장소에 따라 적절하고 올바르게 대처하면 된다. 익숙하지 않고 습관이 되지 않아서 힘들 수 있다. 익히고 습관화되면 자연스럽고 편하다.

상황/장소	에티켓/대처방안
공공장소 음식점/커피숍/병원/도서관/미술관/박물관	병원/도서관/미술관/박물관: 무음, 통화 시 외부로 나가 조용히 음식점, 커피숍: 진동 또는 무음, 통화 시 외부로 나가 조용히 나가기 곤란하면 손으로 막고 조용히
대중교통 버스/전철/기차/ 고속버스/비행기	비행기/고속버스: 무음이나 진동, 사용하지 않는 것이 원칙 버스/전철: 문자로 답변, 내려서 통화할 것을 전달 기차: 문자로 답변, 나가서 연결 통로에서 통화
극장/공연장	휴대폰을 꺼 둔다. 또는 무음 사용하지 않는 것이 원칙, 급하면 문자로 빛이 약하게 사용
사무실/가정집 방문	무음이나 진동, 통화 시 외부로 나가 통화, 문자로 답변 통화 시 양해를 구하고 통화 또는 확인
장례식장 조문 시	무음이나 진동, 통화 시 외부로 나가 통화 최소한 웃으면서 통화하는 모습을 보이지는 말아야 함
수업 중	꺼 두거나 무음이 원칙, 보이지 않은 곳에 보관하여 신경 쓰이지 않게 함
근무 중	진동 유지, 업무 내용 전화는 받음, 개인 전화는 점심시간 & 쉬는 시간 & 퇴근 후에, 급하면 사무실에서 나가서 조용히
운전 중	반드시 핸즈프리 사용 가급적 운전 중에는 통화 자제가 바람직 양해를 구하고 내려서 통화, 급하면 주차 후에 통화
벨이 울리면 받는 시점	벨이 울리면 가급적 빠르게 받아 통화
문자메시지 답변	확인 후 바로 답변, 바로 답변이 어려우면 양해 문자 보냄
옆 사람의 스마트폰이 울리면	받지 말고 주인이 오면 통화 왔다고 알려 줌 급한 전화로 생각되면 찾아서 전달하여 주면 된다.

누가 먼저 끊는가	교수, 선생, 상급자, 고객, 어른, 부모와 통화 시는 상대방이 먼저 끊는 것이 예의 전화를 먼저 건 사람이 먼저 끊는 게 원칙
카메라폰	공연장, 미술관, 박물관 촬영은 금지 또는 위법 행위 타인을 몰래 촬영은 위법 행위
볼륨 조절 강도	가급적 진동 유지가 매너 지키기에 보편적 사용 시 낮은 볼륨 유지

문자 및 카톡 사용 시 에티켓만 잘 지켜도 인간관계가 원만

문자와 카톡에도 지켜야 할 에티켓이 있다. 지켜야 할 사항과 조심해야 할 사항으로 구분하여 정리하면 다음 표와 같다. 익숙하지 않고 습관이 되지 않아서 그렇지 익히고 습관화되면 자연스럽고 편하다.

잘 생각해 보자. 스마트폰으로 얻고자 함은 즐거움과 스트레스 해소, 시간 죽이기, 정보 수집 외에 없다. 잃는 것은 우리가 생각하는 것보다 많다. 가족과 함께 보낼 시간과 대화 시간을 잃는다. 신뢰가 없어지고 아르바이트 기회(경제적 활동기회), 건강도 해치고 위험에도 노출된다. 특히 대인관계에 문제가 생긴다. 선택은 여러분의 자유다. 조금씩 스마트폰을 손에서 놓아보라. 물론 아프겠지만 아픔을 잊어야 원하는 것을 얻을 수 있다.

지켜야 하는 것	조심해야 하는 것
문자(톡)를 받으면 최대한 빨리 답변하기 최소 3시간 이내 하루를 넘기지 않게(특이 제외)	대화 중 지속적으로 문자(톡) 확인 않기 단, 양해를 구하고 "죄송합니다. 급한 문자가 있어 확인 좀 하겠습니다"
확인 후 성실하게 답장 주기 보낸 내용을 여러 번 읽고 상대가 보낸 의도를 파악하고 답하기 성의 없이 대답하지 않기 ex) 네, 예, 넵 등 특히 상급자, 연장자에게는 줄임말보다는 성의 있게 답장	문자 보낼 때 상대방의 입장을 고려하여 보내기 문자(톡)에는 표정, 음조, 몸동작이 없어 오해의 소지가 있음 존댓말, 부탁 어조, 감사 표현을 함께 보냄
늦은 시간에 문자(톡)하지 않기 개인 친분 20시 이후, 업무는 19시 이후에 자제 급하면 양해 문자와 함께	이모티콘 사용 시 상대방 고려하기 연장자에게 사용 시 생각하고 보냄 농담 시 말 앞뒤에 이모티콘을 붙여 사용 첫 시작과 마지막에 이모티콘 사용으로 마무리 알리기
공공장소에서는 무음이나 진동 평소에도 유지하며 습관화하여 실수하지 않도록 노력	단톡을 함부로 묶지 않기 양해 문자(톡)를 보내고 진행 실례이며 상대는 스트레스 과감하게 나가는 연습을 하자

▶ 스마트폰의 부작용: 대인관계에 심각한 문제가 생김. 경제적 활동기회를 잃음.

4. 경조사, 애경사 알고 예의 바르게 참여하자.

사회생활에서 타인의 경사나 좋지 않은 일 또는 슬픈 일은 인사하는 것이 도리이다. 학업을 마치고 회사에 들어가 사회생활을 하다 보면 경조사가 처음에는 낯설지만 시간이 지나면서 당연해지고, 익숙해지게 된다. 경조사는 자주 겪는 일이 아니기에 예법과 격에 맞는 경조사 예절은 배워도 자꾸 잊어버린다. 적절한 예법을 갖추도록 매번 참석 전에 확인하고 참석해야 한다. 애경사(哀慶事)의 '哀'는 실연, 이별, 낙방, 좌천, 승진탈락, 입원, 부도, 폐업 기타 실패한 일 등이 안겨주는 여러 가지 일반적인 슬픔을 뜻한다. 경조사(慶弔事)의 '弔'

는 주로 상주를 찾아가 죽음을 슬퍼해 주고 위로해 준다는 뜻으로 한정되어 쓰인다. '弔=喪事'다. 초상난 일, 사람이 죽은 사고가 상사(喪事)다. 상변(喪變), 즉 '죽은 변'이다. 결혼은 '인륜지대사(人倫之大事)'라 불린다. 예부터 지금까지 관혼상제(冠婚喪祭)의 4대 예법 가운데 가장 큰 일로 여겨지고 있다. 결혼식은 부부에게는 인생의 전환점이자 새로운 출발을 앞둔 약속의 자리다. 결혼식은 즐거움과 동시에 격식이 필요한 자리이다.

구분	결혼식 예절, 행동 요령
복장	남자: 짙은 색 양복, 밝은색 넥타이, 단정한 캐주얼 정장 여자: 신부보다 화려하고 튀게 입으면 실례, 화사하게 정장으로 하얀색 옷은 절대 금물
축의금	축의금 봉투(구매 가능): 앞면에는 祝結婚 (축결혼) 결혼 축하 내용 뒷면에는 자신의 이름을 기재 액수: 보통 3, 5, 7, 10만 원을 내는 것이 일반적
축하 인사	축하 인사는 신랑과 신부의 얼굴을 직접 보고 축하의 뜻을 전함 신랑 측: 손님을 맞는 신랑과 신랑 쪽 부모님께 인사 신부 측: 신부를 찾아가 축하 인사를 건네고 기념사진 촬영
단체 사진 피로연	단체 사진은 꼭 함께: 참석 도장이며 증거 피로연은 함께 하여 축하
주의사항	늦지 말자, 끝까지 남아서 축하하자. 그래야 기억함.

경조사 중 가장 어려운 것이 장례식이다. 장례식만큼 예의를 갖춰야 할 자리도 없기 때문이다. 장례식에 방문한다면 조문 절차와 그 외의 격식들을 미리 익혀 두어야 한다. 종교나 풍습 차이가 있더라도 상가의 예를 존중하고 따라야 한다.

구분	장례식 예절, 행동 요령
복장	남자: 검은색 정장, 검은색 넥타이, 흰색 와이셔츠, 검은색 양말과 구두 여자: 검은색 상의와 어두운 계열의 하의(치마, 바지) 치마를 입으면 검정 스타킹, 어두운 색 구두
조문법	1. 부의록에 자신의 이름을 적어라, 부의금 함에 봉투를 넣음 2. 상주에게 목례, 표정은 차분하게 3. 분향의 경우: 오른손으로 향을 집어 불을 붙이고 불씨를 살짝 꺼 주는데, 입으로 불지 말고 왼손으로 오른손을 받쳐 약간 흔들어서 끄는 것이 예의. 두 손을 공손하게 모아 향로 안에 향을 꽂음 4. 헌화의 경우: 오른손으로 꽃줄기 아랫부분을 잡고 왼손으로 오른손을 받쳐 들고, 꽃봉오리는 나를 향하도록 놓아 둠 5. 절하는 요령 남자는 오른손, 여자는 왼손이 위에 가도록 하고 두 번. 종교가 기독교이거나 절을 하지 못할 경우, 묵념이나 기도로 대신. 바른 자세로 서서 손을 모으고, 고개를 숙인 상태에서 눈을 감고 10초 이상 기도 6. 상주와 맞절 영정 앞에서 물러나 상주와 맞절, 무릎을 굽혀 앉은 다음 상주에게 조의를 표해도 되지만, 되도록 아무 말도 하지 않는 것이 더 깊은 조의를 표하는 것
부의금	액수: 보통 홀수 금액인 3,5,7,10만 원을 내는 것이 일반적 가급적 많이 넣어라. 부의금 봉투: 앞면 부의(賻儀), 뒷면 왼쪽에 세로쓰기로 자신의 이름(구매 가능) 부의금은 헌 돈으로 준비하는 것이 관습
조문 후 행동	식사는 반드시 하고 자리를 지켜라. 술은 적당하게.
주의사항	코트나 외투는 벗어서 들고 들어감 화려한 화장, 액세서리, 가방은 피하고 최대한 수수한 차림

'부정 청탁 및 금품 등 수수의 금지에 관한 법률 시행령'(일명: 김영란법)에 따르면, 직무 관련이 없다면 100만 원까지, 직무 관련이 있다면 부조 목적의 조의금은 5만 원, 화환·조화는 10만 원까지 줄 수 있다. 부조 목적으로 조의금과 화환을 함께 주는 경우에는 합산해 10만 원까지 줄 수 있지만, 조의금은 5만 원을 넘어선 안 된다.

크고 작은 병들로 지인이 병원에 입원하는 경우도 많다. 환자의 건강 상태를 고려하고 배려해야 하는 상황인 만큼 병문안은 중요한 일이다. 병문안 시에도 지켜야 할 예의가 있다. 병문안을 하러 가기 전에는 가족들이나 입원한 당사자들에게 사전에 방문한다는 연락을 해야 한다. 방문해서 오래 머무는 것 또한 좋지 않다. 환자의 안정과 휴식을 위해 20분 내외로 짧게 방문한다. 환자가 방금 수술을 마쳤거나 위중한 상태일 때에 방문했다면, 보호자를 만나 위로의 인사만 건네고 오는 것이 좋다. 기쁨은 나누면 배가 되고 슬픔은 나누면 반이 된다는 말이 있다. 기쁜 일이 있을 때 함께 기뻐해 주고, 슬픈 일에는 위로를 해준다면, 사회생활의 기본 틀이 되어 더불어 사는 사회가 형성될 것이다. '경조사 예절'은 사회생활 중 꼭 알아야 할 필수 예절이다.

2장

4대 법정의무교육 미리 배우고 사회생활하자

1. 4대 법정의무교육이란 무엇인가?

고용노동부에서 안전한 근무 환경을 위해 노동자들의 기본 자질과 인식을 향상하기 위해 5인 이상의 근로자를 상시 고용하고 있는 기업과 법인, 협회, 공공기관 등의 사업장에 (필수)의무교육을 시행하도록 지정한 교육 과정으로 고용노동부에서 지정한 4가지 교육은 산업안전보건교육, 성희롱예방교육, 장애인 인식개선교육, 개인정보보호 교육이다.

산업안전 · 보건교육 〈고용노동부 소관〉	성희롱 예방교육 〈고용노동부 소관〉	장애인 인식개선 교육 〈한국장애인 고용공단 소관〉	개인정보보호교육 〈한국인터넷 진흥원 소관〉
매분기 3~6시간 교육대상자: 사무직, 판매직 및 그 외 근로자, 관리감독자 미이수 시: 500만 원 이하 과태료	연 1회 이상 교육대상자: 사업주, 근로자 미이수시: 500만 원 이하 과태료	연 1회 이상 교육대상자: 사업주, 근로자 미이수 시: 300만 원 이하 과태료	연 1회 이상 교육대상자: 사업주, 근로자 미이수 시: 5억 원 이하 과태료

※ 이렇게 암기해 보자. 안 성 정 장: 나에게 잘 맞는 정장

산업안전·보건교육

성희롱예방교육

개인정보보호교육

장애인인식개선교육

2. 산업안전·보건교육<고용노동부 소관>

산업안전·보건교육이란

산업안전보건법 제31조에 의거 사업주는 해당 사업장의 근로자에 대하여 고용노동부령으로 정하는 바에 따라 정기적으로 안전·보건에 관한 교육을 하여야 한다. 교육내용은 산업안전 및 사고예방에 관한 사항, 산업보건 및 직업병 예방에 관한 사항, 건강증진 및 질병예방에 관한 사항, 유해·위험 작업환경 관리에 관한 사항이 포함되어야 한다. 근로자들의 건강과 생명이 직결되기 때문에 모든 부분을 사전에 통제 예방하고 안전한 환경에서 근무할 수 있도록 하는 것이 1차적인 목적이다. 모든 사업자 및 근로자 분들이 산업재해, 산업안전에 경각심을 가지고 적극적인 자세를 보일 수 있도록 해야 할 것이다. 산업안전·보건교육은 다른 법정교육과 달리 매분기 사무직, 판매직 및 그 외 근로자, 관리 감독자를 대상으로 3~6시간 교육 실시해야 한다.

3. 성희롱예방교육<고용노동부 소관>

성희롱예방교육이란

사업주가 직장 내 성희롱을 예방하고 근로자가 안전한 근로환경에서 일할 수 있는 여건을 조성하기 위하여 실시하는 법정의무교육이다. 성희롱 예방교

육은 남녀고용평등법 및 일 가정 양립 지원에 관한 법률 제13조에 따라 사업자 포함하여 모든 전 직원이 연 1회, 60분 이상의 교육을 의무적으로 진행하여야 한다. 또한, 기업 구성원이 언제든지 성희롱 관련 교육자료를 열람할 수 있도록 기업체 내에 내용을 게시하거나 책자 등 여러 가지 교육자료를 비치하도록 하여야 한다. 남·여 모두가 근로자, 피해자가 될 수 있음을 제대로 인식하고 고용상에 대한 불이익을 받지 않도록 하는 것이 좋다. 남·여 할 것 없이 사소한 농담과 장난에도 듣는 피해자 입장에서 수치심과 성희롱을 느낄 수 있기 때문에 항상 타인을 배려하는 사람이 되어야 한다. 교육 내용은 직장 내 성희롱에 관한 법령, 해당 사업장의 직장 내 성희롱 발생 시 처리 절차와 조치 기준, 해당 사업장의 직장 내 성희롱 피해 근로자의 고충상담 및 구제 절차, 그 밖에 직장 내 성희롱 예방에 필요한 사항이 포함되어야 한다. (상담센터: (국번 없이) 1350)

* 상시근로자 1인 이상 모든 사업장에서 사업주는 매년 1회 이상 전체 직원에 대하여 직장 내 성희롱 예방교육을 실시하여야 함. 다만, 상시 10인 미만의 근로자를 고용하는 사업, 사업주 및 근로자 모두가 남성 또는 여성 중 어느 한 성(性)으로 구성된 사업장은 교육자료 또는 홍보물을 게시하거나 배포하는 방법으로 교육할 수 있음.

4. 장애인식개선교육<한국장애인고용공단 소관>

장애인인식개선교육이란

장애인고용촉진 및 직업재활법 제5조의2(직장 내 장애인 인식개선 교육)에 근거하여 사업주는 장애인에 대한 직장 내 편견을 제거함으로써 장애인 근로자의 안정적인 근무여건을 조성하고 장애인 근로자의 채용이 확대될 수 있도록 장애인 인식개선 교육을 하여야 한다. 장애인인식개선교육은 사업주와 근로자를 대상으로 한다. 교육시간의 경우 연간 1회, 1시간 이상을 이수해야 하며 미이수하게 될 경우 최대 300만 원의 과태료가 부과된다. 교육내용은 장애의 정의 및 장애유형에 대한 이해, 직장 내 장애인의 인권, 장애인에 대한 차별금지 및 정당한 편의 제공, 장애인고용촉진 및 직업재활과 관련된 법과 제도, 그 밖에 직장 내 장애인 인식개선에 필요한 사항이 포함되어야 한다. 장애인구가 꾸준하게 늘어나는 현대사회는 장애인에 대한 인식이 과거보단 많이 좋아졌지만, 아직도 한참 부족한 것이 현실이다. 장애인과 비장애인을 구분하기보다는, 함께 돕고 지낼 수 있는 장애인 인식개선이 필요하다.

5. 개인정보보호교육<한국인터넷진흥원 소관>

개인정보보호교육이란

개인정보보호법은 2011년 9월 30일부터 시행, 개인정보 보호법 제28조에 근거하여 개인정보의 수집 · 유출 · 오용 · 남용으로부터 사생활의 비밀 등을 보호함으로써 국민의 권리와 이익을 증진하고 개인의 존엄과 가치를 구현하기 위하여 개인정보의 처리에 관한 규정이다. 이 법은 개인정보의 수집 · 이용 · 제공 등 개인정보 처리에 관한 기본원칙, 개인정보의 처리 절차 및 방법, 개인정보 처리의 제한, 개인정보의 안전한 관리를 위한 관리 · 감독, 정보주체의 권리, 개인정보 권리침해에 대한 구제 등을 담고 있다. 개인정보란 생존하는 개인에 관한 정보로서 성명 · 주민등록번호 등에 의해 당해 개인을 알아볼 수 있는 부호 · 문자 · 음성 · 음향 및 영상 등의 정보(해당 정보만으로는 특정 개인을 알아볼 수 없어도 다른 정보와 쉽게 결합해 알아볼 수 있는 경우에는 그 정보를 포함한다)"라고 규정한다. 교육내용은 개인정보보호법 주요 내용과 인식 제고, 개인정보보호와 유출 방지의 필요성, 개인정보보호법 주요 내용 및 위반 사례, 개인정보의 저장, 관리와 파기 방법, 개인 및 기업의 정보유출 경로 및 사례 분석, 개인정보 안전성 확보 조치(개인정보보호 처리 방침 및 내부관리 계획서 수립), 영상물

처리기기의 설치 기준, 운영 관리 방법이 포함되어야 한다. 개인정보보호교육은 산업안전보건교육만큼이나 중요한 교육으로 개인정보교육은 중소, 대기업을 가리지 않고 모든 기업, 사업체에서 중요하게 인식하고 있다. 모든 기업과 사업체는 개인정보를 보관하고 있고 온라인과 모바일의 시장 규모는 기하급수적으로 커지고 있기 때문에 쉽게 노출되는 개인정보를 제대로 보호할 수 있도록 개인정보보호교육은 필수적이다. 기업에서 요구하는 개인정보의 수집정보와 목적이 각각 같아야 하며 다르게 이용되지 않아야 한다. 또한 외부로 유출되는 것을 제대로 막을 수 있어야 한다. 개인정보 유출은 개인에게 정신적, 경제적 피해를 주게 되며, 정보사회 자체에 대한 신뢰가 붕괴되어 사회적 혼란을 초래할 수 있다.

6. 법정교육에는 필수 4가지 외에 권고교육 3가지가 있다.

법정교육에는 필수 4가지 외에 권고교육 3가지가 있다. 괴롭힘 예방교육과 퇴직연금교육, 아동학대 신고의무자교육 등 3가지의 교육이다. 아동학대신고의무자 교육은 아동복지법 시행령 제26조에 의거 교육으로 연 1회 교육실시를 권고하고 있고, 퇴직연금교육의 경우는 근로자퇴직급여 보장법 제 32조의 의거하는 교육으로 연 1회 교육실시를 권고하고, 괴롭힘 예방교육의 경우 근로기준법에 의거하는 교육으로 연 1회 이상 교육실시 권고를 하고, 10인 이상 사업장은 직장 내 괴롭힘에 관한 취업규칙을 적용하고 있다.

3장

코로나 시대 매너는 우분투(ubuntu, 공동체 정신)가 요구되는 시대

1. 영원히 인류와 함께 할 수 있는 코로나

코로나는 천연두처럼 백신으로 종식될 수 있는 질병이 아니며, 어떤 형태로든 영원히 인류와 함께할 것이라고 전문가들은 무서운 경고를 한다. 새로운 시대는 새로운 매너와 예절이 필요하다. 예절과 매너는 인간, 사회, 국가의 질서를 유지하는 태도와 가치이다. 악수 대신 주먹으로 인사하기, 실내에서는 마스크를 쓰고 대화하기, 엘리베이터 사용 자제 및 말하지 않기, 길에서 흡연 피하기, 헬스장에서 거리 두고 운동하기 등은 코로나 시대를 사는 우리에게 요구되는 새로운 매너가 되었다. 매너의 본질은 공동체 의식이며, 배려이다.

2. 작은 실천이 새로운 예절과 배려의 문명을 만든다.

새로운 시대가 예절을 만들기도 하지만, 에티켓이 사회를 바꾸기도 한다. 코로나 감염의 확산으로 공유문화가 사라졌다. 공유는 접촉의 의미로 물건을 함께 쓰지 않는다. 마스크 쓰기와 손 씻기는 생활의 일부가 되었고, 방역당국이 권장하는 생활 속 거리 두기 지침에 따라 아프면 집에서 쉬기, 퇴근 후 일찍 귀가하기, 개인 접시에 음식 덜어 먹기와 같은 다양한 수칙은 일상이 되었다. 대부분 쉽게 실행할 수 있는 에티켓들이다. 거리 두기와 손 씻기처럼 평소에도 보건을 위해 실천할 내용도 있다. 서양 매너와 에티켓의 진화가 문명화를 촉진하듯, 코로나 시대에는 새로운 예절과 매너도 그럴 것이다. 반복적 행동이 습관을 만들고, 습관이 문화를 바꾼다는 말처럼 코로나 시대는 변화해야 공존할 수 있다.

질병관리본부
KCDC
해외감염병 NOW
1339
꼭!
코로나바이러스감염증-19 예방
기억해야 할 행동수칙
국민 예방수칙
흐르는 물에 비누로
꼼꼼하게 손씻기
기침이나 재채기할 때
옷소매로 입과 코 가리기
씻지 않은 손으로
눈·코·입 만지지 않기
특히 임신부, 65세 이상, 만성질환자 외출 시 꼭 준수
발열, 호흡기 증상자와의
접촉 피하기
의료기관 방문 시
마스크 착용하기
사람 많은 곳
방문 자제하기
유증상자* 예방수칙
* 발열, 호흡기 증상(기침, 목아픔 등)이 나타난 사람
등교나 출근을 하지 않고
외출 자제하기
3~4일 경과를 관찰하며
집에서 충분히 휴식 취하기
38℃ 이상 고열이 지속되거나 증상이 심해질 경우
콜센터(☎1339, 지역번호+120),
관할보건소 문의 및
선별진료소 우선 방문 후 진료받기
의료기관 방문 시
마스크 착용 및 자차 이용하기
진료 의료진에게 해외여행력 및
호흡기 증상자와의 접촉여부 알리기
국내 코로나19 유행지역에서는
외출, 타지역 방문을 자제하고
격리자는 의료인, 방역당국의
지시 철저히 따르기

3. 마스크는 코로나와 싸우는 최선의 무기

사람과 대면이 예상되는 곳에서는 무조건 착용해야 한다. 핸드폰이 여러분의 신체의 일부인 것처럼 마스크는 이제 신체의 일부이어야 한다. 올바른 착용법을 실천하자.

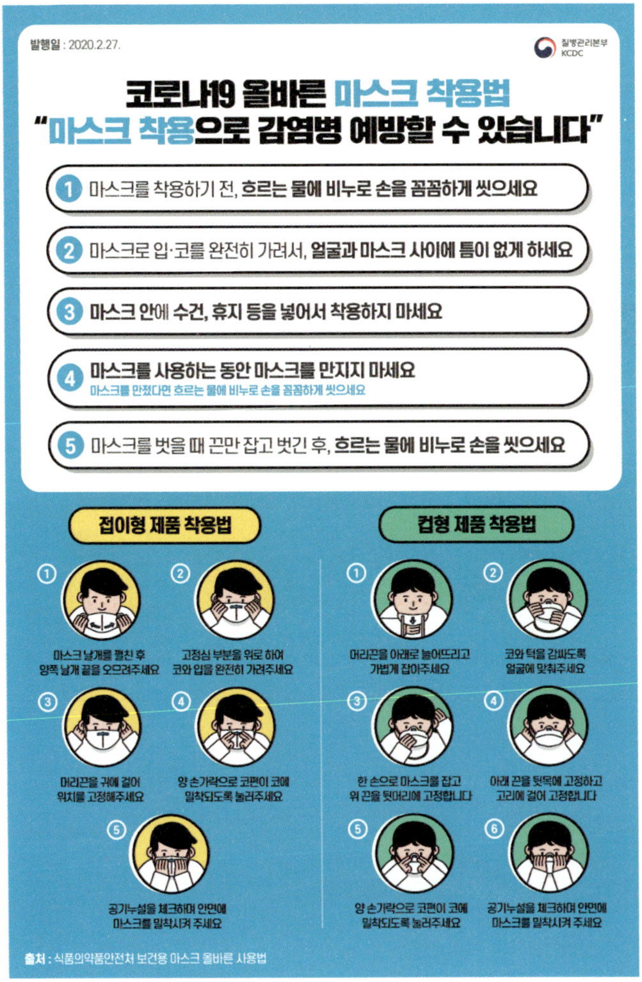

4. 가장 중요한 실천은 올바른 손 씻기

손 씻기는 코로나 이전에도 일상적인 보건 수칙이었다. 새로운 에티켓이 아니다. 손 씻기의 핵심은 자주 씻고, 올바르게 씻고, 깨끗하게 씻기이다. 대면이 있었다고 예상되면 무조건 손 씻기, 상대방과 나의 주변인을 위해 건강을 지키는 가장 좋은 습관으로 손 씻기를 실천해야 한다.

<table>
<tr><td>1단계</td><td>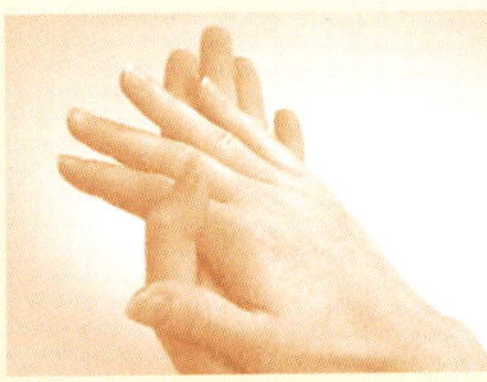</td><td>손바닥과 손바닥을 마주 대고
문질러 줍니다.</td></tr>
<tr><td>2단계</td><td>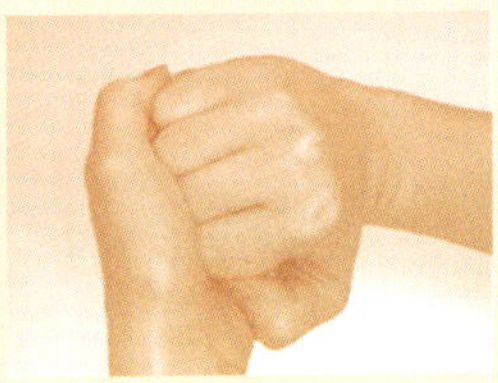</td><td>손가락을 마주 잡고 문질러 줍니다.</td></tr>
<tr><td>3단계</td><td>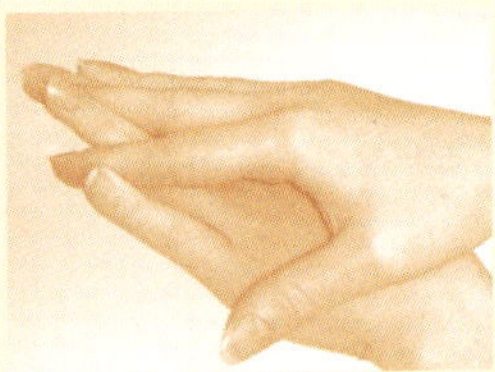</td><td>손바닥과 손등을 마주 대고
문질러 줍니다.</td></tr>
<tr><td>4단계</td><td>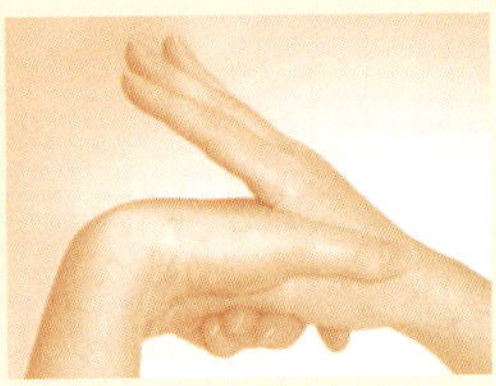</td><td>엄지손가락을 다른 편 손바닥으로 돌려 주
면서 문질러 줍니다.</td></tr>
</table>

5단계	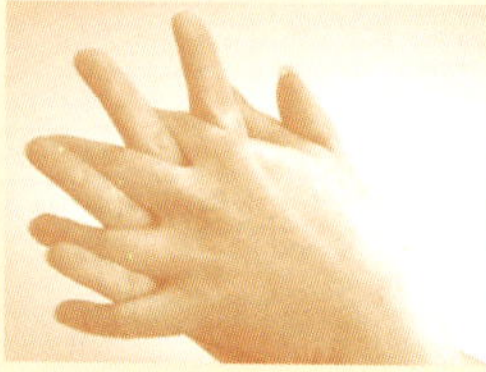	손바닥을 마주 대고 손깍지를 끼고 문질러 줍니다.
6단계	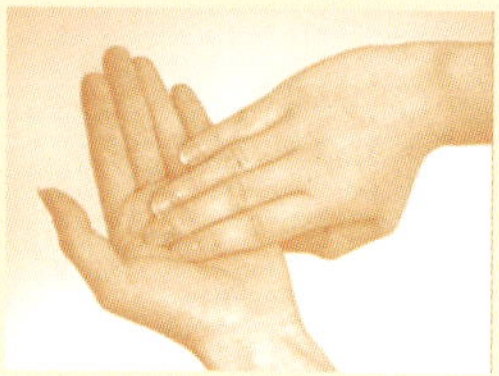	손가락을 반대편 손바닥에 놓고 문지르며 손톱 밑을 깨끗하게 합니다.

5. 기침예절은 마스크를 착용하고 있어도, 기침할 땐, 옷소매로 입과 코를 가려야 한다.

기침할 때는 옷소매나 휴지, 손수건으로 입과 코를 가려야 하는데, 마스크를 착용하고 있어도 가려야 한다. 기침 후에는 비누를 사용하여 흐르는 물에 30초 이상 손을 씻어야 한다. 손으로 기침, 재채기를 가리는 행동은 잘못된 방법이다. 손에 묻은 병균이 손잡이 등을 통해 다른 사람에게 옮겨져 감염균이 전파될 수 있기 때문이다.

6. 엘리베이터 가급적 사용 자제하고 말하지 않기

엘리베이터 같은 공용공간에서 전염됐을 가능성이 있는데, 바이러스 입자가 포함된 침방울이 공중에 떠 있거나 바닥, 팔걸이, 단추 등에 바이러스가 묻어 있을 수 있다. 밀폐된 공간은 환기가 잘 안 되어 바이러스의 공기 전파 위험이 상대적으로 크다. 환기장치가 있기는 하지만, 사람들이 출입하는 잠깐의 시간만 빼고는 항상 닫혀 있고, 사회적 거리두기의 기준인 2m 간격을 유지할 수 없는 곳이다. 말을 하거나 기침을 하는 것은 타인에게 해를 끼치는 행위가 될 수 있다. 마스크를 쓰더라도 안전을 보장하진 못한다. 미국 질병통제예방센터(CDC)가 엘리베이터 이용에 관한 새로운 지침을 내릴 정도이니 주의하는 것이 좋다.

7. 언택트 시대는 문자와 전화 예의를 더 요구하는 사회

비대면 시대에 사는 우리에게 비대면 대화로 문자는 중요한 수단이다. 전달력도 좋고 편리하기 때문이다. 이런 순기능도 있지만, 역기능도 있다. 역기능은 예의가 없으면 바로 나의 수준의 바닥이 다 보인다는 것이고 예의가 없이 보내면 오해도 할 수 있다.

핸드폰을 이용한 예의 없는 문자와 전화는 공해 수준이다. 공해를 상대에게 함부로 보낼 수 있는 권리는 없으며, 보내서는 안 된다.

코로나로 대면 기회가 적고 어쩔 수 없이 안면 없는 사람끼리도 문자나 전화로 소통하는 기회가 많아지다 보니 무지한 문자나 예의가 무시되는 문자나 전화가 많다. 앞뒤 다 잘린 용건만 말하는 경우가 많다. 그 흔한 인사말조차 없이 말이다. 몇 년 만에 접하는 경우라도 다짜고짜 용건부터 꺼내고 자기 말만 한다. 그냥 차단하고 싶은 심정이다.

문자를 보낼 때의 예의이다. 첫째, 아는 사이라도 문자에 인사말과 자기 이름을 먼저 밝혀라. 둘째, 육하원칙에 맞게 문자를 보내며, 보내기 전에 꼭 적어도 2번 이상 읽어 보고 오타나 이상한 부분이 없는지 확인하는 습관을 지녀라. 셋째, 오전 9시에서 저녁 6시 사이에 보낸다. 급한 경우 먼저 사과와 양해의 문자를 보내고 보낸다. 음성과 표정이 없는 비대면 대화이다 보니 예의 없는 사람, 건방진 사람으로 오해할 수 있다.

전화할 때의 예의이다. 첫째, 전화를 불쑥 안 하는 것이 좋다. 상대가 어떤 상황인지 모르니 문자로 통화여부를 먼저 확인하는 것이 좋다. 전화에 앞서 통화 한 번 하고 싶다는 문자부터 보내라는 것이다. 둘째, 통화 여부와 통화 시간에 대한 결정권을 상대에게 드리는 태도만으로 기본 이상의 예의 바른 사람이 될 것이다. 문자를 보내고 기다려야 한다. 셋째, 오전 9시에서 저녁 6시 사이를 이용하며, 급한 경우 먼저 사과와 양해의 문자를 보내야 한다. 넷째, 인사말과 용건을 잘 정리하고 있어야 예의 바르게 보인다. 미리 준비하여야 한다.

참고문헌

강서진(2016),「긱 이코노미(Gig Economy)의 이해와 향후 전망」, KB금융지주 경영연구소.

강규철(2010).『인간행동과 직업의 이해』, 형지사.

국제경제리뷰(2019),「글로벌 긱 경제(Gig Economy) 현황 및 시사점」, 한국은행.

권성민 외 5인(2016),「직업과 자기개발」, 양성원.

권용주(2013).『잃어야 얻는다』, 석정.

권용주(2017).『변화는 나에게부터 시작한다』, 대왕사.

김봉관(2018).『인간관계와 커뮤니케이션』, 대왕사.

김세중(2012).『죽기 전에 논어를 읽으며 장자를 꿈꾸고 맹자를 배워라』, 스타북스.

김연철 외 1인(2018).『인성 교육의 본질과 실천방안』, 호박.

김진국(2001),「와인의 세계」, 가림출판사.

김현미 외 5인(2017).『10대 덕목 중심의 인성교육의 이론과 실제』, 애니클래스.

김혜영 외4인(1998),『문화와 식생활』, 효일문화사.

기욤르블랑(2011),「인간은 왜 일을 할까?」, 웅진주니어.

나카지마 요시미치(2011),「일하기 싫은 당신을 위한 책」, (주)신원문화사.

데비워스카(2009),「와인의 세계」, 21세기북스.

롤프도벨리(2017).『스마트한 생각들』, 걷는나무.

롤프도벨리(2018). 『불행피하기 기술』, 인플루엔셜.

리링(2012), 「집 잃은 개(喪家狗, 我讀論語)」, 글항아리.

릭워렌(2003). 『목적이 있는 삶』, 도서출판 디모데.

메건 도허티(2016). 『실례합니다만, 매너를 지켜주시겠어요?』, 이마.

메리 그레이 외 1인(2019), 「고스트워크」, 한스미디어.

박기선(2017), 「직장보다 직업」, 리즈앤북.

박영기(2018), 『호텔경영론』, 이프레스.

박영하(2016). 『인성노트: 행복한 나를 만드는 습관』, 중앙교육.

사이먼 사이넥(2017), 「왜 함께 일하는가, 살림.

서기원(2017), 「나는 왜 일을 하는가?」, 렛츠북

손대현(2001). 『서비스는 이런 것이다』, 백산출판사.

송재선(1998), 『음식속담사전』, 동문선.

시니어신문(2018.04.07.), 긱 이코노미란 무엇인가?

신정하(2018), 「호텔 외식 식음료서비스 실무론」, 백산출판사.

신배화(2017). 『결국 인성이 이긴다』, 오리진하우스.

신준모(2014). 『어떤 하루』, 프롬북스.

안대희 외 1인(2014). 『매너와 에티켓』, 대왕사.

야시다 코야타(2001), 「자기가 하고 싶은 일을 발견하는 기술」, 국일미디어.

양승용(2019), 「NCS 핵심역량 인성이 4차산업혁명시대 핵심경쟁력」, 형설출판사.

양승용(2019), 「4차산업혁명시대의 이해와 핵심인재 생존전략」, 형설출판사.

양승용(2020), 「직업이 아닌 역할을 찾아라」, 형설출판사.

애덤 그랜트(2013). 『기브앤테이크』, 생각연구소.

오정숙(2016), 「글로벌 온디맨드 이코노미(On-Demand Economy) 현황 및 시사점」, 정보통신정책연구원.

요아힘 바우어(2015), 「왜 우리는 행복을 일에서 찾고, 일을 하며 병들어 갈까」, 책세상.

유인봉(2003). 『나를 찾아가는 자기경영』, 미래경영개발연구원.

윤미림(2017), 「긱 이코노미 동향과 시사점」, 한국정보산업연합회.

윤홍식(2016). 『인성교육, 인문학에서 답을 얻다』, 봉황동래.

원황철(2004). 『행복한 동양학』, 지영사.

원황철(2015). 『인생길 새롭게 열다』, 이서원.

울리히슈자벨(2011). 『행복의 중심』, 걷는나무.

이갑상(2010), 『시속에 술이 있고 술 속에 풍류가 있네.』, 대학서림.

이경열(2012). 『섹시한 말이 성공을 부른다』, 다훌미디어.

이관춘(2019), 「직업윤리경쟁의 새로운 패러다임」, 학지사.

이정학(2013). 『서비스경영』, 기문사.

이정훈 외1명(2017), 「와인의 세계」, 기문사.

이준재(2017), 「와인의 세계와 소믈리에」, 대왕사.

이태영(2011). 『장자이야기』, 여래.

이훈구(2001). 『미안하다고 말하기가 그렇게 어려웠나요』, 이야기(자음과 모음).

임종금 · 최환석(2018), 『세계의 술』, 피플파워

장순자(2017). 『서비스매너』, 백산출판사.

전례연구위원회(1996), 『우리의 생활예절』, 성균관.

정영근(2019), 「일과 직업의 프리즘으로 동양사상을 보다」, 철학과 현실사.

정지훈(2013). 『내 아이가 만날 미래』, 코리아닷컴.

조벽(2016). 『인성이 실력이다』, 해냄.

조선일보(2019.08.18.), 도전에 직면한 긱 경제.

줄리데이비(2012). 『십대들을 위한 인성교과서: 태도』, 아름다운 사람들.

질병관리본부, www.kdca.go.kr

탁석산(2009), 「준비가 알차면 직업이 즐겁다」, (주)창비.

피터워드(2017), 「일의 미래: 긱 경제와 그 한계」, 아산정책연구원.

차동엽(2006). 『무지개 원리』, 동이.

찰스 컬슨 외 1인(1993), 「왜, 일하지 않는가」, 홍성사.

한국산업인력공단(2018), 직업윤리 학생용 및 교수자용 워크북.

한홍렬 외 2인(2001). 『생활예절과 국제매너』, 인간사랑.

허은아(2007). 『눈치코치 직장매너』, 지식공작소.

저자 약력

양승용

경희대학교 대학원 관광학 박사
전) 한화그룹, CJ그룹 등 근무
현) 한국관광협회 중앙회 호텔업등급결정 전문위원
부천대학교 호텔관광경영학과 교수

변광인

영남대학교 식품경제외식학과 교수

이지연

영남대학교 식품학 박사
현) 영남대학교, 계명문화대학교 겸임교수

장윤선

세종대학교 대학원 호텔관광경영학 박사
현) 조주기능사, 바리스타 자격증 심사위원
(주)노마드 코리아 이사
부천대학교 호텔관광경영학과 겸임교수

신정하

경희대학교 대학원 관광학 박사
전) 프레지던트 호텔 영업이사
현) 조주기능사, 바리스타 자격증, 호텔업등급 심사위원
제주한라대학교 호텔경영학과 교수

김승녕

국민대학교 대학원 행정학 박사
전) 한국관광공사 관광교육원, 관광품질원 인증심사관
현) 한국관광협회 중앙회 호텔업등급결정 전문위원
국민대학교 행정학과 초빙교수

박영기

가천대학교 호텔외식경영전공 경영학 박사
전) 밀레니엄 서울힐튼 근무
현) 한국관광공사 한국관광 품질인증제 평가위원
청운대학교 호텔관광경영학부 학부장

한기완

호남대학교 대학원 호텔관광전공 경영학 박사
전) 인터컨티넨탈호텔 식음료부 연회서비스 부장
현) 한국관광공사 한국관광 품질인증제 평가위원
광운대학교 정보과학교육원 외래교수

최연화

경희대학교 대학원 관광학 박사
전) 금호리조트, 레이크힐스 리조트 그룹 등 근무
경희대학교, 배재대학교 등 강의

슬기로운 매너생활

초판 1쇄 인쇄 / 2021년 2월 25일
초판 1쇄 발행 / 2021년 3월 1일

공저자 / 양승용 · 변광인 · 이지연 · 장윤선 · 신정하
김승녕 · 박영기 · 한기완 · 최연화
발행인 / 이 중 수
발행처 / 동 문 사

서울특별시 서대문구 홍제원 1길 12
(홍제동 137-8)
Tel : 02)736-3718(대), 736-3710, 3720
Fax : 02)736-3719
등록번호 : 1974. 04. 27. 제9-17호
가격 : 25,000원

ISBN : 979-11-6328-281-5 (03330)
E-mail : dong736@naver.com
www.dongmunsa.com